物理课堂支点

29个教学设计与教具制作获奖案例

主　编：黄树清
副主编：王素云
　　　　戴　颖

图书在版编目（CIP）数据

物理课堂支点：29个教学设计与教具制作获奖案例/黄树清主编；王素云，戴颖副主编. —福州：福建教育出版社，2023.6
ISBN 978-7-5334-9526-8

Ⅰ. ①物… Ⅱ. ①黄… ②王… ③戴… Ⅲ. ①中学物理课—教学设计 Ⅳ. ①G633.72

中国版本图书馆CIP数据核字（2022）第216977号

Wuli Ketang Zhidian

物理课堂支点
——29个教学设计与教具制作获奖案例

主　编：黄树清
副主编：王素云　戴　颖

出版发行	福建教育出版社
	（福州市梦山路27号　邮编：350025　网址：www.fep.com.cn
	编辑部电话：0591-83726290
	发行部电话：0591-83721876　87115073　010-62024258）
出 版 人	江金辉
印　　刷	福州德安彩色印刷有限公司
	（福州市金山工业区浦上标准厂房B区42栋）
开　　本	710毫米×1000毫米　1/16
印　　张	24.75
字　　数	352千字
插　　页	2
版　　次	2023年6月第1版　2023年6月第1次印刷
书　　号	ISBN 978-7-5334-9526-8
定　　价	56.00元

如发现本书印装质量问题，请向本社出版科（电话：0591-83726019）调换。

编委会名单

主　　编：黄树清

副 主 编：王素云、戴　颖

参编人员：刘坚辉、范昕玥、林馨郁、周璐璐、叶俊豪、
　　　　　张丽玲、李　捷、许芯怡、林晓敏、程岩宇、
　　　　　陈辉华

写在前面

在师范生教学技能培养方面，福建师范大学物理与能源学院物理专业走出一条独具特色的道路。从2009至2018连续十年，物理专业的52名本科生和12名硕士生参加"全国大学生和研究生物理教学技能及教具制作大赛"，共有62名学生获得教学技能一等奖，2名二等奖；55件教具作品参赛，18件获得一等奖，14件获得二等奖。获奖成绩在全国师范院校中居首位。

这丰硕的成果离不开物理专业团队的通力合作和院领导的全力支持。为了进一步提升师范生教学技能，物理与能源学院将各方"能人"凝聚成一个"导师天团"：组建了以退休教师章镇为总顾问、黄树清为总负责老师的中学物理教学法团队，中学一线名师为核心成员的导师团队，共同参与教学技能大赛的选题、备课、教具设计、选拔、实战演练等环节，全方位培养师范生的教学技能。

本书每一节中有一篇获奖教学设计，以及与本设计所对应的创新自制教具篇。本书29个获奖的教学案例，都是由章镇带领一线名师、青年老师、中学物理教学法团队、研究生与本科生一道钻研与撰写的。钻研的过程极其艰辛，每一篇教学设计都要经历几年的反复修改。章镇老师带领团队提出案例设计方案，研发教具，由中学老师先进行教学实践，再组织研究生和本科生逐字逐句修改，不断臻于完美，再送去参加全国物理教学技能大赛。参赛十届，除了2名获得二等奖，其余均为一等奖，且《向心力与向心加速度》获得第三届"东芝杯中国师范大学理科师范生教学创新大赛"创新奖最高奖的优异成绩。这是团队不断创新、精益求精的结晶。

教具是创新案例的灵魂。在教具创作中，黄树清老师开创了独特的做法。黄老师充分利用福建省骨干老师和物理学科带头人培养的契机，把优秀老师纳入课程兼职导师行列，在课前、课中、课后与学生开展教具研制的交流和指导；通过横向课题，与晋江、永安、厦门教育局建立师资培养合作机制，积极探索实验区反哺师范生，跨时空培养学生教学实践能力；通过线上平台搜集教学中的重难点，开展教具研制，并用于中学教学，形成了"使用—反馈—改进—再使用"的良性循环。教具篇从教具实物图、制作目的、制作原理、制作材料、制作过程、使用方法、注意事项（仪器存在的问题及改进设想）、仪器特色等方面，分析教具的制作过程和使用方法，图文并茂，方便读者使用并制作。

10多年来，团队积淀的获奖教学设计和创新教具是一份宝贵的资源，这其中凝聚了团队各位老师、参赛学生的集体智慧。这些年，本着通过图书在社会上传播，好让更多的人受惠的愿望，我们将获奖的教学设计和教具设计编撰成《物理课堂支点——29个教学设计和教具制作获奖案例》，给高等师范院校老师和学生、一线中学老师提供一些有借鉴意义的教学设计与教具制作案例。兄弟院校的同仁们有了这本书，可深入了解我们长期积累的经验与教训；本科生和研究生有了这本书，可以瞄准成为物理名师方向，砥砺前行；一线物理老师有了这本书，就多了一种不可多得的备课资源，将书中的教学设计与教具制作创新思想应用于课堂教学，进一步正向影响学生，踏上成就物理名师之路。

我们非常期待各位朋友在阅读本书时，能够提出宝贵的改进建议，物理设计创新会在我们的思想交流和碰撞中不断产生！

借此机会，感谢参与指导物理教学技能培养和教具制作指导的林飞、林诗、许超英、吴晓梅、林晓琦、陈英华、鲍飞虎、钟剑、刘芳、李治展、戴颖、杨崴崴、黄艳娟、葛渊波、吴颖、陈天明、周春建、洪邱霞和参与教具设计与制作的苏建文、林游、潘丽珍、刘洁琼、王真真、温伟伟、庄莹莹、卢倩、叶平宝、庄旭虹、侯艺凤、陈婧、戴雁、蔡剑云、洪凌鹏、刘洋、马悦、刁长羽、章大榕、叶燕忠、林心宇、翁小媛、李晓燕、邹晓霞、叶志炜等老师，感谢十届（2009年—2018年）参加全国教学技能大赛的选手在教学设计、教具制作过程中的贡献。在此过程中，也受到了许多中学一线教师的支持和帮助，未能一一罗列，在此一并表示衷心感谢！

目　录

绪论 ………………………………………………………………… 1

   一、教学技能培养/ 3

   二、教具制作技能培养/ 7

力学 ……………………………………………………………… 13

案例1　物质的密度/ 15

案例2　牛顿第一定律（初中）/ 22

案例3　牛顿第一定律（高中）/ 32

      教具1　伽利略理想斜面演示仪/ 40

案例4　滑动摩擦力（高中）/ 43

      教具2　滑动摩擦力方向演示仪/ 54

      教具3　滑动摩擦力大小测量仪/ 57

案例5　固体的压强/ 59

      教具4　自制压力计/ 68

      教具5　压强影响因素探究仪/ 70

　　　　教具6　压强大小演示仪/72

案例6　液体的压强/74

　　　　教具7　液体对容器底部压强演示仪/85

　　　　教具8　液体对容器底部压力演示仪/87

案例7　连通器/90

　　　　教具9　神奇的茶壶/99

　　　　教具10　连通器演示仪/101

　　　　教具11　锅炉水位计模型/103

案例8　大气压强/105

案例9　浮与沉/114

　　　　教具12　金属片的浮与沉/124

　　　　教具13　模型船/125

　　　　教具14　自制密度计/127

　　　　教具15　潜水艇模型/128

案例10　杠杆/130

　　　　教具16　自制杠杆/139

案例11　滑轮/142

　　　　教具17　滑轮模型/152

　　　　教具18　定滑轮与动滑轮的应用模型/154

案例12　机械效率/157

案例13　超重与失重/166

案例14　平抛运动/177

　　　　教具19　平抛竖落仪/188

　　　　教具20　双轨平抛演示仪/190

　　　　教具21　平抛运动探究仪/192

案例15　匀速圆周运动快慢的描述/194

　　　　教具22　线速度方向演示仪/ 202

　　　　教具23　角速度演示仪/ 205

　案例16　向心力与向心加速度/ 209

电学　磁学 ………………………………………………… 221

　案例17　滑动变阻器/ 223

　　　　教具24　灯光可变小舞台/ 230

　　　　教具25　滑动变阻器演示仪/ 231

　案例18　电阻的串并联/ 234

　　　　教具26　电阻串联和并联演示仪/ 243

　案例19　电流做功/ 247

　　　　教具27　电功探究仪/ 256

　　　　教具28　电功电热区分仪/ 259

　案例20　电功率/ 262

　　　　教具29　电流做功快慢演示仪/ 270

　　　　教具30　电功率演示仪/ 272

　案例21　磁是什么/ 274

　　　　教具31　磁感线演示仪/ 282

　案例22　电动机为什么会转动/ 284

　　　　教具32　电动机演示仪/ 293

　案例23　安培力/ 297

　　　　教具33　安培力演示仪/ 306

　　　　教具34　安培力测定仪/ 307

　案例24　磁生电的探索/ 311

　　　　教具35　感应电流产生条件探究装置1/ 319

　　　　教具36　"双线绕法"螺线圈/ 320

  教具 37 感应电流产生条件探究装置 2/ 321

光学　热学 ………………………………………………………… 325

  案例 25 透镜的应用/ 327

    教具 38 照相机、幻灯机和投影仪综合演示仪/ 335

  案例 26 眼睛与眼镜/ 339

    教具 39 人眼视物演示仪/ 348

  案例 27 蒸发/ 351

    教具 40 人造霜演示/ 360

  案例 28 液化/ 362

    教具 41 液化探究仪/ 369

    教具 42 液化吸放热探究仪/ 370

  案例 29 光导纤维及其应用/ 372

    教具 43 水流导光/ 382

    教具 44 光在水中的传播路径演示仪/ 383

绪 论

一、教学技能培养

福建师范大学物理与能源学院物理专业在师范生教学技能培养方面走出一条独具特色的路。从 2009 年至 2018 年连续十年，物理专业 52 名本科生和 12 名研究生参加"全国大学生和研究生物理教学技能及教具制作大赛"，62 名学生获教学技能一等奖，2 名获二等奖；55 件教具作品参赛，18 件获一等奖，14 件获二等奖，其中，《向心力与向心加速度》获得第三届"东芝杯·中国师范大学理科师范生教学创新大赛"创新奖的突出成绩。

1. 分层选拔，组建参赛团队

以赛事为契机，通过分层选拔，鼓励更多的学生参与，使更多的学生得到锻炼和提高，从而扩大比赛的影响面。

选拔主要分为以下两个阶段：首先，在班级内部选拔，由班委主持，班导师担任评委。一个年级共有三个班级，每个班级角逐出 13 名，共 39 名学生进入年级比赛。其次，在年级内部选拔。年级比赛分为以下四轮：36 进 28、28 进 18、18 进 12，最后 12 进 6，选出参加国赛的 6 名选手。

在"海选"过程中，从班级最底层开始选拔，确保每一位学生都参与其中。在备赛的过程中，学生不仅需要深入研究中学《物理》教材，还要动手制作参赛课件和自制教具，自我锻炼和提高教学技能。同时，在老师和学长的辅导、帮助下，学生的教学技能可在短时间内得到有效的提高。

2. 专业指导，共同提高

学院成立专业的比赛老师指导小组，小组成员由具有丰富中学教学经验的中学老师和理论基础扎实、实践能力强的学科专任老师组成。以退休教师章镇为总顾问、黄树清为总负责的中学物理教学法团队、大学物理学科专任老师、中学一线名师为核心成员的导师团队，共同参与了参赛团队的分层选拔、选题、备课、设计教具、实战演练各个环节，全方位培养选手的师范生素质与教学技能。

(1) **选题**

参赛课题的选取是第一步，也是尤为关键的一步。指导小组和选手必须对物理课程标准、不同版本教材和网上已有的优秀案例要有深入的了解和掌握。选题原则：精选富有挑战性和创新性的课题；有实验的选题，要方便利用巧妙的自制教具，并结合新课程理念和出彩的实验现象讲清楚物理本质。没有实验的选题，需要从物理学史、物理思想方法、物理逻辑推理等角度深挖，展现案例的高阶性、创新性、逻辑性和教育性。

(2) **教学设计**

教学设计是指运用系统方法分析和研究教学问题，确定教学目标；运用教学策略选择教学媒体和方法，制定学和教的方案；以学习理论、教学理论和传播理论为指导的教学设计过程。因此，教学设计是课堂得以顺利进行的基础，也是选手综合能力的体现。

由于师范生缺乏实际的教学经验，对教材的理解往往浮于表面。在指导过程中，指导老师有目的地要求学生通过查阅资料，反复研究不同版本教材，包括横向和纵向对不同教材进行对比，深刻解读教材的内在联系，然后再与团队老师进行探讨，进一步理清知识脉络和教学重难点。这种备课方式使得学生能真正掌握如何进行教材整体处理，而不是仅仅会处理当前这一节课的教材内容，并且对参赛课题有更加深刻的理解，其效果远远优于老师直接解剖教材这一方式。

学院邀请退休教师章镇和富有多年教学经验的一线中学老师共同帮助选手对课堂教学进行深入研究，紧紧抓住新课改的核心理念，对教学设计进行精雕细琢。在不断地探讨和修改教学设计后，再进一步把教学设计转换为语言精练、重点突出、独特新颖的说课稿和片段教学教案。选手在备课过程中需要进行多次试讲，指导小组针对讲课的实际情况及时反馈、指导，并对教案进行逐字逐句推敲和修改，力求突出物理思想和物理方法。

(3) **物理实验**

一堂好的物理课往往离不开独具匠心的物理教具。在比赛准备过程中，一线老师反映由于缺少直观的物理教具，学生很难掌握某些抽象的物理概念和规律。结合中学物理实验教学的实际情况，学院成立以"全国教具能手"黄树清老师为指导的物理教具兴趣小组，进行物理教具的研发和设计。每一位选手都必须参与物理教具的制作。一方面，加深对课题设计理念的理解；另一方面，保证选手了解教具的构造，能够熟练地拆卸和组装物理实验仪器。

（4）多媒体课件

多媒体课件是课堂教学的重要辅助手段。可以通过多媒体课件创设形象生动的物理图景，来丰富教学内容。课件中表格的编排、动画的设计、播放的顺序应做到与板书、现场授课衔接得自然、流畅，重难点突出，起到辅助课堂教学和优化课堂教学的作用。

3. 赛制模拟，暴露问题

指导小组制订5轮实战模拟，选手现场展示（包括说课＋片段教学＋实验演示），邀请中学老师担任评委，现场打分，每一轮更换评委，保证能够收集到不同方面的意见，发现不同的问题。针对不同评委的意见，指导小组和选手共同深入讨论，并做相应的修改，不断地完善教学设计。

物理实验不可避免存在失败风险，无法保证万无一失。这就要求选手必须通过不断地试讲、反复地操作，把实验可能出现的问题充分暴露在准备阶段。针对暴露的问题，对选手进行进一步指导。

此外，真实赛制的模拟还可以帮助选手提早接触和适应比赛的紧张氛围。这对于选手赛场快速进入比赛状态，降低选手紧张感，提升选手临场应变能力等具有重要的意义。

经过真实赛制模拟，深入中学课堂授课，选手从问题的提问、语言的引导、言语间的停顿和实验动作等方面都得到很好的锻炼。针对不同学生的现场发问，选手能做到应对自如、评价合理，自然而然地融入到学生当中，做到"人课合一"。

在大赛选手的培养过程中，始终坚持以"学生为主体，老师为主导"的原则。教学设计、说课稿和片段教学稿的撰写，课件和教具的制作均由选手自己完成，老师只是起指导和引导的作用。在这样的培养机制下，选手经过严谨、系统的科学训练，他们对教材的理解更加深入，对教学的设计更有创新性，对课件和教具的制作更加专业化，对板书的设计和自身语言仪态更加接近专业老师；同时，临场应变能力和综合素质能力也在紧张的比赛氛围中得到充分的发挥和提高。

4. 扩大影响层面，促进全体学生发展

大赛只是少数人的舞台，各个学校多则 7 名，少则 1 名。毋庸置疑，参赛选手的学科教学能力在短时间内的准备和培训过程中得到了极大的提高，但是如何借助这一年一次的大赛来提高全体师范生的教学技能，起到以点带面的作用，这是值得深思的问题，也是我们组队参加大赛的最终目的。

（1）"以一带三"，共同促进发展

所谓"以一带三"，即大赛选出 6 位参赛选手，每位选手另外带 2 位同学一起参与备课，互相切磋，共同进步。比赛结束后，18 位选手在本科的教育实习期间安排到不同的实习队，帮助队员一起备课、试讲，继续发挥领头作用。在就业面试方面，18 位选手根据已有的经验，帮助同学准备面试，应对就业挑战。

（2）全院分享比赛资源

在这几年准备比赛的过程中，积累了大量优秀教学案例。所有课题都是由团队共同完成，是指导小组和选手合力探讨、精心设计的成果，是一份宝贵的资源。比赛的教案、说课稿和课件凝聚了整个团队的心血，这是学院的一笔财富。学院把所有材料收集整理，并制作成光盘，与每一位学生分享，更大范围地帮助年轻的师范生专业成长。学生通过研究该成果，学习如何设计一节好课，即如何做到结构合理，构思巧妙，引人入胜，现场感染力强，引起学生兴趣和共鸣，并且达到教学内容创新、手段创新以及形式创新，等等。参赛选手富有感染力的语言和教学仪态也是值得其他同学借鉴和参考的。

（3）开展成果汇报会和交流会

学院开展成果汇报会，邀请选手进行现场授课汇演。汇报会对象为一到四年级的本科师范生。同学们通过亲临课堂，现场感受选手们教学设计的精妙、演示实验的出彩、自制教具的奇特以及课件的精美大方，领会课的设计

意图和精髓。同时，通过现场授课汇演的感染力激发高师学生自觉培养教学技能的能动性，从心里重视教学技能的培养并付诸实践，做到知行合一。

比赛准备和培训是一个艰难的过程，选手需要面对许多压力并克服许多困难。对于低年级的学生而言，这些参赛选手就是引领者和探路者。让参赛选手与低年级学生交流，传授在比赛的培训过程中的备课经验、实验设计的思路来源、教具制作技巧、遇到的困难及应对困难的态度和解决方案等。这对即将在老师这条路上成长的年轻师范生们来说是一个极为宝贵的学习机会。学院把交流的过程整理成文字、图片和影像材料，放到学院和年级网站，惠及更多的同学。

二、教具制作技能培养

福建师范大学物理学专业是国家级特色专业和国家级首批一流专业建设点，主要培养具有卓越潜质的物理老师。为了提升师范生的教研能力和创新能力，培养实事求是、具有工匠精神的物理人，物理系开设了"教具设计与制作"特色课程，该门课程2020年被评为"福建省一流本科课程"。在本书出版之际，主编黄树清教授主持的"教具设计与制作"课程已获评国家级一流本科课程（线下课程），本书中的大多数教具来出自一流课程的建设成果。

1. **课程建设发展历程**

（1）第一阶段（1982～2003）：开展改革，反哺师范培养

物理学专业自上世纪八十年代以来，一方面注重实验教学改革与创新，另一方面重视与中学合作开展物理教学改革。从1982年开始，中学物理教法团队深入中学开展五年跟踪教改实验，总结出"中学物理导控探索教学法"，并获得1989年国家级优秀教学成果奖。基于教改研究成果反哺师范生培养，于1996年开设《教具设计与制作》课程。

(2) 第二阶段（2003～现今）：多方联动，助力师范培优

2003年开始，我们抓住福建省骨干老师和物理学科带头人培训契机，把优秀老师纳入本课程兼职导师，在课前、课中、课后与学生开展教具研制的交流和指导，研发出214件精品教具，并用于全国教具比赛和中学教学，为师范生对接今后教学，成为中学卓越老师奠定良好基础。

2. 解决课程与教学改革的重点问题

(1) 解决人才培养单一化的问题

针对该问题，设计"层次化马螺旋式"的培养模式，如图1所示。师范生毕业后，分别担任初、高中物理老师，并指导中学生开展科创活动。

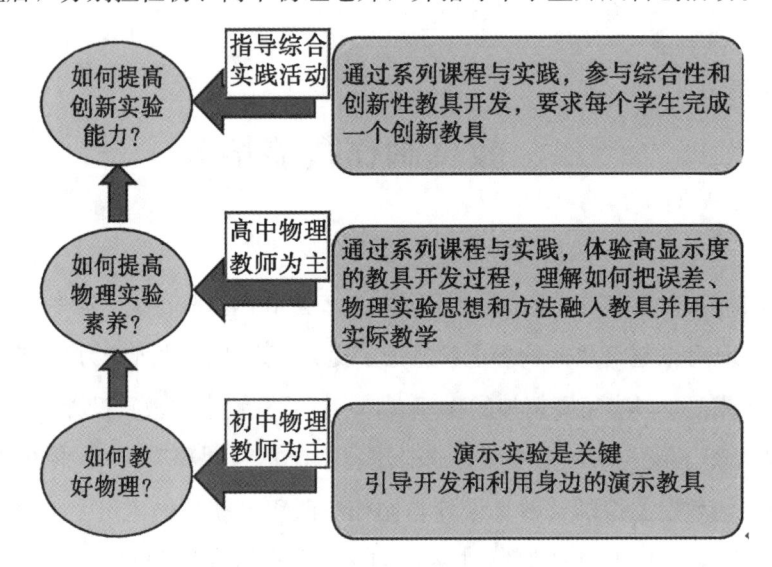

图1 "层次化与螺旋式"培养模式

(2) 解决教学方式单一化的问题

通过横向课题，与晋江市、永安市、厦门市教育局建立师资合作机制，积极探索实验校师资反哺师范生实验素养培养，跨时空培养师范生教学实践能力。通过线上平台搜集教学中的重难点，开展教具研制，并用于中学教学，形成了"使用－反馈－改进－再使用"的良性循环。

(3) 解决教学手段单一化的问题

做好线上平台建设，充分发挥网络教学资源的辐射作用，将录制好的教

具视频分享至QQ群，一方面作为中学物理教育类课程的共享资源，学生可以全天候、全方位地学习和评价；另一方面，中学老师也可在平台观看和下载视频，通过线上主题讨论，加强校内、外师生联动，展现教学手段多样化。

3. 教具制作技能培养模式

（1）初高中教具研制，开发了213件精品教具

①以"瓶瓶罐罐皆物理，身边处处皆教具"为指导思想，把脉初中物理实验的关键需求，引导学生利用身边的材料开发演示教具，研制了61件演示效果良好的可用于课堂教学的简易教具，如图2所示。

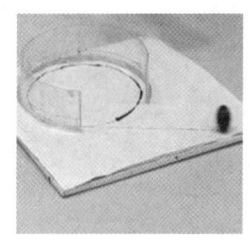

图2　简易教具

②针对高中物理的实验素养要求，引导学生研制了81件测得准、看得清的教具，并应用于教学实践。如图3、图4、图5所示的教具，参加本科生、研究生、中学老师的高级别教具和教学技能大赛，屡获佳绩。

图3　电功探究仪 　　图4　液压演示仪 　　图5　气体实验定律探究仪

图6　全国教具比赛

③组织开展项目化教具研究，研制了71件综合性、创新性教具。与中学老师合作，指导学生研制教具，开展科技节活动等，如图7、图8所示。

图7 与中学老师合作

图8 师范生在中学举办科技节

（2）精品教具汇编成集并拍成教具视频，服务于基础教育

《声临其境才能心领神会》《巧制教具，突破摩擦力之"难"》两个教具制作案例入选国家教育部案例库。以这两个教具制作案例和《物理自制教具集锦》为基础拍摄的视频，疫情期间在基础教育一线学校线上教学方面发挥了重要作用。厦门五中卢倩、福州十中林自强等在电视台组织的直播教学中均采用了学院拍摄的教具视频，得到高度赞誉。

4. 教具制作技能培养计划实施

教具制作技能培养计划实施可归纳为如下"1224"：一个中心——以教具突破教学重难点为中心；两个教学手段创新——课前课中课后、线上线下与中学名师交流互动；两个培养模式——层次化、螺旋式。根据初高中物理老师不同的实验技能需求，从简易教具到创新教具将教具研制层次化；从师范生为上好物理课研制教具到教学名师自发研制复杂教具，教具开发从简单到复杂螺旋式上升；四个课程实施环节创新——一是互动教学，建立小组团队，在生生互动、师生互动中交流研讨；二是一线指导，发挥骨干老师、学科带头人和横向课题合作校的师资力量，线上联动，名师进课堂，指导教具研发并将教具用于中学课堂，形成良好的闭环效应；三是定期汇报，以小组为单位进行教具设计与制作成果汇报；四是创新教具分享，在期末考核中进行教具作品解说、展示、交流。

自 2009 年以来，福建师范大学物理与能源学院以教学技能大赛为平台，组建了一支具有高水平的指导团队。全体师范生在比赛促学的良好氛围中，自觉提升教学实践能力。有些问题有待持续研究和解决：如何通过教学技能大赛这个平台更好地为低年级学生的教学技能打下基础；如何扩大比赛影响，促进不同科学间的交流和发展。

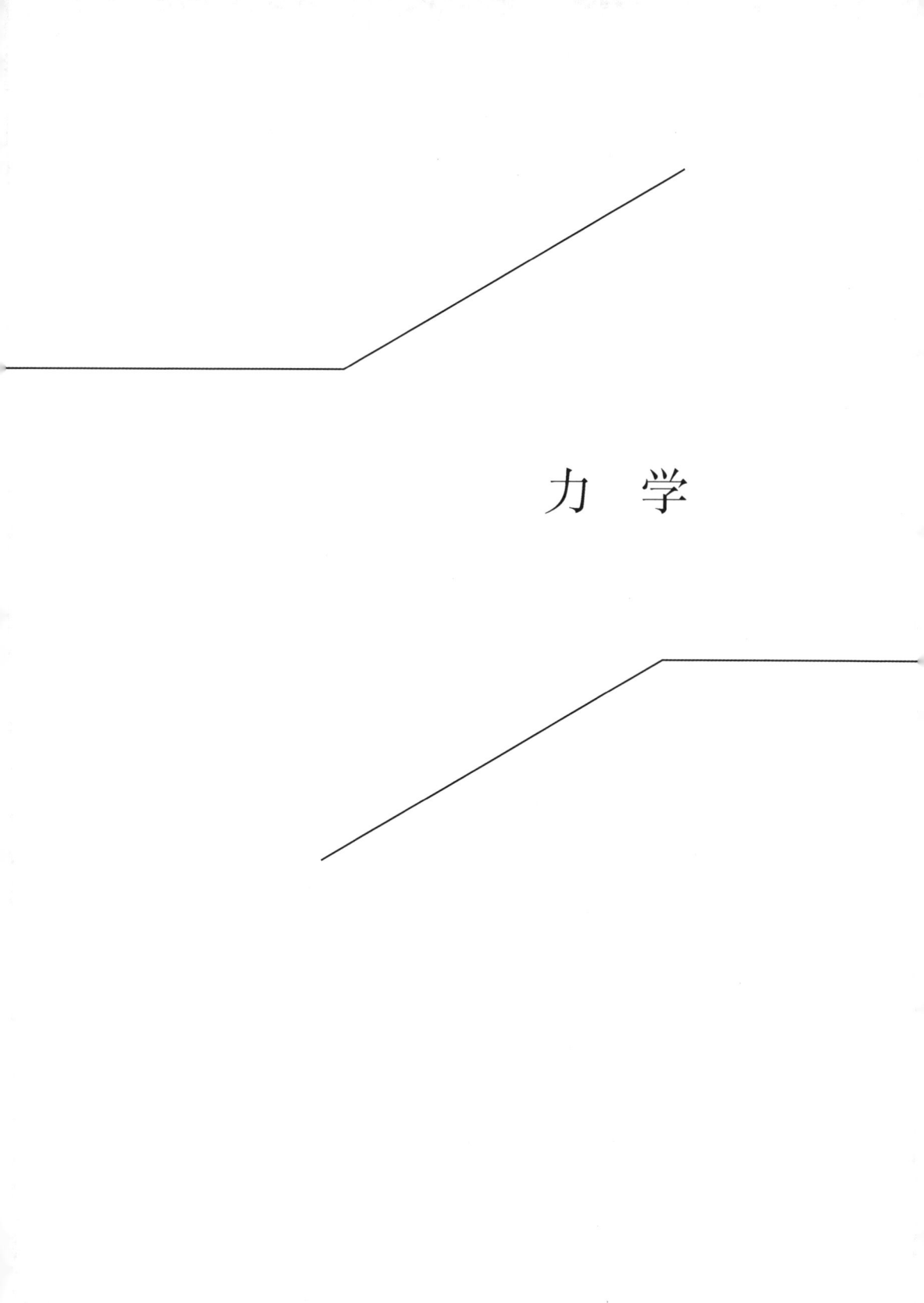

力　学

案例1　物质的密度

教材分析

本节课是初中八年级《物理》（沪科版）第五章第3节"科学探究：物质的密度"的内容。《义务教育初中物理课程标准》要求：通过实验，理解密度；会测量固体和液体的密度；解释生活中一些与密度有关的物理现象。课程标准要求学生会通过实验来建立密度的概念，目的是让学生经历形成概念的过程，从而更好地理解概念，并且在知识学习的过程中体验和掌握科学的研究方法。

密度是在学习了质量物理量之后引入的一个新物理量。它既是对物质世界的进一步探索，也是学习液体压强、浮力、大气压强等知识的必要知识基础，起到承上启下的作用。教学中，借助量筒和天平测量不同液体物质的体积和质量，引导学生自主设计实验数据记录表格。实验结束后，对表格中的实验数据进行横向和纵向的统计分析，形成"同种物质的质量与体积的比值一定"的物理认知。关于物质密度的实验探究，既充分关注了学生的前概念和朴素认识，又培养了学生的观察分析能力。

学情分析

初中生对物质的颜色、气味等直观物理特性认识比较容易，但在利用密度这一抽象概念认识物质时会存在理解上的困难。在学习速度概念时，学生已经初步接触了"比值定义法"，掌握了用天平与量筒测量物体的质量和体积的方法；具备了一定的科学探究能力，但是独立设计实验的能力尚有待提高和加强；探究中合作与交流的体验比较少，团队的合作意识还不强。因此，在教学中老师要注意引导、促进学生之间的合作探究，培养团队合作精神。

教学目标

根据课程标准要求和学生学习的实际情况制订教学目标：

1. 引入物理学史，增强对密度物理量的求知欲和探索欲；通过分组探究"物质密度"实验，体会"比值定义法"，理解密度的概念。

2. 经历对"物质密度"的猜想、验证的探究过程，提升团队协作能力。

3. 通过随堂练习，学会用密度知识解决一些简单的问题，解释与密度有关的物理现象。

教学重点和教学难点分析

重点：理解密度的概念，并能进行简单的应用。

难点：通过实验探究，发现密度是物质的一种特性。

教学设计理念

物理学史是物理学科育人的重要教学资源，是对物理教学内容的有效补充。本节课在一开始就引入物理学史，让学生经历"阿基米德鉴别皇冠"的过程，激发学生的学习兴趣。同时，初中生在密度这一概念上的理解存在一定的困难，为了让学生进一步体会"比值定义法"，本节课在对物质密度的探究过程中，引导学生自主设计探究实验表格和方案，对多种物质的密度进行探究，让学生体会到物理实验结论的普适性，体现了"以学生为主体"的教学理念。在课堂教学的最后环节，老师通过几道密度知识的随堂练习，培养学生应用物理知识解决实际物理问题的能力。

器材及媒体

烧杯、水、酒精、花生油、铁球、铝球、天平、量筒、烧杯等。

教学过程

一、新课引入

老师介绍阿基米德的故事：从前，有位国王叫一个工匠替他打造一顶金皇冠。国王给了工匠他所需要的黄金。工匠的手艺高明，制作的皇冠精巧别致，而且重量跟国王所给的黄金一样重。可是，有人向国王报告说："工匠制造皇冠时，私下吞没了一部分黄金，把同样重的银子掺了进去。"国王听后把阿基米德找来，要求他在不破坏皇冠的前提下测定金皇冠里是否掺了银子。大家想一想，阿基米德是如何完成测定任务的？

设计意图：这个故事的核心是鉴别物质的纯度问题，透过阿基米德的故事来描述问题，比单纯地提出如何鉴别物质纯度显得更加生动有趣，可以更好地激发学生的学习兴趣，也为下面的教学作好铺垫。

二、新课教学

1. 创设情景，提出问题

老师展示：出示两个装有液体的杯子。问：两个杯里分别装有水和花生油，你能辨认出哪个杯里装的是花生油吗？

学生：黄色的是花生油。

老师提问：请问你是通过什么特性来辨认的呢？

学生：颜色。

老师：对了，因为颜色是物质的一种物理特性。

老师展示：再出示两个装有液体的透明杯子。问：杯子里分别装有水和酒精，现在还能靠颜色来辨认它们吗？

学生：不能，因为它们都是无色的。

老师提问：那我们还能用什么方法来辨认它们呢？

学生：可以通过气味来辨认。

老师：对了，因为气味也是物质的一种物理特性。

设计意图：让学生知道可以用物质的物理特性来辨认物质，既符合课标的要求，又是对教材的补充。有了这些铺垫，学生在接下来对密度也是物质的一种物理特性这句话的理解就容易得多。

老师展示：出示两个体积相等，颜色相近的金属球。问：它们分别是铁球和铝球，还能用颜色、气味来辨认它们吗？

学生：不能。

老师：请大家通过分组讨论交流辨认这两个金属球的办法。

学情预设：学生可能想到利用天平比较它们的质量。根据生活经验，质量大的是铁球，质量小的是铝球。

老师：通过实验演示给予验证，并总结出当体积相等时可以通过比较质量来辨认物质。

老师展示：老师肯定学生的辨认方法后，再出示两个质量和体积都不相同、颜色相近的金属球。问：这是两个质量和体积都不相同的铁球和铝球，还能用上述方法，即利用颜色、气味、体积或质量加以辨认吗？

学生：不能。

老师：上面我们研究的是特殊的情况，要么体积相等要么质量相等。现在碰到的是普遍的情况，质量和体积都不相等，能否把普遍的情况转化为特殊的情况来加以解决呢？请大家分组讨论交流。

学情预设：学生可能想出把体积"变"成相等来比较质量，即求出 $\frac{m}{V}$ 来比较。

设计意图：让学生学习把普遍的情况转化为特殊的情况，利用已知的知识来解决未知问题。

2. 科学探究

探究目的：质量和体积的比值是不是物质的特性？

老师：如果同种物质的 $\frac{m}{V}$ 相同，而不同种物质的 $\frac{m}{V}$ 不相同，那么 $\frac{m}{V}$ 就是物质的特性。

实验安排：将全班学生分为四大组。每个大组分三个小组，共十二个小组。老师为第一、二大组的每个小组提供一块铁块或铝块、水、天平、量筒（每小组的铁块或铝块的质量和形状都不相同）。为第三、四大组的每个小组提供一杯水或酒精、天平、烧杯、量筒（每小组的水或酒精的体积都不相同）。

老师引导学生设计实验：其中第一和第二大组研究的物质是固体，请这两组同学通过讨论交流设计出具体的实验步骤。第三和第四大组研究的物质是液体，也请这两组同学讨论并设计出实验步骤。

学生：铁块和铝块可以先用天平测出它们的质量，用量筒测出它们的体积，之后求出铁块和铝块的质量和体积的比值。

学生：水和酒精可以借助烧杯和天平测出它们的质量，再用量筒测出它们的体积，之后求出水和酒精的质量和体积的比值。

老师分发实验表格，学生分组实验，并把实验数据填在表格中。

第＿＿＿大组，第＿＿＿小组

物质 \ 数据 物理量	质量 m/g	体积 V/cm³	质量与体积比值 $\dfrac{m}{V}$（g/cm³）

学生进行实验并记录实验数据。

老师：请各小组的同学们把实验数据汇总到表格上。

物理量 \ 物质	铁	铝	水	酒精
质量（克）				
体积（立方厘米）				
质量/体积（克/立方厘米）				
结论				

老师：请同学们分析实验数据，说一说你从中获得的结论。

老师引导学生分析实验数据：通过对实验数据的纵向对比发现同种物质 $\frac{m}{V}$ 相同，通过对实验数据的横向对比发现不同物质 $\frac{m}{V}$ 不同。结论：$\frac{m}{V}$ 是物质的一种特性。

设计意图：这个实验是突破本节课重难点的关键，为了探究物质质量与体积的普遍关系，在准备实验材料时，特地选取了四种不同的物质，涵盖固体和液体，并分三组选取形状大小不同的同种物质进行实验。这样，实验数据更有普遍性，收集到的信息更多。通过对实验数据的纵向和横向比较，帮助学生更深刻地理解密度是物质的一种特性。另外，学生测量得到的每一组数据被老师采纳和使用，肯定了学生的实验结果，调动了学生的学习积极性。同时，实验结论是学生分组实验共同探究得出来的，很好地培养了学生的团队精神，体现团队协作的重要性。

3. 密度概念

老师：物理学上把某种物质组成的物体质量与它的体积之比，叫做这种物质的密度。关于密度大家可以从以下几个方面认知。

	密度
定义	某种物质组成的物体的质量与它的体积之比
符号	ρ
公式	$\rho=\frac{m}{V}$
单位	千克/立方米　　　克/立方厘米
物理意义	表示物质的一种特性

老师：请大家认真阅读教材中的密度表。谈一谈你的发现。

学情预设：

（1）我发现固体的密度一般都比液体的密度大，但也有例外，如水银的密度比铁还大。

（2）气体的密度比固体和液体都小。

（3）水结冰，物质状态改变，物质的密度也随之改变。

教学设计的创新之处

1. 创设问题情境，精心选择实验素材，拓展结论的普遍性

老师以"阿基米德鉴别皇冠"为背景，学生带着问题进入新知学习，能够充分调动学生的内在驱动力。

在实验探究过程中，老师精选四种物质，且包含固体和液体，分12个不同的对照组同时进行实验。这样处理能够极大地提高实验教学的有效性，在有限的课堂时间内，发现实验结论的普遍性。

2. 巧设习题，注重应用

物质的密度是本节课的一个教学难点。在本节课的最后一个环节，老师安排与本课教学难点有关的课堂练习，目的是"以练测学"。设置的问题精挑细选、层层递进。练习的目的不是针对新知识进行重复学习，而是在难度递增的问题中，加深对原有知识的理解，拓展理论知识的应用。学生独立解答问题之后，能够进一步感受到密度物理量在生活中的应用，产生学习物理的热情，深入理解密度的物理意义。

案例 2　牛顿第一定律（初中）

教材分析

本节课是初中八年级《物理》（沪科版）第七章第一节的内容。《义务教育初中物理课程标准》要求："通过实验，认识牛顿第一定律。用物体的惯性解释自然界和生活中的有关现象。"通过解读课程标准可知，一方面，实验教学对学生认识牛顿第一定律具有重要的作用；另一方面，还要积极引导学生利用惯性知识，对某些自然现象加以解释，利用相关惯性知识指导生活实践。

牛顿第一定律将力学及运动学的知识联系起来，让学生初步认识运动和力的关系，并且为后续理解惯性、知道二力平衡知识打基础，起到承前启后的作用。因此，牛顿第一定律单独安排一课时，惯性知识放在第二课时。

从教材特点来看，这节课，在教授学生准确表述牛顿第一定律内容的基础上，更要注重引导学生体会利用理想实验方法建立牛顿第一定律的过程。整节课在思维方面对学生有较高层次的要求，可以上成一节很好的培养和提高学生推理、分析能力的科学探究课。

学情分析

学生已经学习了运动和力的概念，并且积累了一些生活经验，对于运动与力的关系有一些感性认识，可以以此调动学生的学习积极性。但是，学生的这些感性认识可能是片面的、不恰当的，并且具有一定的思维"惯性"，因此，需要在牛顿第一定律中将其转化为理性的认识，彻底纠偏前概念。唯有如此，学生在遇到复杂问题的时候，才会趋向于采用牛顿定律而不是生活经验去解释。

在教学中，通过与原有认识产生冲突的实验现象来激发学生的兴趣，应用物理知识解决实际问题来增强学生的学习成就感。但是，学生的抽象思维水平较低，实验设计能力也较薄弱，自我意识强而不稳，在情感方面表现为：对实验、科技活动等具有浓厚的兴趣。老师应引导和帮助学生，利用相关实验现象，推理出科学的结论。

教学目标

根据课程标准要求和学生学习的实际情况制订如下教学目标：

1. 通过实验，认识牛顿第一定律，掌握"实验＋推理"的研究方法。

2. 通过科学分析，提升科学的推理、论证等思维能力，领悟科学探究中分析与论证的严密性。

教学重点和教学难点分析

重点：通过理想实验，认识牛顿第一定律。

难点：1. 纠正有关运动与力的前概念偏差。

2. 掌握"实验＋推理"的研究方法。

教学设计理念

由于牛顿第一定律讨论的是物体不受力时的运动情况，现实中不存在不受力现象，知识内容本身很抽象，且学生受日常经验的影响普遍存在错误的前概念。因此，教学中必须做到既要关注学生的经验，又要精心处理知识的呈现方式。根据以上分析，本课采用概念转变教学策略，促进学生前概念转变，对物理规律正确理解。

在引入新课时，通过学生对演示实验结果的预期激活学生的前概念，再让学生观察实验现象，从而产生认知冲突，随即引出运动与力的关系这个问题。这种基于学生前概念引发学生认知冲突的教学策略比直接教学更能激发学生的探究欲望。在实验探究过程中，对实验数据进行分析与论证，从而得出结论，让学生体会分析与论证的严密性。最后应用得到的结论（牛顿第一定律）解释引入的实验，前呼后应。

器材及媒体

多媒体课件、小车斜面实验仪、小球圆形挡板实验仪。

教学过程

一、新课引入

老师演示实验：在一个光滑的塑料板上粘有一个圆形挡板，用一个沾有墨水的小球在圆形挡板内做圆周运动。请学生猜想当小球运动到某个位置，圆形挡板打开时，小球将如何运动？

图1 圆形挡板和沾有墨水的小球

学生猜想：小球继续做圆周运动。

老师继续演示实验：当小球运动到圆形挡板打开的位置时做直线运动。

学生观察实验现象，发现小球作直线运动，而不做圆周运动。学生惊讶不已。

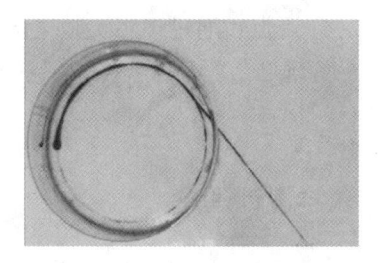

图2 小球的运动轨迹

老师指出：要解释这个现象就涉及运动与力的关系，从而进入新课教学。

设计意图：老师通过演示实验，暴露学生错误的前概念，产生认知冲突，制造悬念，激发学生兴趣。

二、两种对立观点

老师引导：在力学中，运动与力的关系是一个很重要的问题，在历史上曾出现过两种相对立的观点。亚里士多德根据生活经验认为：物体的运动需要力来维持，运动的物体停止运动是因为不受力的作用。伽利略通过理想实验提出：物体的运动不需要力来维持，运动的物体停止运动是受到阻力的作用。

老师组织学生完成下面两个小实验，检验二位科学家的观点究竟谁对谁错：

①将小车轮子朝上放在桌面上，手推一下后迅速离开；

②将小车轮子朝下放置，用大致相同的力推一下后迅速离开。

图3 小车轮子朝上放置　　　　　图4 小车轮子朝下放置

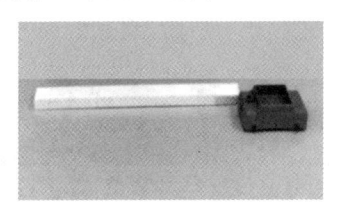

老师引导学生思考：推力何时撤去？撤去推力后小车的运动情况如何？可得到什么结论？

学生思考后总结：①手撤去同时，推力撤去；②推力撤去后小车仍然可以继续运动一段距离，最终停下来是因为受到阻力的作用。说明亚里士多德的观点是错误的；③发现阻力越小，小车运动的距离越大。

设计意图：老师提出"两种观点谁对谁错"的问题，如果直接让学生展开讨论，学生会感觉无从下手。因此，先让学生完成如上两个实验，学生观察之后再来判断，思路会更明确。这个小实验虽然简单，却起着承上启下的重要作用，它不仅直观地推翻了亚里士多德的观点，也为第二个问题（运动的物体如果受到的阻力为零，将会如何运动？）的提出做了充分的铺垫。

三、科学探究

学生提出问题：运动的物体如果受到的阻力为零，将会如何运动？

老师提问：这个问题可以通过实验探究直接得出答案吗？

学生思考后回答：不能，因为现实生活中不存在阻力为零的情况。但是，我们可以尽量减小摩擦力。

老师肯定学生回答，并指出：已经提前准备了一条毛巾、一条棉布和一块光滑玻璃放在桌面上。当小车依次在这三种材料上运动时，由于粗糙程度不同，就可以显示小车受到的阻力不同。

老师提问：如何让小车运动起来呢？

学生回答：推和拉都能让小车运动起来。

老师追问：除了推和拉，还有什么方法能够让小车运动起来呢？

学生思考后回答：可以让小车从斜面上滑下来。

图 5　小车从斜面下滑的实验装置

老师肯定学生回答，并提问：在以上三种方法中，哪一种方法更好呢？

学生没有办法给出准确答案，老师做出解答：斜面更好。因为实验时，当同一辆小车每次都从同一个斜面的同一位置处静止释放，就可以控制小车进入水平面时的速度相同。同时，老师指出已经在斜面上做了一个记号，实验时都要让小车从记号处静止释放。

老师强调：实验时，学生要注意观察每次实验中小车运动距离的大小，同时感受小车在水平面上运动时间的长短。

设计意图：老师引导学生通过实验目的逐一分析"如何使小车受到的阻力为零？"和"如何让小车运动起来？"这两个科学问题，在实验设计中进一步学习控制变量和合理外推的思想。在实验设计过程中不断与学生互动，促进学生积极思考，提升学生的实验设计能力。

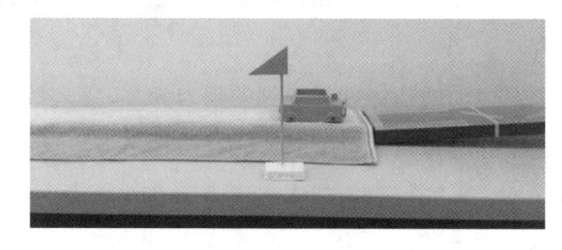

图 6　小车在毛巾上运动

老师引导学生进行分组实验。实验结束后请一组学生展示。学生观察实

图7 小车在棉布上运动

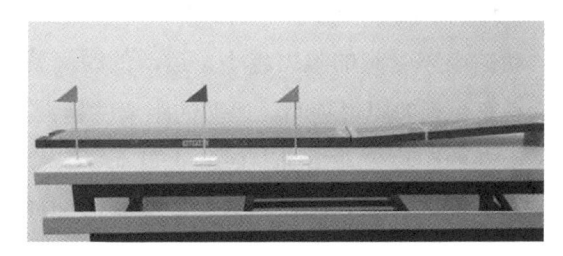

图8 小车在玻璃上运动

验结果：三次实验中，小车每次都从记号处静止释放，在毛巾、棉布和玻璃上运动的时间依次为短、较长、长，而运动的距离依次为小、较大、大，三次实验均标记下小车停止的位置。

师生共同将实验结果填入表格（表1），老师引导学生思考：从表格中的实验数据，可以得到什么结论？

表1 实验结果表格分析

	材料	阻力	距离	时间	速度变化	规律或结论
实验	毛巾	大	小	短		
	棉布	较小	较大	较长		
	玻璃	小	大	长		

学生总结：其他条件相同时，运动的小车受到的阻力越小，运动的距离就越大，时间也就越长。

设计意图：通过实验，渗透控制变量的方法，培养学生科学严谨的态度和实验观察能力。

老师肯定学生的结论，并提问：实际上我们不可能使得阻力为零，那接下来要怎样做呢？

老师指出接下来可以推理，并引导学生根据表格（表2）进行推理：通过实验已经发现：运动的小车受到的阻力越小，运动的距离就越大，时间也就越长。由此推理：小车受到的阻力越小，运动的距离就越大，时间也就越长；当阻力非常小时，运动的距离就非常大，时间也就非常长。假设小车在阻力为零的理想光滑斜面上运动，运动的距离就无限大，时间就无限长，也就是说小车将永远运动下去。

师生共同得出结论：运动的物体受到的阻力为零时，将在水平面上永远运动下去，不需要力来维持。

老师提问：小车的运动速度会不会改变呢？

表 2　科学推理表格分析

	材料	阻力	距离	时间	速度变化	规律或结论
实验	毛巾	大	小	短		其他条件相同时，运动的物体受到的阻力越小，运动的距离就越大，运动的时间也就越长。
	棉布	较小	较大	较长		
	玻璃	小	大	长		
推理	理想光滑	零	无限大	无限长		运动的物体受到的阻力为零时，将在水平面上永远运动下去，不需要力来维持。

学生思考后回答：小车的速度不会变慢，因为变慢最终会停下来，这与

刚刚的结论不符。但是学生对于小车的速度是变快还是不变无法给出答案。

老师启发学生思考：在这三次实验中，小车进入水平面时的速度相同，小车最终都停下来了，也就是末速度都为 0 m/s。因此，在这三次实验中，小车的速度变化量是相同的。然而小车在水平面上运动的时间不同：所用时间越短，速度变化就越快；所用时间越长，速度变化就越慢。

学生思考后根据表格总结：小车在毛巾上运动的时间很短，速度变化就很快；在棉布上运动的时间较长，速度变化就较慢；在玻璃上运动的时间很长，速度变化就很慢。由此推理，当小车运动时间无限长时，速度变化就无限慢，也就是速度快慢保持不变。

老师引导学生总结：运动的物体受到阻力为零时，将永远快慢不变地运动下去。

老师指出：在刚刚的科学探究中，大家不知不觉地运用了伽利略的理想实验法。理想实验主要由两个方面组成：首先进行实验，找出初步的物理规律；再在实验事实的基础上进行科学推理，最终得到正确的结论。理想实验是一种重要的科学研究方法，可以解决实际达不到条件的问题。后来，科学家笛卡尔通过大量的研究发现此时物体运动的方向也不改变。

老师提问：物体运动的快慢和方向均不变是一种什么性质的运动？

学生回忆已经学过的知识并回答：这是匀速直线运动。

老师肯定学生的答案，同时引导学生再次总结：运动的物体若受到的阻力为零，它将永远做匀速直线运动。

老师提问：如果静止的物体不受力，运动状态将会如何？

老师指出：地球上也不能完成这个实验，但是太空中可以。引导学生观察我国航天员王亚平在太空

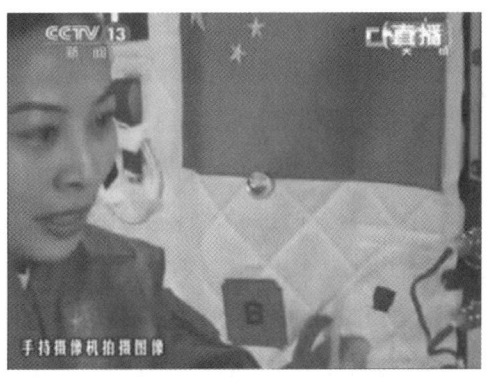

图 9　王亚平太空授课

中所做实验的图片：将水球静止放在太空中，水球不受力，依然静止。

老师提问：这说明了什么？

学生回答：静止的物体不受力时，总保持静止。

设计意图：本环节设计的最大亮点在于对"运动快慢保持不变"这个问题的处理上。我们一改以往的教学，仅仅在实验表格中增加了"时间"这一物理量的记录，就能很好地向学生解释快慢不变的缘由。这不仅消除了学生的疑惑，引导学生从科学推理的角度，得出实验结论，还能培养学生深入分析问题的能力。

在实验过程中，老师引导学生应用伽利略理想实验的方法，对实验结论进行推理和总结。该过程不断与学生进行互动，使学生一直处于积极思考的状态，发挥老师主导、学生主体的作用，提高学生的抽象思维能力。最后师生共同得出结论，增强学生的成就感。通过牛顿第一定律的发展史，使学生认识到物理学是不断发展的。

四、牛顿第一定律

老师引导学生归纳运动和静止的两个结论，从而引出牛顿第一定律：一切物体在没有受到外力作用的时候，总保持匀速直线运动状态或静止状态。

老师分析牛顿第一定律的相关内涵：牛顿提到"一切物体"，说明牛顿第一定律不但适用于所有固体，也适用于所有的液体和气体；"没有受到外力"是前提；"总保持"就是总是不变的意思；"或"怎么理解呢？

学生：两者之一。

老师提问：那什么时候保持静止，什么时候保持匀速直线运动呢？

学生思考并且回答：这是由物体的初态决定的。①原来静止的物体，在没有受到外力作用的时候，它将保持静止状态。②原来运动的物体，在没有受到外力作用的时候，它将保持匀速直线运动状态。

老师引导学生解释本节课开始时的小实验：当小球运动到圆形挡板打开位置时，仍然处于运动状态。由于塑料板足够光滑，可以近似认为水平方向不受外力。根据牛顿第一定律，原来运动的物体在没有受到外力作用时，总保持匀速直线运动状态，运动轨迹是一条直线。

设计意图：引导学生对牛顿第一定律的内容进行完备的学习，培养学生初步学会应用牛顿第一定律解决实际问题的能力，进一步感受生活与科学的联系。

教学设计的创新之处

"牛顿第一定律"是培养学生实验探究和推理能力的极好教材，新课教学不应该把重点放在对正确知识的传授上，而是要让学生经历人类对于"运动与力"关系认识的这一漫长而又曲折的过程，让学生感受到分析与论证的严密性，在学生的推理、讨论中，培养学生实验探究能力。因此，为了更好地完成上述目标，本节课的教学设计，在以下两个方面进行创新：

1. 创设巧妙问题情境，引出认知冲突

课的引入，通过简单又巧妙的小球在圆形挡板内运动的实验，让学生充分暴露自己的观点，当发现原有观点与实验现象不符时产生强烈的认知冲突，激发学生强烈的求知欲。老师由此引入新课，课堂气氛活跃，学生学习的主动性强。

2. 步步深入、层层完善

在推理部分，先是引导学生对阻力为零时的运动距离和时间长短进行推理，得到一个初步的结论。创新性地通过记录时间长短这一物理量，再引导学生对小车运动速度的大小进行推理，得到当运动时间无限长时，速度大小的变化就无限慢，即速度的大小几乎保持不变，完善第一个结论。接下来加入笛卡尔的结论，引导学生归纳总结得出一个更完善的结论。最后，介绍牛顿总结前人经验并通过大量研究提出的牛顿第一定律。整个过程步步深入、层层完善，让学生体会在科学探究中分析与推理的严密性，感受知识是处于不断地发展与完善之中。

案例3　牛顿第一定律（高中）

教材分析

"牛顿第一运动定律"是高中《物理》（必修1）（山东科技版）第五章第一节的内容。《高中物理课程标准》要求：结合物理学史的相关内容，认识物理实验与科学推理在物理学研究中的作用。即学生需了解历史上亚里士多德、伽利略关于力与运动关系的主要观点，并能着重利用物理实验和科学推理的研究方法建立新知识。

牛顿第一定律的知识是将前面所学的运动学与力学的知识联系起来，理解运动与力之间的关系。同时，为后续学习牛顿第二定律、第三定律及曲线运动等知识做准备，起到承上启下的作用。

理想化实验方法所蕴含的"实验证据＋合理外推"思想，对于培养学生科学推理、分析、综合、论证等科学思维能力具有重要促进作用。

学情分析

学生已经在初中初步了解了牛顿第一定律，但未对理想斜面实验形成系统化的认识，对惯性的理解也可能存在错误的前概念。因此，可以利用高中学生已具备一定的实验观察能力、逻辑推理能力等特点，展开教学。

关于运动与力的关系，不仅要介绍科学家的经典观点，还要设置随堂体验实验，让学生在实验证据的基础上，凝练出自己的观点。而对于理想化斜面实验，要避免采用纯讲授的教学方式，应当自制教具演示，让学生记录实验数据，在实验的基础上合理外推。对于惯性的知识，这部分知识比较抽象难懂，在循循善诱、逐步推理的基础上，引入视频、实验等手段，刺激学生各种感官，动用学生的抽象思维和形象思维能力，实现"全脑并用"的高效学习。

教学目标

根据课程标准要求和学生学习的实际情况制定如下教学目标：

1. 物理观念

理解牛顿第一定律，知道惯性是物体的固有属性。

2. 科学思维

通过自制教具展示伽利略理想斜面实验，掌握"实验证据＋合理外推"的科学思维方法。

3. 科学探究

通过观察与实验，获得运动与相互作用的正确观念，分析归纳出物体的惯性大小是由物体的质量决定。

4. 科学态度与责任

通过牛顿第一定律的历史史实回顾，提升敢于质疑、不断追求真理的探索精神。

教学重点和教学难点分析

重点：（1）伽利略的理想斜面实验。

（2）对牛顿第一定律的正确理解。

难点：（1）建立物体的运动不需要力来维持的科学观念。

（2）理解惯性的大小是由物体的质量决定的。

教学设计理念

在初中阶段，学生对牛顿第一定律和惯性已经有了一定的认识，比如定律的内容、定性的实验推理过程，用惯性知识分析、解释实际现象等。高中阶段，主要是让学生在已有的知识基础上发现其理解上存在的漏洞，深入对定律的理解与应用。

因此，教学中应避免对旧知识的重复翻炒，要善于创设情境，利用实验等手段，让学生在具体情境中获得与原有认知有冲突的观念，并据此深入思考与钻研，通过层层递进的教学逻辑链，引导学生通过动手操作，进行观察、逻辑推理，在理想实验的基础上推导出牛顿第一定律。

在得出牛顿第一定律之后，老师应带领学生对定律进行深度学习，对定律的研究对象、物理意义、地位进行全方位探讨，并结合相关实验进一步突破惯性知识的难点。

器材及媒体

带轮子的小车、自制伽利略理想斜面演示仪、多媒体课件。

教学过程

一、回顾力与运动关系的对立观点

老师归纳：亚里士多德认为，物体运动需要力来维持。而伽利略认为，运动不需要力来维持。

老师引导：通过实验探究两者的观点谁对谁错。

提供实验仪器：小车。要求学生完成两个实验：

1. **将小车放在桌面上，轮子朝上，手推一下小车后，迅速离开。**

学生发现：手离开后，小车没有马上停下，而是运动了一段位移后停下。

老师指出：手离开后，小车没有受到力的作用，说明物体运动不需要力来维持，而小车会停下来是因为受到桌面摩擦阻力的作用。

老师总结：从以上分析可以初步看出伽利略的观点是正确的。

学生进行另一个实验：

2. **将小车放置在桌面上，轮子朝**

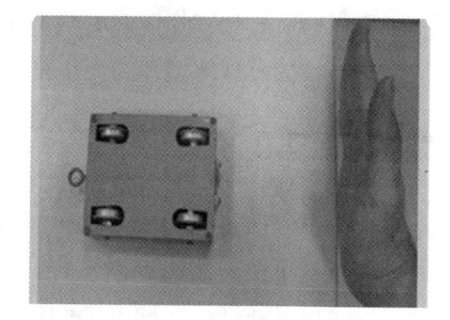

图1 轮子朝上，手推一下小车

下，用几乎相同的力推一下小车后，迅速离开。

学生发现：现象与上一个实验相同，但小车受到的摩擦力小，通过的位移更大。

老师总结：摩擦力越小，小车通过的位移越大。

老师引导：如果摩擦力小到零的话，小车通过的距离就应该是无穷大。

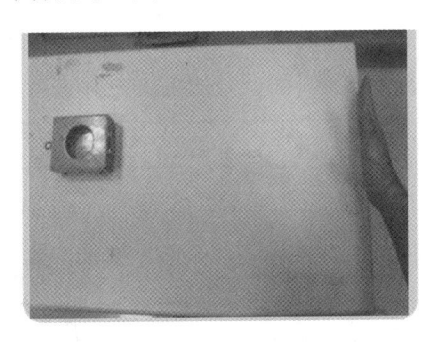

图 2　轮子朝下，手推一下小车

设计意图：如果提出"两种观点谁对谁错"的问题直接让学生展开讨论，学生会感觉无从下手。因此，引导学生完成自主实验，学生在观察分析之后再来判断，思路会更明确。小车实验起着承上启下的重要作用，在对它分析的过程中不仅直观地推翻了亚里士多德的观点，也为引出伽利略理想实验做好铺垫。

老师指出：在实际的实验条件下无法做到摩擦力为零，但可以通过实验寻找物体运动的初步规律，在实验的基础上进行推理，并得出科学的结论。这就是物理学上常说的理想实验。

老师展示理想实验（伽利略理想斜面演示仪）

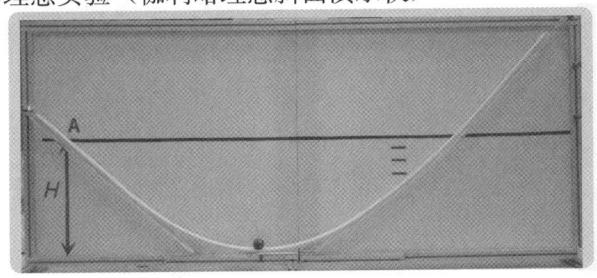

图 3　探究摩擦力大小与小球上升高度的关系

1. 在斜面上铺上毛巾，让小球从 A 点静止滚下，在另一斜面上升到 h_1 高度。

2. 在斜面上铺上丝绸，让小球从 A 点静止滚下，在另一斜面上升到 h_2 高度。

3. 小球直接跟轨道接触，让小球从 A 点静止滚下，在另一斜面上升到 h_3 高度。

分别观察三次小球在另一斜面上升的高度，并进行对比。

	材料	阻力	位移	规律或结论
实验	毛巾	大	小	物体受到的摩擦力越小，运动的位移越大。
	丝绸	较小	较大	
	轨道	小	大	

学生发现：$h_3 > h_2 > h_1$，并且都小于 A 点的高度 H。

老师归纳：摩擦力越小，小球能上升的高度越大，越来越接近 H，但都小于 H。现实没有理想的光滑斜面，结论需要在实验事实基础上进行推理得出。

老师提问：如果是理想的光滑斜面，小球受的摩擦力为零，小球会上升到哪一高度呢？

学生回答：会上升到 H 的高度。

老师归纳：对了（老师在斜面等高处贴上标记），即，如果两斜面摩擦力为零，小球应该上升到 H 的高度。

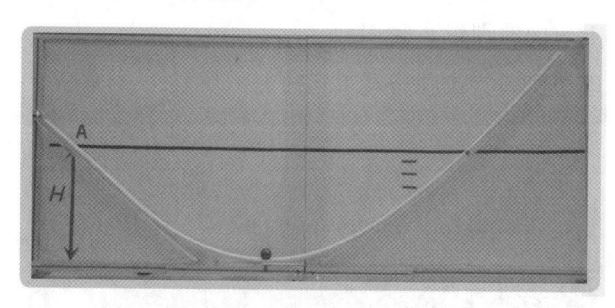

图 4　伽利略理想实验（a）

老师演示：将右边斜面放平一些，小球还应该上升到 H 的高度，但通过的距离比上一次实验的大。（老师放平轨道并在斜面等高处贴上标记）

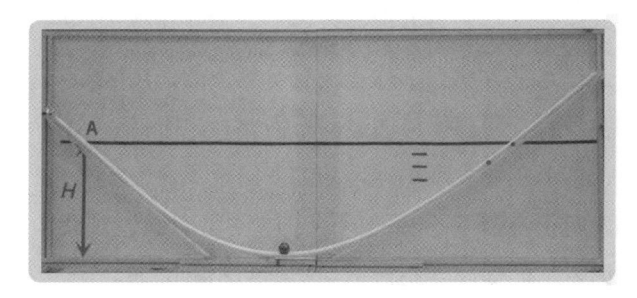

图 5　伽利略理想实验（b）

将右边斜面再放平一些，小球仍然还应该上升到 H 的高度，通过的距离比上一次更大。（老师在斜面等高处贴上标记）

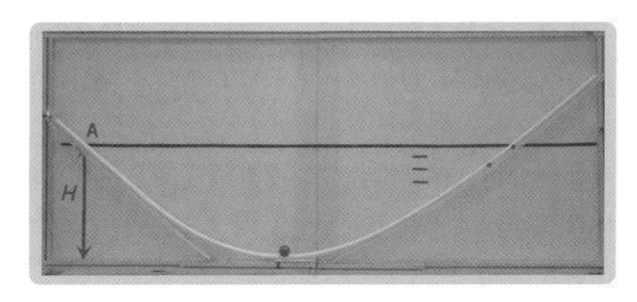

图 6　伽利略理想实验（c）

老师总结：斜面倾角越来越小，小球仍能上升到 H 的高度，通过的距离越来越大。

老师提问：如果右边斜面变为水平面，小球会如何运动？

学生想出：小球将为了达到那个永远无法达到的高度，而在光滑水平面上一直运动下去。

设计意图：对于伽利略的理想斜面实验，大部分的教学采用虚拟化的动画演示。本设计通过自制教具，实际记录小球上升的高度和沿斜面行进的距离。学生通过可视化的教具和实验证据，经历科学探究的过程，深刻领悟"证据＋合理外推"的理想实验的研究方法，从而对伽利略的实验思想有更加深刻的体会。

老师提问：小球在水平面上运动过程中快慢是否发生变化？

学生发现：在斜面上滑下时速度越来越大，在斜面上滑上时速度越来越小，在水平面上运动既没有滑上也没有滑下，因此快慢不会发生变化。

老师提问：在水平方向上小球有没有受到力的作用呢？

学生发现：没有。所以物体的运动不需要力来维持。

老师补充：笛卡尔还发现小球运动的方向也不会发生变化。

设计意图：对于快慢变不变的问题，学生可以通过观察斜面上小球运动的规律得出结论，从而提高学生分析与归纳问题的能力。

二、学习牛顿第一定律

老师指出：伟大的物理学家牛顿总结出了牛顿第一定律：一切物体总保持静止状态或匀速直线运动状态，直到有外力迫使它改变这种状态为止。

老师分析："一切物体"，包括固体、液体和气体；"总保持"就是总是不变的意思。

老师与学生共同分析：保持静止或匀速直线运动是由物体的初态决定的。原来静止的物体，总会一直保持静止状态；原来运动的物体，总会一直以原来的速度做匀速直线运动。

老师提问：这种状态要保持到什么时候？

学生回答：直到有外力改变这种状态为止。

老师总结：由此可见，力不是维持物体运动的原因，而是改变物体运动状态的原因。牛顿第一定律阐明了力与运动的关系。

设计意图：该环节对牛顿第一定律的内容进行深度解读，着重提出研究对象中的"一切物体"包括固、液、气体。通过师生互动，让学生深刻理解牛顿第一定律，并为引出惯性的概念做准备。

三、惯性

老师分析：外力是外因，由牛顿第一定律可知，当不受外力，即没有外因时，此时只有物体的内因起作用，物体将保持原来的运动状态，这是物体的一种性质，这种性质不随外界条件而改变，只由物体本身因素所决定，我们把物体保持原来运动状态的性质叫做惯性。

老师提问：如何判断惯性的大小？

学生讨论得出：在初态相同时，可以通过比较运动状态改变的难易程度来判断惯性的大小。

老师举例：静止的小汽车比大卡车容易启动；而初速度相同的小汽车比大卡车容易停止；这就说明小汽车运动状态容易改变，它的惯性较小，大卡车的运动状态不容易改变，惯性就大。

老师提问：惯性的大小与什么因素有关？

学生想出：小汽车的质量小，惯性就小；大卡车质量大，惯性就大。因此惯性的大小与质量有关。

	质量	惯性
小汽车	小	小
大卡车	大	大

老师强调：惯性是物体的固有属性，只与其内因有关，而质量是物体的内因，因此惯性的大小，只由质量决定，与物体的运动状态，是否受力等外界因素都没有关系。

设计意图：在理解惯性知识的环节中，应用了观察与对比的方法，提高了学生的分析与归纳能力。

教学设计的创新之处

1. 实验创新

牛顿第一定律是阐明力与运动关系的定律。学生在学习本节课以前，受生活经验等影响，存在一定的前概念，认为物体的运动需要力来维持。本节课的第一个小车实验，通过学生分组实验代替老师演示实验，让学生产生与前概念的冲突，使学生对力与运动的关系印象更深刻。师生共同分析实验结果，提高了学生的观察和归纳能力，也使学生更容易理解伽利略的观点。

伽利略理想实验是在一定实验基础上进行推理而得出科学结论的。在本节课的授课过程中，使用自制教具再现伽利略的理想实验，使学生能够随着伽利略的思路一步一步地发现力与运动的关系。首先，发现摩擦力越小，小球在斜面上上升的高度就越接近滚下时的高度。然后，在这个实验的基础上进行推理，得出在理想情况下，小球会上升到滚下时的高度。随即，再将伽利略理想实验演示仪的轨道逐渐放平，并在同样高度做上标记，可以清晰直观地看到小球在理想的光滑轨道上运动的距离越来越大。以此为基础，学生便能自然地推理出当斜面放平时，小球将在光滑的水平面上一直运动下去。

2. 概念讲解创新

惯性的概念抽象不易理解，在教学设计中，将外力归为外因，物体自身性质归为内因，因此，惯性作为物体的固有性质自然由物体的内因——质量决定。

关于惯性大小的判断，老师回避纯理论讲解，引导学生从牛顿第一定律的内容出发，推理得出运动状态容易改变，即惯性小；运动状态不容易改变，即惯性大。在明晰该结论的基础上，利用视频进行实验探究，得出物体质量这个内因是决定物体惯性大小的因素。

教具1　伽利略理想斜面演示仪

【教具实物图】

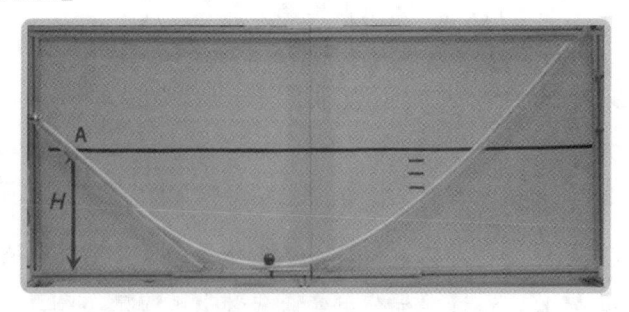

图1　伽利略理想斜面演示仪

【制作目的】

重现伽利略理想斜面实验的推导过程。

【制作原理】

物体的运动不需要力来维持。

【制作材料】

有机玻璃（白色底板）、有机玻璃板（透明）、铝合金方管、合页、螺丝钉若干、小铁球 1 个、割字纸（红、蓝）、亚克力胶水、毛巾、丝绸、电线线槽轨道（宽 2 cm 左右）等。

【制作过程】

1. 制作面板

（1）将有机玻璃（白色底板）切割成长宽均为 35 cm 的正方形 2 块。

（2）将铝合金方管切割成长为 35 cm 的长条 6 段，长为 15 cm 的长条 2 段。

（3）用合页将两块有机玻璃板拼接，用长为 35 cm 的铝合金方管围在底板四周作为框架，将长为 15 cm 的铝合金放在左右下角作为面板的支撑，并用螺丝钉固定。

（4）用蓝色割字纸在离底部 H 高度处画一条直线，并用红色割字纸作出 H 高度标记。

（5）在左侧靠近 A 处且高于 A 处的方管上固定 1 个螺丝钉用于支撑左侧轨道。

（6）在右侧方管不同高度（高于 H）固定 3 个螺丝钉用于支撑右侧轨道。

2. 制作斜面

（1）选择一块长度适当，宽为 2 cm 左右的电线线槽作为轨道，将轨道左右两端分别放置于两侧方管的螺丝钉上，使轨道呈 U 形。

（2）切割两块长度适当，宽为 2 cm 的有机玻璃板，固定在左右两部分斜面下方，防止小球滚动时轨道变形。

（3）制作一条长度适当，宽为 2 cm 的毛巾。

（4）制作一条长度适当，宽为 2 cm 的丝绸。

【使用方法】

实验探究 1

1. 在右侧斜面上先后铺上毛巾、丝绸，让小球从 A 点静止滚下，观察并标记小球上升的高度。

2. 小球直接跟轨道接触，从 A 点静止滚下，观察并标记小球上升的高度。

3. 小球能上升到的高度与 H 对比得出：摩擦力越小，小球能上升的高度越大。

4. 推理：如果是理想光滑斜面，小球受的摩擦力为零，小球会上升到 H 的高度。

实验探究 2

1. 改变右边斜面倾角的大小，即将右边斜面不断放平。

2. 根据实验探究 1 的结论，假设斜面光滑，分别在小球能达到的 H 高度处的斜面上贴上标记，观察小球的运动距离，得到右边的斜面不断放平，小球滚动的距离越来越大。

3. 将右边的斜面水平放置，推理：小球将为了达到那个永远无法达到的高度而在光滑水平面上一直运动下去。

【注意事项】

需要竖直放置伽利略理想斜面演示仪，且制作过程中需保证左右两边斜面、支撑的有机玻璃板都与底板垂直。

【仪器特色】

可以借用伽利略理想斜面演示仪一步步地演示并引导学生得出"物体运动不需要力来维持"的实验结论，让学生知道在实验条件无法满足的情况下，可以通过理想实验的方法揭示自然规律。

案例4 滑动摩擦力（高中）

教材分析

本节课是山东科技版高中《高中物理课程标准》《物理》（必修1）第三章第3节内容的第一部分——滑动摩擦力。课程标准要求"认识摩擦力，知道滑动摩擦现象，能用动摩擦因数计算滑动摩擦力的大小"。摩擦力是生活中常见的一种力，正确认识摩擦力对后续学习物体平衡、牛顿定律、能量守恒、动量定理等知识中的受力分析至关重要。本节课是在初中学习的摩擦力基础上的延伸与拓展，教学中应该充分关注学生的前概念并及时纠正。可以通过自制教具，让学生判断两个物体运动方向、相对运动方向和摩擦力方向，从而深刻理解"摩擦力是阻碍相对运动的力"。

教科书中对滑动摩擦力大小的计算公式是用一个实验与探究栏目呈现的，可以对书中实验进行改进。在教学过程中，注意引导学生共同讨论如何改进实验方案，让学生经历探讨摩擦力与压力定量关系的过程，更好地体现"让学生在体验知识的形成、发展过程中，主动获取知识"的精神。

学情分析

学生在初中已经学习了摩擦力的基本概念，对滑动摩擦力的概念有初步的认识。摩擦力的成因相对复杂，学生可能存在错误的前概念，如对"摩擦力方向与运动方向、相对运动方向的关系判断"。从初中到高中，对物理思维和实验技能的要求有所提高，学生在摩擦力上会出现"消化不良"的情况。

教学目标

根据课程标准要求和学生学习的实际情况制定如下教学目标：

1. 物理观念

认识摩擦力，知道摩擦现象，能用动摩擦因数计算滑动摩擦力的大小。

2. 科学思维

在摩擦力关系式的建立过程，提升观察、分析、归纳和推理等思维能力。

3. 科学探究

通过探究实验，发现滑动摩擦力的大小与压力成正比；通过演示实验，认识、掌握判断滑动摩擦力方向的方法。

4. 科学态度与责任

在自主探究实验中体会物理学科的严谨性。

教学重点和教学难点分析

重点：滑动摩擦力方向的确定和大小计算的方法。

难点：正确理解"滑动摩擦力总是阻碍相对运动"的含义及定量探究"摩擦力与压力的关系"。

教学设计理念

初中学生对滑动摩擦力的概念有初步的认识，并且定性地探究过滑动摩擦力的大小与哪些因素有关，但对滑动摩擦力方向没有深入研究，在定量探究压力与滑动摩擦力关系时需要提高实验的精确度，减小实验误差，得出压力与滑动摩擦力关系式是学生需要进一步学习的新的内容。高中教学应在这方面做好知识和方法上的衔接。

根据教学的发展理论，教学应体现教学创造着最近发展区这一事实，通过师生、生生之间的讨论、争论而实现高质量的理解。滑动摩擦力的概念、分类、产生条件可由老师讲解完成，滑动摩擦力的方向，则利用老师精心设计的富有创造性的自制教具进行实验演示，创设在学生最近发展区内进行分析、讨论、探究的教学情境，使学生真正掌握判断滑动摩擦力方向的方法。定量实验探究的最近发展区是如何设计和操作实验才能使得测量更加精确、方便。这个问题，在老师的引导下，通过学生与老师、学生与学生之间对测量的困难进行充分的磋商、讨论，可以找到解决问题的更好的办法。实验设计体现了教学应充分发挥学生资源的作用，激发学生主动学习、交流和探究的意识和行为。

器材及媒体

自制教具（用于判断滑动摩擦力的方向）、铁架台、弹簧秤、木块、牛皮纸、已知质量的金属块（用于滑动摩擦力大小与压力关系的定量测量）、教学演示文稿。

教学过程

一、新课引入

师：今天，我们要学习一个新的课题。我们先来做个小实验。老师这里有一个支架，在上面放上一个垫板，在垫板上放上一个一端系有细绳的物块（教具见下图1）。请同学们猜想一下，当老师向左拉动物块，而没拉动垫板时，垫板会不会运动？如果会，垫板的运动方向如何？

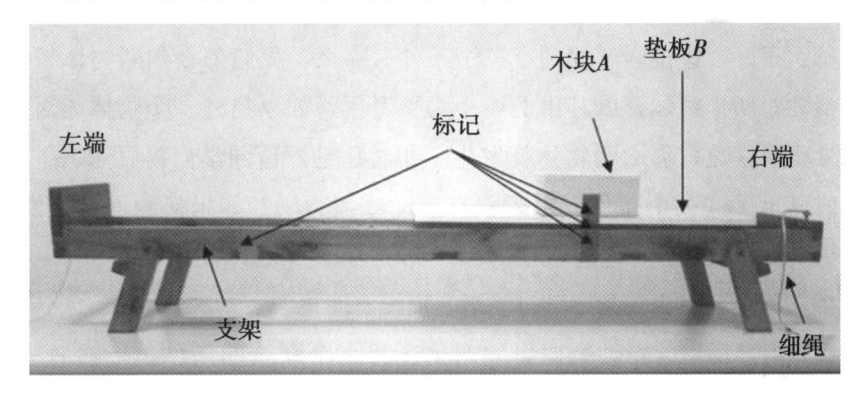

图1 演示实验用的自制教具

生：会运动，并且是向左运动的。

师：是否像这位同学说的呢？让我们来观察实验。

老师进行实验演示，垫板向左运动。

师：为什么垫板会向左运动呢？这是一个涉及摩擦力方向的问题。摩擦力是自然界中很常见的一种力，人们很早就认识到它的重要性，为了更好地发挥其有利的一面，克服不利的一面，我们很有必要学习摩擦力的相关知识。

设计意图：这个引入针对学生认识上经常出现的一个错误——摩擦力总是阻力，总是阻碍物体的运动。制造悬念，激发学习兴趣。实验既让学生看到摩擦力会让物体运动起来，又熟悉了教具。这个教具是后续探究滑动摩擦力方向的重要实验器材，演示实验起到承上启下的作用。

二、新课教学

1. 滑动摩擦力的定义

师：什么是滑动摩擦力呢？请大家看屏幕（或者教材）。教材对滑动摩擦力下的定义是这样的：滑动摩擦力是当两个物体彼此接触和挤压，并发生相对运动，在接触面上产生的一种阻碍相对运动的力。

2. 滑动摩擦力的产生条件

师：在定义中，说到产生滑动摩擦力需要具备的条件。同学们能找出来吗？

生：接触、挤压、相对滑动。

师：很好，这位同学找到了三个条件。那么，我们怎么判断物体发生了相对滑动？两个物体，以其中的一个为参考系，如果另外一个物体相对它的位置发生了变化，那么两物体就发生了相对运动。请同学们再思考一下，如果同时满足了这三个条件，是否就有滑动摩擦力了？如果接触面是光滑的，会有滑动摩擦力吗？

生：不会，因为在初中学过光滑表面没有摩擦力。

师：对。所以，滑动摩擦力的产生还有一个默认的条件：接触面粗糙。所以，判断物体间是否存在滑动摩擦力，必须从滑动摩擦力产生的四个条件入手分析。

（1）黑板擦与黑板恰好接触，然后让其自由滑下，问：在下滑的过程中，黑板擦有没有受到滑动摩擦力？

生：没有（无挤压）。

老师演示：无挤压时，黑板擦自由下落，黑板上的字不会被擦掉；有挤压时，黑板上的字就会被擦掉。

（2）如图2，A、B两物体以相同的速率向同一方向运动，问：运动过程中A、B两物体间有没有滑动摩擦力？

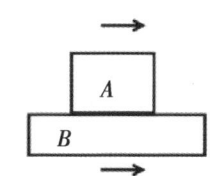

生：没有（没相对运动）。

师总结：判断物体间是否存在滑动摩擦力，必须从滑动摩擦力产生的四个条件入手分析，且四个条件必须同时满足。

图2 以相同的速率向同一方向运动的两物体

3. 滑动摩擦力的方向

师：我们知道，滑动摩擦力是一种力。力是矢量，不仅有大小，也有方向。我们先来研究滑动摩擦力的方向。

师：现在我们来做三个实验，通过实验来找出判断滑动摩擦力方向的方法。我们来看一下实验仪器（见图1）：这是支架，在右端有个标度。由于这个支架相对地面是静止的，所以我们可以把它当做地面。长形的板是垫板B，老师在上面也做了一个标度，B的左端有一条线，用来拉B。红色的是物块A，老师也在上面做了标度。那么，我们通过观察A上的标度与支架上的标度以及B上的标度的位置的改变，就可以知道A的运动方向和相对B的运动方向了。

师：在实验过程中，请同学们认真观察实验现象，并填写表格。填写时，方向"向左"用红笔，"向右"用蓝笔。这样，表格内容一目了然。

实验	A的运动方向	A相对B的运动方向	A受到的滑动摩擦力方向
1			

续表

实验	A 的运动方向	A 相对 B 的运动方向	A 受到的滑动摩擦力方向
2			
3			

老师演示第一个实验：B 放在支架的右端，A 放在 B 上，让三个标度对齐，向左拉动 B。

师：现在请一位同学来说你观察到了什么？

生：A 和 B 一起向左运动。

师：有没要补充的？

生：A 上的标度在 B 的右边，也就是说 A 相对 B 向右运动。

师：现在我们来填这个表格，A 的运动方向是向左的，A 相对 B 的运动方向是向右的。那么，A 受到的滑动摩擦力的方向呢？我们通过力的作用效果来判断。滑动摩擦力使 A 由静止到运动，所以滑动摩擦力的方向和运动方向相同，也是向左的。

老师演示第二个实验（实验前先将 B 放在轨道的左端，和支架相碰，再把 A 放在 B 上，让 A 和 B 的标度对齐，并在支架上做个标度，再将 B 移到支架右端）：向左拖动 B，让 A 和 B 一起向左运动，请同学们在 B 碰到支架左端，也就是 B 停止运动的瞬间开始观察实验现象。

师：你们观察到了什么？

生：A 在 B 停止运动后继续向左运动一会儿后停下，而且，A 标度在 B 的左边。

师：回答得很好。这位同学观察到 A 的运动方向是向左的，A 相对 B 的运动方向也是向左的。

师：现在请同学思考一下 A 受到的滑动摩擦力的方向。在 B 停止运动的瞬间，A 是向左运动的，最后静止了。滑动摩擦力使 A 从运动变成静止，它阻碍了 A 的运动，所以它的方向和运动方向是相反的。那么，A 受到的滑动摩擦力是向右的。

老师演示第三个实验：先将 B 放在轨道的右端，再把 A 放在 B 上，让三个标度对齐。之后，将 A 用线与支架右端相连，将 B 往左拖。

师：大家看到，在老师向左拉动 B 时，A 的标度到了 B 的右边，也就是 A 相对 B 向右运动，而 A 相对地是静止的。为什么 A 静止？有同学说是 A 受到了绳子的拉力。确实如此吗？让我们来看看。在拉动 B 的过程中，剪断绳子，"重复实验3，并剪断绳子" A 会向左运动，说明绳子上的拉力阻止 A 向左运动。滑动摩擦力的方向是向左的。

实验	A 的运动方向	A 相对 B 的运动方向	A 受到的滑动摩擦力方向
1	向左	向右	向左
2	向左	向左	向右
3	静止	向右	向左

师：三个实验完成了，我们来分析这个表格。在实验 1 中，A 运动方向向左，滑动摩擦力方向也向左，它们的方向相同，滑动摩擦力是动力；在实验 2 中，A 的运动方向向左，滑动摩擦力方向向右，它们的方向相反，滑动摩擦力是阻力。实验结果表明：滑动摩擦力的方向可能与运动方向相同，也可能相反；滑动摩擦力可以是动力，也可以是阻力。并且在实验三中，A 并没有运动，但是也受到一个向左的摩擦力。说明：静止的物体也可能受到滑动摩擦力。

师：在实验 1 中，相对运动方向向右，滑动摩擦力方向向左，它们是相反的；在实验 2 中，相对运动方向向左，滑动摩擦力方向向右，它们也是相反的；实验 3 中，相对运动方向向右，滑动摩擦力方向向左，它们还是相反的。实验结果表明：滑动摩擦力的方向与相对运动方向总是相反。

师：综合以上的实验结果，我们可以得出判断滑动摩擦力方向的规律：滑动摩擦力的方向与物体相对运动方向总是相反，总是阻碍物体相对运动。

师：实际上，在滑动摩擦力的定义中就提到了方向问题。大家找找看，哪句话提到了方向问题？

生：阻碍相对运动的力。

师：很好。科学家们还发现，滑动摩擦力的方向总是与接触面相切。

师：现在，我们再来解释刚上课时老师做的演示实验：当老师向左拉动A（物块）时，B（垫板）相对A（物块）向右运动，B（垫板）受到的滑动摩擦力是向左的，于是，滑动摩擦力带动B（垫板）向左运动。

设计意图：在此部分教学中，利用精心设计的教具将教材上直接给出的摩擦力是阻碍物体相对运动的知识变成学生自己通过实验分析发现的规律。不仅澄清了学生对运动方向、相对运动方向等概念混淆的状况，也有助于学生转变错误前概念。同时，实验应用了一定的观察方法，训练了学生观察能力，提高了学生对实验现象的分析和总结的能力。在整个学习过程中，学生的思维是积极主动的，他们从中有所发现，获得了一定的满足感和成就感。

4. 滑动摩擦力的大小

师：在初中我们已经学过，滑动摩擦力的大小与物体间的压力、接触面的粗糙程度、相互接触的材料有关，与接触面的面积、相对运动的速度无关。现在，我们来探究滑动摩擦力的大小与物体间的压力的定量关系。

实验探究

（1）提出问题：在接触面材料和粗糙程度一定时，滑动摩擦力的大小与物体间压力有何定量关系？

师：请同学们猜想一下，二者可能成什么关系？

生：压力越大滑动摩擦力越大，二者可能成正比关系。

（2）猜想：成正比关系。

师：也可能是其他关系，正比关系是最简单的，我们研究问题也总是从最简单的入手。下面我们先来通过实验来验证这个猜想。

（3）设计实验。

师：老师选取的实验器材有：牛皮纸、木块、弹簧秤、铁架台、已知质量的金属块。我们以木块为研究对象，研究它与牛皮纸粗糙面间的滑动摩擦力的大小与压力的关系。所以，我们要测出滑动摩擦力与压力的大小。

设计意图：初中，学生定性探究过影响滑动摩擦力大小的因素，知道定性的结论，因此，这里在初中的基础上进一步探究定量的关系。由于该实验的重点是探究如何设计和操作实验才能使得测量更加精确、方便，因此，直接给出实验器材让学生利用给定的器材设计更精确的实验，培养学生严谨的科学态度。

师：因为木块放在水平面上，所以压力的大小与木块重力的大小相等，用弹簧秤就可以测量了。现在，我们要测的是滑动摩擦力的大小。那么，该怎么测？

生：用弹簧秤拉木块，使之在水平方向上匀速运动，弹簧秤上的示数就等于滑动摩擦力的大小了。（如图3）

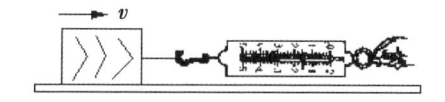

图3　学生设计的实验图

师：很好。这里用的是间接测量的方法。下面，请同学们测一测这块木块与牛皮纸间的滑动摩擦力大小。

老师观察学生的操作，发现问题：

①在实验中，弹簧秤指针在不停地抖动，说明木块很难做匀速运动。

②即使指针不抖动，因为弹簧秤在运动，要准确读数也很困难。

老师叫停学生实验。

师：在观察你们做实验的时候，发现了两个问题。首先，根据二力平衡知道，只有当木块匀速运动时弹簧秤上的读数才等于滑动摩擦力的大小。但，在实验中，弹簧秤指针在不停地抖动，说明木块总是忽快忽慢地运动，并不是匀速运动。所以，这里存在一个问题：木块很难做匀速运动。

师：其次，这个实验是要研究滑动摩擦力的大小和压力的定量关系，即使指针不抖动，由于弹簧秤和木块一起运动，要准确读数也是很困难的。

师：看来，这个实验需要做改进。那么，如何改进呢？请同学们讨论一下。

学生讨论，然后汇报讨论结果。

师：（小结）既然木块很难做匀速运动，就让木块静止。由于弹簧秤与木块相连，所以弹簧秤也就静止了。为了使静止的木块受到滑动摩擦力，就要让牛皮纸运动起来，使木块和牛皮纸有相对运动，也就有了滑动摩擦力。并且，由于滑动摩擦力与相对运动速度无关，所以我们在拖动牛皮纸时并不需要匀速拖动。由于在拖动牛皮纸的过程中弹簧秤是静止的，我们就可以准确地读数了。这样，两个问题都解决了。

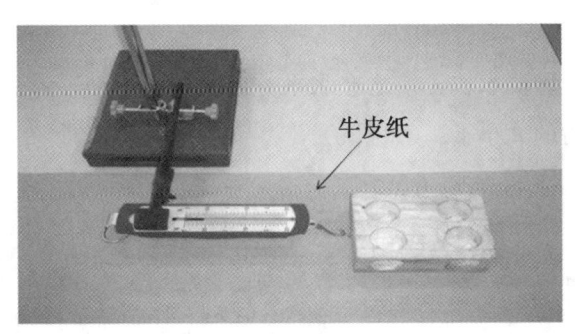

图 4　改进后的实验装置

师：通过改进实验装置，我们可以较准确地测出滑动摩擦力大小与压力大小的一组数据，仅一组数据能够找到关系吗？

生：不能，要多测几组数据。

师：通过多次改变压力的大小，并测出相对应的滑动摩擦力大小，才能找出规律。我们可以通过添加已知质量的金属块，改变压力的大小。要求大家至少测量三组数据。并且，我们猜想滑动摩擦力和压力可能成正比关系，所以我们还要计算滑动摩擦力和压力的比值。

师：为了记录实验数据，我们设计了如下实验数据表格：

实验次数 物理量	1	2	3
压力 N（N）			
滑动摩擦力 f（N）			

（4）进行实验和收集证据

学生进行实验。

老师从学生实验数据中选取一组进行分析。

师：从实验数据中，我们可以看到，在误差允许的范围内，滑动摩擦力与压力成正比。我们每组同学虽然只提供了三组数据，全班有 30 组同学，也就有 90 组的数据，大家的实验结果都是相同的，说明我们的结论还是可信的。科学家们已用更为精确的实验得到了相同的结果。

（5）结论：在接触面的粗糙程度一定时，滑动摩擦力大小与压力成正比。

师：其中，μ 是一个与接触面粗糙程度、相互接触的材料有关的比例系数。N 为压力，不一定等于重力。

设计意图：整个实验要让学生体会到为了提高实验结果的精确性，必须巧妙地、精心地进行实验设计。让学生经历改进实验方案的过程，使学生能深刻理解实验的设计思路。由于牛皮纸的粗糙程度适宜，也便于拖动，故用牛皮纸代替教材选用的木板实验器材，以提高实验的精确性。在实验过程中，老师引导学生质疑实验装置的科学性、合理性，有利于培养学生的质疑能力、逻辑思维能力。

教学设计的创新之处

1. 利用自制教具澄清错误前概念并判断滑动摩擦力方向

学习滑动摩擦力时，学生对滑动摩擦力的前概念存在一些误区，如：滑动摩擦力的方向与运动方向总是相反的，滑动摩擦力是阻碍运动的力，静止的物体不会受到滑动摩擦力；老师利用精心制作的自制教具，通过实验探究，纠正学生存在的三个主要错误前概念，使得学生对滑动摩擦力有了更进一步的理解。

另外，学生对滑动摩擦力方向的判断存在错误或困难，因此，正确理解滑动摩擦力方向，即"滑动摩擦力总是阻碍相对运动"的含义成了教学的难点；老师利用自制教具，通过实验探究后分析实验表格数据，使得学生能够归纳出正确的滑动摩擦力判断方法，并通过实验演示加强学生对滑动摩擦力方向判断的理性认识，培养了学生的观察、分析和归纳的能力。

2. 滑动摩擦力大小的实验探究

高一学生虽然思维能力、实验探究能力有所发展，但对滑动摩擦力与压力之间定量关系的精确的实验设计和分析能力还有待提高，所以老师先让学生利用初中实验装置进行自主实验探究，发现实验中存在的困难之处：很难拖木块做匀速运动，导致弹簧测力计的指针不停地摆动，无法准确读数；老师组织学生充分讨论，在此基础上，引导学生改进探究滑动摩擦力与压力间的定量关系实验。老师提出，用牛皮纸的反面来代替实验中的木板，可以克服摩擦力示数较小读数较易存在误差的问题，大大提高实验的精确性，这样的设计让学生经历实验探究的过程，能够深刻理解实验的设计思路，培养学生严谨的科学态度。

教具 2　滑动摩擦力方向演示仪

【教具实物图】

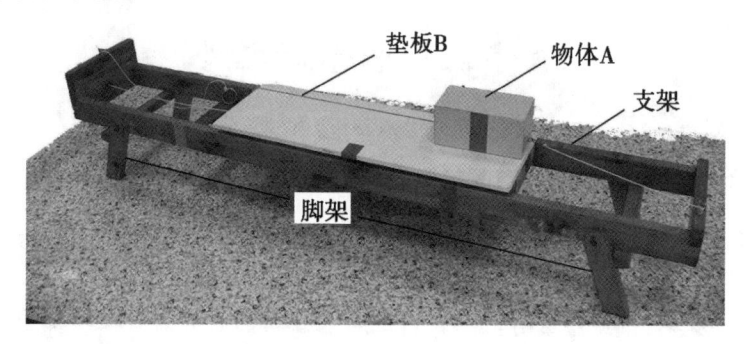

图 1　滑动摩擦力方向演示仪

【制作目的】

让学生正确理解"滑动摩擦力总是阻碍相对运动"的含义。

【制作原理】

滑动摩擦力方向总是与物体相对运动的方向相反，与物体运动方向无关。

【制作材料】

杉木条、三合板、塑料中空板、抽屉导轨、油漆、木胶、螺丝钉、棉线、黄红蓝三种颜色割字纸。

【制作过程】

1. 制作木架、滑块和垫板

（1）木架主体：收集装修剩余的杉木条，以榫卯工艺制作矩形外框架（约 1 m×0.2 m，注意外框架的一边留到全部安装完毕后固定），两端短边应均高于长边，防止演示时物块从两侧滑落。取几根杉木条横跨固定在外框架下面，使支架更牢固。给两个短边中心打孔，分别用于穿过拉动物块和滑块的牵引线。

（2）脚架：锯 4 个长约 13 cm 短木条，用螺丝固定在外框架两侧（螺丝孔略大于螺丝直径，使脚架可以旋转折叠），跨过短边的两个脚架中间用木条连接（用于脚架撑开时定位），给所有木料上漆。

（3）滑块：取三合板制作成滑块（长宽高约为 50 cm×15 cm×2 cm），滑块短边一侧中心嵌入小铁钩，用于固定牵引线。

（4）垫板：用木胶将长宽约为 50 cm×20 cm 的塑料中空板制成的垫板固定于滑块上。

2. 安装轨道

图 2　轨道

（1）选取长为 80 cm 左右的抽屉轨道，如图 2 所示，将内层轨道固定在滑块两侧，外层轨道安装在外框架内侧，使滑块可以在木架上左右移动。

（2）轨道安装完毕后，将外框架未固定的一边安装并固定。

3. 锯一个小木块，用黄色割字纸包装好，并在其右侧安装一个螺丝钉，将牵引线绑在螺丝钉上，穿过支架右侧短边的小孔。

4. 如图 3 所示，分别用红、蓝割字纸在木块、垫板、外框架上做好标记。

图 3 标记

【使用方法】

1. 打开脚架，将本教具放置在水平桌面上。

2. 将垫板 B 拖至支架的右端，物体 A 放在垫板 B 上，让物体、垫板、外框架上的三个标记对齐，向左快速拉动滑块 B（物体 A 跟着一起运动），均停止后，物体 A 的标记在支架标记的左边，在垫板 B 的右边。由此可知，物体的运动方向是向左的，物体相对垫板 B 的运动方向是向右的，而滑动摩擦力使物体由静止到运动，方向应当与物体的运动方向相同，即向左。

3. 将垫板 B 放在轨道最左端，把物体 A 放在垫板 B 上，让物体 A、垫板 B 和轨道上的蓝色标记对齐，再将垫板 B 移到支架右端，向左拉动垫板 B，让垫板 B 与支架左侧相碰，垫板 B 停止运动后，可观察到 A 的标记和 B 的标记都在支架标记的左边，可知滑块 A 停止后，物体 B 的运动方向和相对运动方向都是向左的，而滑动摩擦力使物体由运动到静止，方向与物体的运动方向相反，即向右。

4. 将垫板 B 拖至支架的最右端，让物体、垫板、外框架上的三个标记对齐，将连接物体 A 的棉线固定于支架上，向左拉动垫板 B。可观察到物体 A 的标记和支架标记依旧对齐，但垫板 B 的标记到了支架标记的左边，由此可知，物体 A 是静止的，物体 A 相对垫板 B 的运动方向是向右的。由于物体 A 静止，所以滑动摩擦力的方向与拉力方向相反，即向左。

5. 配合实验使用的表格

实验	A 的运动方向	A 相对 B 的运动方向	A 受到的滑动摩擦力方向
1	向左	向右	向左
2	向左	向左	向右
3	静止	向右	向左

【注意事项】

1. 要定期给抽屉轨道加润滑剂，避免生锈造成卡顿。
2. 教具外框架是木制的，容易变形，要注意平放和防水防潮。

【仪器特色】

这个自制教具设置了三个演示实验，澄清了学生错误的前概念，通过标记来判断物体的运动方向、相对运动方向，实验现象直观地展现在学生眼前，使学生更容易理解运动方向、相对运动方向的不同之处，提高了学生观察、分析和总结的能力，帮助学生掌握滑动摩擦力方向的判断方法。

教具 3　滑动摩擦力大小测量仪

【教具实物图】

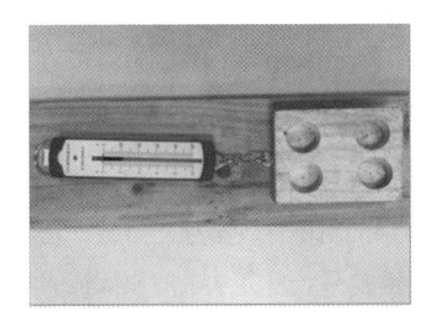

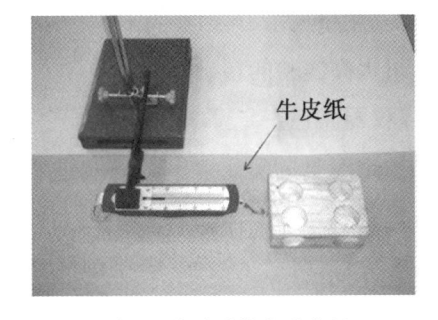

图 1　初始实验设计图　　图 2　改进后的实验装置

【制作目的】

1. 较为准确地测量滑动摩擦力的大小。

2. 探究滑动摩擦力与压力的关系。

【制作原理】

滑动摩擦力与压力成正比，关系式为：$f=\mu N$（μ 为滑动摩擦系数）。

【制作材料】

木块、长木板、弹簧测力计、牛皮纸、铁架台、铁夹、砝码。

【制作过程】

1. 初始装置：长木板置于水平桌面上，木块放于长木板一端，用弹簧测力计秤钩勾住物块。

2. 改进装置：牛皮纸平铺在水平桌面上（牛皮纸背面朝上），木块放于牛皮纸上，用铁架台固定弹簧测力计，用弹簧测力计秤钩勾住物块。

【使用方法】

1. 初始装置：用弹簧测力计水平拖着木块在长木板上做匀速运动。添加已知质量的金属块，改变压力的大小，读出弹簧测力计的示数，测量多组数据并记录。

2. 改进装置：往一个方向抽出垫在木块下的牛皮纸，通过添加砝码的个数，改变压力的大小，读出弹簧测力计的示数。测量多组数据并记录。

【注意事项】

1. 初始装置需要匀速拉动木块。

2. 用牛皮纸背面代替课本中的木板，牛皮纸的粗糙程度适宜，也便于拖动，可提高实验的精确性。

【仪器特色】

整个实验过程让学生经历改进实验方案的过程，学生能深刻理解实验的设计思路，让学生体会到为了提高实验结果的精确性，必须巧妙地、精心地进行实验设计。实验中，老师引导学生学会质疑，培养学生的质疑能力、逻辑思维能力。

案例5 固体的压强

教材分析

这节课是初中《义务教育初中物理课程标准》八年级《物理》（沪科版）第八章第1节"压力的作用效果"的内容。《课程标准》要求"通过实验，理解压强。知道日常生活中增大或减小压强的方法"。

压强对于学生来说，是一个非常抽象的概念。它是连接动力学、液体压强、气体压强、浮力知识的关键概念。这节课的教学设计应该突破两个难点。首先是关于重力与压力的区别与联系，应遵从初中生以具象思维为主的特点，引入自制教具，以可视化的数据作为支撑，让学生自主完成知识的构建。二是对于压强概念的建立，应充分挖掘实验结论的价值，在实验探究的基础上，完成压强概念的建立，从而规避纯机械记忆，做到实验探究和概念建立顺滑衔接。

这节课还是重要的应用课。日常生活中有很多增大或减小压强的应用案例，老师通过例举压强应用实例，帮助学生养成"用物理、爱物理、信物理"的科学信仰。

学情分析

在知识方面，学生已经基本掌握了力学基础知识，这就为这节课的学习奠定知识基础。在能力方面，初中学生掌握了一定的实验探究方法，并能够初步利用数学知识解决物理问题，在老师的引导下可以自主探究。

由于学生受重力前置知识的干扰，会对压力的理解造成困扰，会以为压力是重力产生的，老师在教学中应采用演示实验的方法突破这个顽固的前概念；对于影响压力作用效果的因素的探究，采用老师引导下的学生科学探究的教学方法，以充分发挥学生的主体地位，并在实验探究结论中，挖掘其蕴含的本质内涵，建立压强概念。

教学目标

根据课程标准要求和学生学习的实际情况制定如下教学目标：
1. 掌握压力与重力的区别。
2. 利用控制变量法设计实验，建立和理解压强的概念。
3. 通过分析生活中的压强应用实例，提升将物理知识运用于生活、生产的意识。

教学重点和教学难点分析

重点：1. 压力的概念以及压力与重力的区别。
　　　2. 探究压力作用效果的影响因素。
难点：对压强概念的理解。

教学设计理念

初中学生在思维方面正从具体运算思维向形式运算思维过渡的阶段，但是还是以具体思维演算为主。学生通过一段时间的物理学习，经历了简单探究实验的过程，对如何用控制变量法探究自然规律有一定的认识，具备了基本的观察、分析、归纳能力，但通过物理实验现象寻找物理规律的能力还比较薄弱。

教学设计基于学生的思维认知特点，创设丰富的实验情境和生活情境，为学生提供可感知的加工素材，帮助学生自主构建抽象的物理概念，完成从被组织状态向自组织状态的转变。

器材及媒体

自制压力计、20 N重物、自制压强演示仪（有机玻璃盒、海绵、三个金属块）、自制固体压强演示仪、美工刀、多媒体课件。

教学过程

一、压力与重力的关系

老师出示图片：出示下面四幅图（图1），让学生总结图中四个力的共同点。

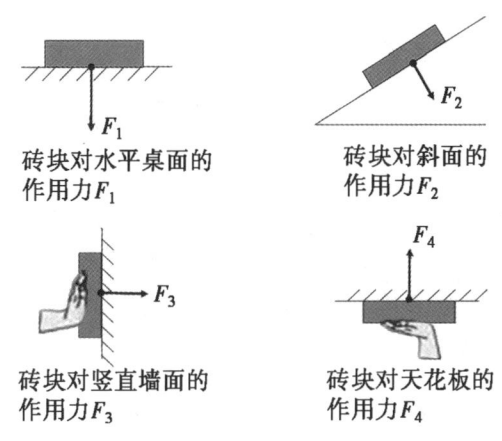

图1 压力和重力

学生发现：图中四个力都与受力面垂直。

老师介绍：将垂直作用在物体表面上的力叫做压力。

老师指出：压力可以由重力产生，也可以由其他力产生。

老师提问：如果压力由重力产生，它的大小等于重力吗？

演示实验1：老师将事先已经测出重力为 20 N 的物体放在自制的压力计上，发现当压力计的受力面水平，且重物静止时，压力等于重力，如图2。

图2 压力计受力面水平且静止　　图3 压力计静止且垂直

再将压力计缓慢倾斜，发现随着受力面越来越趋近竖直方向，压力越来越小，当受力面完全变为竖直面时，压力等于零，如图3。

学生发现：只有当物体静止放在水平面上时，压力大小才等于重力。

演示实验2：老师针对学生上述的不全面的认识，再演示：当压力计的受力面水平，且重物也保持静止时，老师向上提（没有提起），如图4，或者向下压物体，如图5，压力不等于重力。

图4　上拉压力计 　　　　图5　下压压力计

学生恍然大悟，虽然受力面水平，重物静止，但还要补充：压力仅由重力产生时，压力大小才等于重力。

实验小结：当物体静止放在水平面上，并且压力仅由重力产生时，物体对水平面的压力大小等于重力。

设计意图：老师通过自制压力计，以定量化的数据直观探究出压力与重力大小的区别，实验证据给学生留下深刻的印象，帮助学生理解压力与重力是两个完全不同的概念，有效地破除学生已有的错误前概念。

二、科学探究：压力作用效果与哪些因素有关

老师展示：骆驼和人在沙漠中站立时留下的深浅不同的脚印照片。

图6　骆驼的脚印　　　　　　图7　人的脚印

学生通过观察主动质疑：压力的作用效果与什么因素有关？

老师启发学生根据日常生活经验展开合理猜想，并提供有关器材让学生自主设计实验来验证猜想。

探究实验

器材：装在盒子里的海绵、三个金属块。

图8　自制压强演示仪

实验方法：控制变量法。

实验设计：

（1）探究压力的作用效果与压力大小的关系时，控制受力面积一定，改变压力大小。

（2）探究压力的作用效果与受力面积大小的关系时，控制压力一定，改变受力面积大小。

(3) 通过海绵的形变程度观察压力的作用效果。

学生根据老师提供器材及设计思路，分小组自己设计并完成实验。

探究一：压力的作用效果与压力大小的关系。

(1) 先将一个金属块放在海绵上，如图9。

(2) 第二次再叠放上一个金属块，如图10。

(3) 第三次又叠上一块，如图11。

图 9　一块金属块　　　　图 10　两块金属块　　　　图 11　三块金属块

因为是同一金属块的同一个面与海绵接触，所以就控制了受力面积一定。学生发现当受力面积一定时，压力越大，海绵的形变程度越明显。

实验小结：受力面积一定时，压力越大，压力的作用效果越明显。

探究二：压力的作用效果与受力面积的关系。

(1) 先将一个金属块平放在海绵上，如图12。

(2) 再将同一金属块侧放，如图13。

(3) 然后再竖放，如图14。

图 12　金属块平放　　　　图 13　金属块侧放　　　　图 14　金属块竖放

因为用的是同一个金属块，所以压力是一定的。学生发现当压力一定时，受力面积越小，海绵的形变程度越明显。

实验小结：压力一定时，受力面积越小，压力的作用效果越明显。

设计意图：在探究实验过程中，老师循循善诱，以控制变量法为研究方法，以简洁明了的实验器材突出实验效果，调动学生思维的积极性，提高学生实验探究的能力。

三、压强概念的教学

学生通过上面的实验探究最终得到两个特殊化的定性结论：①受力面积相同时，压力越大，压力的作用效果越明显；②压力相同时，受力面积越小，压力的作用效果越明显。但两种情况都比较特殊：一种是受力面积相同，一种是压力相同。

老师提问：如果压力与受力面积都不相同，如何比较压力的作用效果？

老师启发学生，利用所学的控制变量法，引申到这节课来比较压力的作用效果，从而建立压强的概念。

老师介绍：对于更一般化的情况，要比较压力和受力面积都不同时，压力作用效果的明显程度，应该选取相同的标准。可以让受力面积相同或者压力相同，因此利用数学中比的思想进行数学运算。

老师启发学生想出可以用 $\dfrac{F}{S}$ 或 $\dfrac{S}{F}$ 来比较压力的作用效果。

老师提出核心问题：$\dfrac{F}{S}$ 或 $\dfrac{S}{F}$ 是否是全新的方法？

引导学生想到：$\dfrac{F}{S}$ 或 $\dfrac{S}{F}$ 其本质就是刚才实验探究的结论1和2。

$\dfrac{F}{S}$：除以面积，即面积相同，压力越大，比值越大，压力的作用效果越明显，其思维本质即实验1。

$\dfrac{S}{F}$：除以压力，即压力相同，受力面积越小，比值越小，压力的作用效果越明显，其思维本质即实验2。

老师总结：根据人们的思维常规，习惯用比值大的表示效果明显，因此保留$\frac{F}{S}$，并定义为压强，用符号 p 表示，单位 Pa，1 Pa＝1 N/m²。

设计意图：奥苏贝尔提出，新知识的构建是建立于原有认知的基础上。原有认知对新知识有重要的引导作用，为新知识的同化和顺应提供了丰富的图示。这个环节让学生利用特殊情况解决普遍问题，利用已知知识解决未知问题，通过逻辑推理，自主建立压强的概念，从而达到真正理解物理概念建立的背景和内涵的目的。

四、压强的应用

让学生解释以下两个问题：

1. 根据表格中的压力与受力面积的数据关系解释：为什么骆驼比人重得多，而在沙漠上留下的脚印却比人的浅？

表1

压力大小	4000 N	700 N
受力面积	0.144 m²	0.024 m²

2. 观看视频：为什么在冰上救人时，人要趴在冰面上爬行？

图15　冰上救人

最后，老师通过自制的切物块教具，让学生思考将静止放在水平桌面上的物块切去一部分，只切两刀，怎么切，能让物块对桌面的压强可以增大为原来的两倍？可以减小为原来的三分之二？

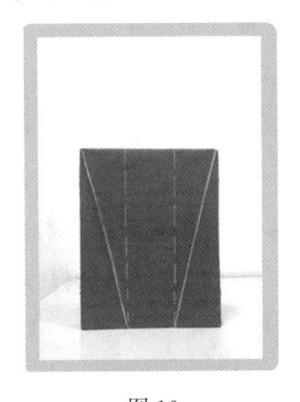

图 16　　　　　　图 17　　　　　　图 18

老师演示：将物块三等分，沿着旁边两块的对角线切下去（图 16），此时的物块对桌面的压力减小为原来的三分之二，而受力面积减小为原来的三分之一，它对桌面的压强就是原来的两倍了（图 17）。

如果此时将物块颠倒过来，压力不变，受力面积与没有切的相同，它对桌面的压强就是原来的三分之二了（图 18）。

设计意图：这个环节着重培养学生利用物理知识解决实际问题的能力，强化学生从物理走向生活的意识。

教学设计的创新之处

科学教育不仅要使学生获得显性的科学知识和技能，还要特别注重学习过程和方法，情感、态度和价值观等内隐科学素养的提高。这节课设计的创新之处有如下几点：

1. **利用自制压力计教具揭示压力与重力的区别**

这节课中通过自制压力计实验揭示了压力与重力是两个完全不同的力，

通过可视化的实验证据给学生留下深刻印象，帮助学生从被组织状态向自组织状态过渡。

2. 化未知为已知，建立压强概念

学习压强时，一般都是直接定义并运用的，这节课从探究压力的作用效果与哪些因素有关入手，定性分析出压力的作用效果与压力大小、受力面积大小之间的关系。老师再从压力与受力面积同时改变时如何比较压力的作用效果入手，引导学生利用探究出的 2 个实验结论，利用数学比的思想，建立压强的概念，理解它的建立过程和物理意义，让学生体会每个物理概念的引入都有其必要性，培养学生利用特殊情况解决普遍问题，用已知知识解决未知问题的关键能力。

3. 压强的应用

利用多媒体视频播放冰面救人的惊险例子，让学生利用这节课所学的知识，讨论减小压强的方法。利用切木块实验，培养学生数理融通的思想。实验设计着重培养学生利用物理知识解释生活现象、解决实际问题的能力，加强学生从物理走向生活的意识。

教具 4　自制压力计

【教具实物图】

图 1　压力计受力面水平且静止　　　图 2　压力计受力面竖直且静止

图 3　上拉　　　　　　　　　　图 4　下压

【制作目的】

探究压力与重力的关系，引导学生理解压力与重力是两个完全不同的力。

【制作原理】

1. 压力和重力是两个完全不同的力，压力是互相接触的两个物体之间由于挤压形变而产生的力，重力是由于地球的吸引而使物体受到的力。

2. 当物体静止放在水平面上，且压力仅由重力产生时，压力的大小等于重力。

【制作材料】

机械台秤（压力计）、中心有竖直铁棒的托盘、带细绳的圆环形物体（重力为 20 N）、胶水。

【制作过程】

1. 对机械台秤进行改装，将台秤的托盘换为中心有竖直铁棒的托盘，对台秤示数进行调零。

2. 用已知重力的物块对台秤刻度进行定标，并自行打印刻度表粘贴在台秤刻度盘上。

3. 将带细绳的圆环形物体穿入托盘的铁棒中。

【使用方法】

1. 将改装好的压力计放置在水平面上（受力面水平），并使物体静止，此时压力计示数刚好等于重力（20 N），即压力等于重力。

2. 将压力计缓慢倾斜，观察压力计示数，发现随着受力面倾角的逐渐增大，压力计示数越来越小，当斜面倾角变成 90 度时，压力计示数等于零，说明只有当物体静止放在水平面上时，物体对水平面的压力大小才等于重力。

3. 使压力计的受力面水平，且重物也保持静止，此时向上提（没有提起）或者向下压物体，观察压力计示数，发现压力计示数均不等于重力，说明压力大小等于重力的条件还要加上"压力仅由重力产生"。

【注意事项】

要避免压力计在倾斜过程中物体滑落。

【仪器特色】

该仪器用于探究压力与重力的关系，帮助学生理解压力与重力是两个完全不同的力，有效地突破了难点，也为后面探究压力的作用效果与哪些因素有关做好铺垫。

教具 5　压强影响因素探究仪

【教具实物图】

图 1　自制压强演示仪

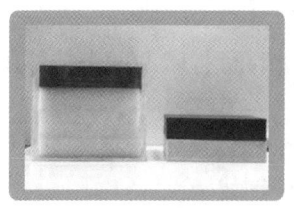

图 2　一块金属块 　　图 3　两块金属块 　　图 4　三块金属块

图 5 平放 　　　　　　图 6 侧放 　　　　　　图 7 竖放

【制作目的】

探究压力的作用效果与哪些因素有关。

【制作原理】

1. 压力作用效果与压力大小有关，压力越大，压力的作用效果就越明显。

2. 压力的作用效果与受力面积有关，受力面积越小，压力的作用效果就越明显。

【制作材料】

有机玻璃、海绵、三块相同的金属块、不同颜色的割字纸、亚克力胶水。

【制作过程】

1. 将三块金属块分别用红、黄、蓝三种颜色的割字纸包装好。

2. 将海绵切割成三块与金属块大小完全相同的形状。

3. 制作开口有机玻璃盒：切割有机玻璃，使玻璃盒的长和宽略大于海绵，使玻璃盒的高度略高于三块海绵的高度之和，将切割好的 5 片亚克力板用亚克力胶水粘贴成上端开口的有机玻璃盒。

4. 将三块海绵依次放入有机玻璃盒中。

【使用方法】

1. 探究压力的作用效果与压力大小的关系。

先将一个金属块放在海绵上，第二次再叠放上一个金属块，第三次又叠上一块，分别观察三次海绵的凹陷程度，发现当受力面积一定时，压力越大，海绵的形变程度越明显。说明受力面积一定时，压力越大，压力的作用效果越明显。

2. 探究压力的作用效果与受力面积的关系。

先将一块金属块平放在海绵上，再将该金属块侧放，最后将金属块竖放，分别观察三次海绵的凹陷程度，发现当压力一定时，受力面积越小，海绵的形变程度越明显。说明压力一定时，受力面积越小，压力的作用效果越明显。

【注意事项】

1. 要选择软硬合适的海绵，使得每次实验形变情况明显且有区分度。
2. 选择的铁块的宽度和高度不能太小，否则很难立在海绵上。

【仪器特色】

该设计通过控制变量法，一步一步引导学生实验探究，调动学生思维的积极性，进一步加深学生对压力作用效果影响因素的认识，从而引出压强的定义，提高学生的实验探究能力。

教具6　压强大小演示仪

【教具实物图】

图1　物块　　　图2　2倍压强　　　图3　$\frac{2}{3}$倍压强

【制作目的】

引导学生利用压强的知识解决实际问题：将静止放在水平桌面上的物块

切去一部分，只切两刀，怎么切，能让物块对桌面的压强可以增大为原来的两倍？还可以减小为原来的三分之二？

【制作原理】

压强 $p=\dfrac{F}{S}$。

【制作材料】

塑料泡沫、包装纸、白色荧光笔、魔术贴。

【制作过程】

1. 将矩形泡沫沿图1实线切割，使矩形泡沫分割成1块梯形和2块三角形。

2. 将1块梯形和2块三角形分别用包装纸进行包装。

3. 在图1梯形和三角形拼接处（实线处）贴上魔术贴。

4. 用荧光笔按图1画上实线和虚线。

【使用方法】

1. 2倍压强：用刀子将矩形泡沫沿着两条实线切开，此时梯形泡沫对桌面的压力（重力）变为原来的三分之二，接触面积变为原来的三分之一，根据压强 $p=\dfrac{F}{S}$，压强变为原来的两倍。

2. 在步骤1的基础上将梯形泡沫倒置，此时梯形泡沫对桌面的压力（重力）是原来的三分之二，受力面积与没有切割时的相同，根据压强 $p=\dfrac{F}{S}$，压强就是原来的三分之二。

【注意事项】

在演示的过程中要从问题出发，注重培养学生独立思考和解决问题的能力。

【仪器特色】

该仪器通过改变压力大小与受力面积的大小来改变压强，加深学生对压强概念的理解，提高学生的思维层次，培养学生利用物理知识解决实际问题的能力。

案例 6　液体的压强

教材分析

这节课是初中八年级《物理》（沪科版）第八章第 2 节中"科学探究：液体的压强"的内容。内容包括液体压强的特点、计算公式及其应用。《义务教育初中物理课程标准》要求："通过实验，探究并了解液体压强与哪些因素有关"。根据课标要求，实验探究是这节课的重中之重。

固体压强是学习这节课的基础。实验在本单元中具有突出的地位，学习液体压强不仅是培养学生模型建构和科学推理等思维能力的抓手，也是学习大气压强和浮力等知识的重要基础。

学情分析

初中学生在思维方面正处于从具体运算思维向形式运算思维过渡的阶段，液体压强公式的推导过程对抽象思维能力的要求较高。学生对液体压强是由重力产生，而压强大小却与液体的重力无关，百思不得其解，甚至在得出液体压强公式之后仍然会凭直觉产生错误的判断。因此，老师必须通过实验，纠正学生的错误认识，加深学生对液体压强的理解和应用。

教学目标

根据课程标准要求和学生学习的实际情况制定如下教学目标：

1. 知识目标

能进行物理建模，推导并理解液体内部压强的计算公式。

2. 能力和方法目标

通过对液体压强公式的探究，体会在科学研究中既可以通过实验验证猜想，也可以通过理论推导得出结论，提升抽象思维能力，分析、推理能力。

3. 情感目标

认识物理规律对人类生活的影响，提高"学物理、用物理、信物理"的科学素养。

教学重点和教学难点分析

重点：理解液体压强公式的推导过程。

难点：液体压强公式的产生与重力密切相关，但液体压强大小却与液体的重力无关，只与液体的深度和密度有关，学生百思不得其解。因此，对液体压强公式的理解与应用是这节课的难点。

教学设计理念

学生是学习的主人，教学过程应充分激发学生主动参与、乐于探究、合作学习的热情。液体压强教学过程可以很好地体现科学探究的过程。老师通过创设的问题情境，引导学生参与探究液体压强的特点、液体压强的计算公式，让学生学习科学探究的方法，体验自主获得知识的成就感，培养学生自主学习、合作学习的能力。

液体压强与液体的重力、容器底部受到的压力等的关系，可以应用这节课所学知识正确解决，但由于受日常形成的直观经验的影响，学生在获得液体压强有关知识之后仍然会根据直觉经验判断实际问题。因此，老师有针对性地设计问题，巧用自制教具演示出彩的实验现象，让学生通过自主讨论解决实际问题。

器材及媒体

水、酒精、用细线吊着的塑料薄片、两端开口的玻璃圆筒、玻璃缸、U型管压强计、侧壁包有薄膜的装水容器、细长玻璃管、漏斗、小烧杯、下端蒙上橡皮膜的容器（自制）、液体对容器底部压力演示仪（自制）、教学用的演示文稿。

教学过程

一、新课引入

1. 让学生观察大屏幕上拦河坝的形状，提出问题：为什么拦河坝要设计成上窄下宽的形状？

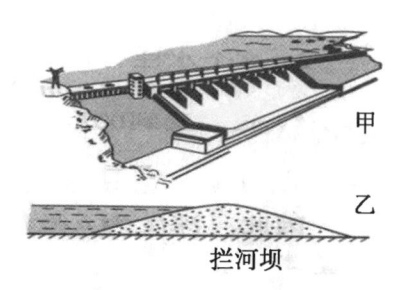

图 1 拦河坝

设计意图：这个环节的设计联系生活实际，一方面激发学生的学习兴趣，另一方面增强学生的问题意识，调动学生的学习内在驱动力，点燃学生利用物理知识解决实际问题的欲望。

2. 用一组实验引出新课：用细线吊着一个塑料薄片，薄片挡住一个两端开口的玻璃圆筒的下端，把它们一起竖直地插入水中。

（1）提问学生：若松开细线，薄片会下沉吗？（学生猜想，老师演示，薄片没有下沉）

（2）往玻璃圆筒里倒入染成蓝色的水，让学生认真观察：何时薄片刚好下沉。（当筒内外水面大致相平时，塑料薄片刚好下沉）

（3）把薄片和圆筒从水中拿出，依然让薄片挡住玻璃圆筒的下端，竖直插入水中。这时往筒内倒入染成红色的酒精，让学生认真观察：何时薄片刚好下沉。（当筒内酒精面高于外部水面一段时，塑料薄片刚好下沉）

通过实验，老师提出三个问题：

图 2　向双开口玻璃管注水实验

问题 1：为什么塑料薄片不会下沉？

问题 2：为什么筒内外水面大致相平时，塑料薄片才会下沉？

问题 3：为什么筒内酒精面高于外部水面时，塑料薄片才会下沉？

设计意图：这个新奇的实验步步深入，三个问题层层递进，吸引学生的注意力，不但创设了问题情境、制造了悬念，而且为学生猜想液体压强大小与什么因素有关提供了依据，为新课的学习埋下了很好的伏笔。

二、探究液体压强特点

1. 回顾固体压强知识

（结合课件）水平桌面上放有一个平底的容器，一个木块刚好可以放进这个容器中。

提问学生：此时木块对容器底部有没有压强？（学生：有）

接着提问：木块对容器侧壁有没有压强呢？（学生回答，老师解释：木块是刚好放进容器中的，与容器侧壁刚好有接触，但没有挤压，所以就没有压强。）

2. 探究液体对容器底部及侧壁的压强

将木块取出倒入水，学生很容易理解水对容器底部也会产生压强，但是对于水对容器侧壁有没有压强存在困惑，让学生就此问题进行讨论。（学生回答，老师总结）因为水是液体，具有流动性，容器侧壁阻碍了水向四处流散开，因此水对容器侧壁会产生压强。

接着用实验验证液体对容器壁的压强（一个玻璃容器的侧壁的一部分被薄膜代替）。

（1）将一个木块放入，使其刚好与薄膜接触，让学生观察薄膜是否发生形变。（由于刚好接触，薄膜没有发生形变）

（2）挤压木块，学生观察到薄膜发生形变。

（3）取出木块，倒入水，学生观察到薄膜立刻鼓起来。（说明液体对容器侧壁一定有压强）

图 3　液体对容器底部及侧壁有压强

设计意图：从学生熟悉的固体压强知识入手，发挥原有认知结构对新知识的认知指导作用。在老师有意引导及学生亲眼见证的实验中，体验液体压强与固体压强的不同，扩充已有的认知结构，弄清固、液体压强的不同点。

3. 研究液体内部压强特点

（1）屏幕上展示一个装水的容器，在水内部某一深度放置一块极薄的液片（如图 4）。

提问：液片上方的水对液片会不会产生向下的压强呢？（会）

图 4

提问：那液片下方的水对液片会不会产生向上的压强呢？（会或不会）

引导学生回想引入实验中做的第一个实验,老师解释:塑料薄片受到重力的作用却没有下沉,显然是受到了水对它产生的向上的压强。同样的道理,液片下方的水也会对液片产生向上的压强。

(2) 将液片竖直立起来。

提问:这时周围的水对液片是否会产生向左或向右的压强呢?(会或不会)

图 5

用实验进行探究。取一个漏斗型的金属盒,一端蒙上薄膜,另一端接了一根橡皮管。将薄膜竖直地插入水中,让学生观察薄膜是否产生形变。

操作:由于形变太微小,学生看不清楚。

提问:有什么办法可以把微小的形变放大呢?老师说明:只要将橡皮管接在装有一定量水的 U 形管的一端就可以了,只要给薄膜很小的压强,U 型管的两端液面就出现高度差,而且高度差随着压强大小而改变。这样制成的这个仪器就可以用来测量液体压强,叫 U 型管压强计。

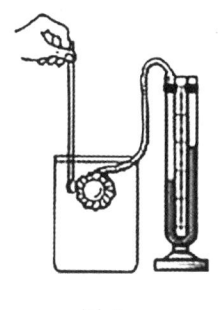

图 6

(操作)①薄膜向右竖直插入水中。

学生观察到 U 型管的两端液面出现高度差。(说明水对薄膜产生向左的压强。)

②薄膜向左竖直插入水中。

学生观察到 U 型管两端液面也出现高度差。(说明水对薄膜产生向右的压强。)

③让薄膜在水中旋转起来。

学生观察到 U 型管的两端液面总是出现高度差。(说明水的内部在任意方向都会产生压强。)

老师总结:综上所述,由于液体具有流动性,它的压强与固体的压强不同。液体对容器底部、侧壁及液体内部各个方向都会产生压强。

设计意图:先引入一个水平液片,通过平衡条件学生很容易判断出液体

79

对液片会产生向上的压强。再通过 U 型管压强计探究得出液体内部向各个方向都有压强，让学生体会在科学探究中可以利用现有仪器获得实验证据，结合实验证据进行科学推理与论证。同时，实验中展现的微小量放大和间接测量法，在科学研究中具有重要作用。

三、科学探究：液体压强的大小

1. 实验探究。

(1) 学生猜想（结合图 7 的 (a)、(b)、(c) 三幅图）。

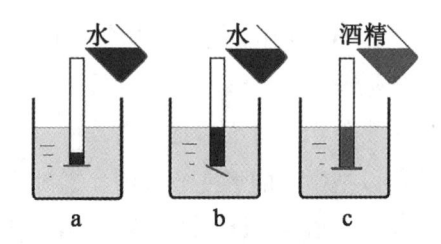

图 7　双开口玻璃管模型图

从图 7 (a)、图 7 (b) 的现象看，图 7 (a) 筒内水柱高度较小，塑料薄片没下沉，说明水柱对薄片的压强较小。图 7 (b) 筒内水柱高度较大，塑料薄片刚好下沉，说明水柱对薄片的压强较大。所以由图 7 (a)、图 7 (b) 所示的现象猜想液体的压强可能与深度有关。

在这里提醒学生是深度而非高度，结合课件讲清深度与高度的区别。深度是从液面到液体中某一位置的垂直距离，而高度是指从容器底部到液体中某一位置的垂直距离。

从图 7 (b)、图 7 (c) 的现象看，图 7 (b)、图 7 (c) 筒内的液柱深度都相同，但图 7 (b) 中塑料薄片刚好下沉，说明水柱对薄片的压强较大。图 7 (c) 中薄片没有下沉，说明酒精柱对薄片的压强较小。所以由图 7 (b)、图 7 (c) 所示的两个现象猜想液体的压强可能与密度有关。

设计意图：这里再次用到实验引入时的三个实验，一举两得。学生以亲眼见证的三个实验现象为依据进行猜想，从最开始的感性好奇上升为理性的思考，培养学生分析现象并进行猜想和深入思考的能力。

（2）实验验证。

提问：大家猜想液体压强可能与液体的密度和深度这两个因素有关，应该如何设计实验呢？

学生回答：控制变量法。

①控制密度 ρ 一定，改变深度 h。

统一用水进行实验，用U型管压强计测出某一深度处水的压强，用标志把U形管两边水面的位置记下来。

把深度加大，学生观察到：随着深度的增加，U形管两边水面高度差增大；再把深度减小，高度差也减小了。说明液体压强与深度有关：对同一种液体，深度越大，压强就越大。

②控制深度 h 一定，改变密度 ρ。

再拿出一个玻璃缸，里面装有酒精。测出与水同一深度处酒精的压强，跟之前同一深度处测水时比，学生发现：U形管两边水面高度差变小了。说明液体压强 p 与密度有关：在同一深度处，液体密度越大，压强越大。

设计意图：让学生运用控制变量法进行实验，有利于培养他们的动手能力和探究能力，调动积极性。

老师引导：通过实验探究，我们知道了液体压强与密度、深度间的定性关系，但还不知道它们的定量关系。为了进一步弄清，就要进行理论探究。

2. 理论探究。

（1）公式推导。

在水中深度 h 处，取一面积为 S 的极薄的液片，求液片上方的液柱对液片产生的向下的压强。

根据压强公式很容易推导出液体压强公式：

$$p = \frac{F}{S} = \frac{G}{S} = \frac{mg}{S} = \frac{\rho V g}{S} = \frac{\rho S h g}{S} = \rho h g$$

提醒学生：刚才求出的是深度为 h 时，上方液柱对液片产生的向下的压强。

提问：如果深度不变，下面的液体对液片产生的向上的压强为多少呢？

还是 $p=\rho h g$ 吗？（学生回答是或不是）

(2) 实验验证。

（进行操作实验）之前已经在这一深度处测出了水对薄膜向下的压强并做了记号，现在将薄膜向下插入水中，测出水对它向上的压强，学生发现压强相等。

保持深度一定，把薄膜旋转起来，发现 U 型管两端水面高度差始终不变。

老师总结：这说明同一深度液体向各个方向的压强都相等，都等于 $\rho h g$。所以 $p=\rho h g$ 是液体压强的普遍式。它可以用于计算任意液体、任意深度、任意方向的压强。

剖析公式：从公式可看出，当深度 h 一定时，液体压强 p 与液体密度 ρ 成正比；当液体密度 ρ 一定时，液体压强 p 与深度 h 也成正比，也就是液体压强 p 与 ρ、h 的乘积成正比。所以该公式揭示了液体压强 p 与密度 ρ、深度 h 的定量关系。

设计意图：关于液体压强大小的探究环节，采用先实验观察后理论推导、先定性后定量、先简单后复杂、先特殊后一般的研究方法。循序渐进，逐步展开，符合初中学生的思维特点。同时，这也是研究物理问题的重要方法。教材中，关于液体压强的定量公式仅以特殊的柱状液体模型为研究对象，便推理得出 $p=\rho h g$ 的公式。该公式缺乏普遍意义的推广，本设计进一步利用 U 型管压强计，将该结论推广到任何形状的液体压强计算。

3. 液体的压强与容器的大小、形状以及容器中液体的重量有关吗？

用实验进行探究：（取两个玻璃缸）

取两个大小、形状、底面积都不同的玻璃缸，一个剖面是梯形，一个剖面是矩形。里面装的都是水，密度相同。大的装的水多，小的装的水少，水的重量不同。使两容器中的水面相平，水面到底部的深度相同。用压强计分别测出它们底部的压强，发现压强相等。可见只要液体的密度、深度相同，

图 8　深度相同，形状不同的玻璃缸

压强就相同。液体的压强与容器大小、形状以及容器中液体的重量无关。

设计意图：对于这个问题学生存在错误的前概念，老师主动将问题提出，用实验有力地证明液体的压强与容器的大小、形状以及容器中液体的重量无关。同时让学生加深对液体压强公式 $p=\rho hg$ 的理解，只要液体的密度、深度相同，压强就相同。

四、思考

1. 有一个下端蒙上一层薄膜的容器，容器横截面积较大，老师往容器中装了很多水，薄膜还鼓得不是很大。

用小烧杯从里面取出一杯水，其他的倒掉，让学生设计一个方案，只用一小杯水，使薄膜鼓得更大。

等学生讨论一会儿后，老师拿出讲台上的可选器材（细长玻璃管、小漏斗、铁架台）。

让设计出来的学生上台操作，并说出这样设计的理由。

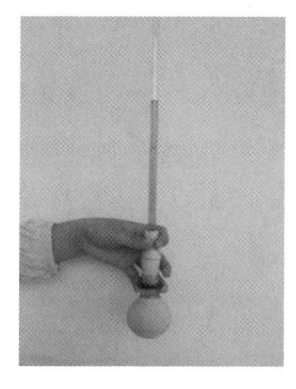

图 9 液体对薄膜的压强实验演示

2. 液体压强公式 $p=\rho hg$ 也适用于固体吗？

3. 液体对容器底部的压力总等于自身的重力吗？

老师拿出自制教具——液体对容器底部压力演示仪。容器的两侧页片可以活动以改变容器形状，底座上放置一个用小台秤改装的测力计，通过测力计上指针偏转的大小表示液体对容器底部的压力。将一定量的水倒入用塑料

图 10　液体对容器底部压力演示仪

薄膜制作的盛水容器中,随着两侧页片的活动即生成不同的形状:矩形、三角形、梯形,指针偏转显示出明显的变化。让学生思考:为什么同样重的液体却因为容器的形状不同而对容器底部产生不同的压力呢?

4. 拦河坝为什么设计成上窄下宽?(与引入的问题首尾呼应)

设计意图:这个环节的教学设计重在培养学生灵活应用液体压强知识解决实际问题的能力。通过自制教具,有效纠正了学生根据直觉思维而产生的错误的想法,培养学生"学物理,用物理,信物理"的科学素养。

五、课堂小结

1. 液体对容器底部、侧壁及液体内部任意方向都会产生压强。

2. 液体的压强只与液体的密度和深度有关,与液体的重力、体积等无关。

3. 在计算液体的压强时可用公式 $p=\rho h g$ 来计算。

教学设计的创新之处

1. 教法创新

学生是学习的主人,教学过程应当在学生主动参与、乐于探究、合作学习的教学环境中展开。老师通过创设问题情境,引导学生参与探究液体压强的特点、液体压强的计算公式的探究，让学生学习科学探究的方法，体验自主获得知识后的成就感，培养学生自主学习、合作学习的能力。

通常的物理教学设计都只是通过液柱对液片产生的压强从理论推导出液体压强计算公式，而这节教学设计通过实验推导出 $p=\rho hg$ 是液体压强的普遍试，这一"理论＋实验"的做法弥补了教材的不足。

2. 实验创新

由于受多年以来形成的直观经验的影响，学生在获得液体压强有关知识之后仍然还会根据直觉经验判断实际问题，因此，老师有针对性地设计三个实验，有效破除难点。实验一：液体的压强与容器的大小、形状以及容器中液体的重量无关；实验二：水量越多，橡皮膜的形变反而越不明显；实验三：液体对容器底部的压力可以大于、等于、小于自身的重量。

教具7 液体对容器底部压强演示仪

【教具实物图】

图1 液体对容器底部压强演示仪

【制作目的】

探究液体压强与液体量的多少、液体的深度的关系。

【制作原理】

液体对容器底部的压强与液体量的多少无关,与液体的深度有关。液体深度越深,压强越大。

【制作材料】

小塑料瓶,大塑料瓶,长玻璃管,短玻璃管,气球,橡皮塞2个。

【制作过程】

1. 取两个瓶口大小相同的大塑料瓶和小塑料瓶,去掉大塑料瓶的瓶底,保留瓶口和瓶身;留小塑料瓶的瓶口和瓶颈,做成类似漏斗的形状(图1)。

2. 将两个橡皮塞的大头端用AB胶粘合、钻孔,将小段玻璃管插入孔内。

3. 将大、小塑料瓶分别与橡皮塞两端相接。

4. 将小塑料瓶的下端与气球粘合住。

【使用方法】

1. 在大塑料瓶身内装较多的水,让学生观察底端气球膜鼓起的情况,可观察到膜鼓得还不是很明显。

2. 从大塑料瓶身里取出一小杯水,将大塑料瓶换成长玻璃管,利用漏斗的导流作用,将一小杯水倒进细长的玻璃管,可观察到一小杯水还没用完,膜却已经鼓得比原来大多了。

【注意事项】

1. 应寻找大小、弹性合适的气球作为仪器底部的膜,不仅要保证气球不会因为超过弹性限度而破裂,还要保证前后对比现象明显。

2. 气球与漏斗状塑料瓶应紧紧粘贴住,避免气球因受到过大的压强而脱落。

【仪器特色】

制作这个仪器的材料来源于生活中的瓶瓶罐罐。实验现象明显,通过前后对比,给学生直观的视觉冲击。学生对于液体压强是"由重力产生而其大小却与液体的重力无关"百思不得其解,且经常会凭顽固的直觉产生做出错误的判断。借助这个仪器进行实验可以纠正学生对液体压强与重力关系的错误前概念。

教具8　液体对容器底部压力演示仪

【教具实物图】

图1　液体对容器底部压力演示仪

【制作目的】

探究液体对容器底部压力与液体本身重力的关系，探究液体压强与液体密度的关系。

【制作原理】

液体对容器底部的压强与液体重力无关，与液体深度和液体的密度有关。液体深度越深，压强越大；液体的密度越大，压强越大。

【制作材料】

小型台秤、有机玻璃板、螺丝、螺帽、泡沫纸、一次性雨衣、亚克力胶水、AB胶等。

【制作过程】

1. 用有机玻璃制作 40 cm×46 cm 大小的面板 2 块，并在如图 1 所示的位置分别打上 6 个小孔，用于安装螺丝栓，起到支撑和组装仪器的作用。

2. 利用有机玻璃制作 7 cm×30 cm 的活页片 2 块，用于改变容器的形状，即可改变等量水的液面高度。

3. 在台秤上放置一小块有机玻璃，用于放置塑料膜袋。

4. 切割一块大小适合的有机玻璃板作为底板，将台秤放置于底板中间位置，前后用切割好的有机玻璃板卡住，将前后板在台秤位置的长方形区域切割取出，方便操作台秤。

5. 将台秤、前后板与底部分别用 AB 胶和亚克力胶水粘住，并将前后板上预留的小孔螺丝固定。

6. 将有机玻璃切割成两个长为 9 cm 左右的柱状细条，用亚克力胶水固定在两个活页底部，插入前后板预留的小孔内。

7. 利用一次性雨衣制作塑料膜袋，注意其密闭性，并使它与容器呈梯形时贴合。

【使用方法】

1. 探究液体对容器底部压力与液体本身重力的关系

容器的两侧页片是可以往两侧伸张以改变容器的形状的。为了能够利用该容器装水，首先将白色膜套入容器当中，即可往白色塑料膜袋内加水。随着两侧页片的活动，容器可以呈长方形、正梯形、倒梯形的形状，从而改变水柱的形状。由于水柱的底部是直接压在台秤的台面上，所以台秤的指针可清楚地显示出液体对容器底部压力的大小。而液体重力即为液体呈长方体形状时，台秤的示数。

首先使容器成柱状形，根据二力平衡原理，由于此时容器是柱状的，所以液体对容器底部的压力大小就等于液体的重力大小，为 5.8 N（图 1 左）。接着，把页片往两边摊开，水柱呈倒梯形状，液面降低了，台秤的示数变小了，为 3.6 N（图 1 中），说明此时液体对容器底部的压力小于液体本身的重力。再把页片往中间靠拢，此时水柱呈正梯形状，液面升高了，台秤的示数比前两次都大，为 6.9 N（图 1 右）。也就是说此时液体对容器底部的压力大于液体本身的重力。通过这个实验，学生形象直观地得出科学的结论：液体对容器底部压力大小并不总等于液体的重力大小！

2. 探究液体的压强与密度之间的关系

当加入不同密度的液体时，在液体高度相同时，台秤指针的示数不同，说明液体对容器底部的压强与液体的密度有关。

【注意事项】

做好盛水容器的密封，防止水溢出影响实验效果，如：①要适当控制装水的量，水过量会在容器形状改变时溢出；②将塑料膜袋在活页片接缝处使用透明胶再粘合一次，保证水不从活页片的缝隙处溢出。

【仪器存在的问题及改进设想】

①进一步完善盛水容器的密封性，解决溢水问题。

②进一步校准台秤读数，使其便于准确反映压力大小，并加上水深的刻度，将定性实验改进成定量实验。

【仪器特色】

1. 用一个容器来代替多个容器的演示。液体对容器底部的压力是由于液体重力所产生的，但又与液体的重力没有直接的关系，该演示仪能帮助学生突破这一难点，具有一定的创新性。

2. 用于随堂演示实验，且操作方便，形象直观，实验效果明显。

3. 实验仪器可以自由拆散和组装，便于携带和推广。

案例 7　连通器

教材分析

本节课是八年级初中《物理》（沪科版）《义务教育初中物理课程标准》第八章第 2 节"科学探究：液体的压强"中的第二部分——连通器。《初中物理课程标准》对液体压强一节的要求为："通过实验，探究并了解液体压强与哪些因素有关。"

通过课标解读可知，实验在初中物理教学中具有重要的地位。通过实验，能够为学生构建可视化的图文信息，帮助学生完成知识的建构。

本节课是在学习了液体压强的知识后，来学习连通器的。通过介绍连通器的典型应用——锅炉水位计和船闸，让学生体会物理知识对生产实践的重要指导作用，加深学生热爱科学的情感。

学情分析

初二学生对事物存在着强烈的好奇心，有较强烈的动手实验兴趣，但实验操作技能还较欠缺。这一阶段的学生仍处于从形象思维向抽象思维过渡的时期。

在知识方面，学生已经学习了关于液体压强的相关知识，能对物体进行基本的受力分析，为这节课的学习奠定了知识基础；在能力方面，学生已经具备一定的实验探究和运用数学知识解决物理问题的能力，主动探究意识较强，但逻辑思维能力较为薄弱。

本节课的教学设计遵从初二学生的思维和认知特点，利用自制教具为学生创设丰富的现实情境，通过设计、改造、组装仪器，帮助学生深度认知连通器，同时提升其动手能力，感受物理知识对生产实践的重要指导作用。

教学目标

根据课程标准要求和学生学习的实际情况制订如下教学目标：

1. 观察连通器的构造，正确认识连通器；通过实验及理论推导得出连通器的原理，掌握建立物理模型的研究方法。

2. 经历设计锅炉水位计、船闸的过程，提升发明创造的能力，并加强将物理知识应用于生活、生产中的意识。

教学重点和教学难点分析

重点：1. 连通器的构造及其原理。
　　　2. 连通器的应用。
难点：锅炉水位计和船闸的设计。

教学设计理念

学生是学习的主人，初中物理作为物理学科教育的起始阶段，应当倡导学生主动参与、乐于探究、勤于动手，培养学生爱物理、爱科学的精神。

本节课利用自制教具引入教学，并设计了连通器演示仪和自制锅炉水位计，使学生在解决实际问题的过程中建构新知识，最后能够利用新学知识解释生活中的物理现象，充分体现了新课标中"从生活走向物理，从物理走向社会"的理念。

利用物理教具创设真实情境，激发学生学习兴趣与问题意识，充分调动学生的内驱力和元认知等参与深度学习。同时，在项目化的问题解决过程中，培养学生分析和解决问题的能力，以及交流与合作的能力。

器材及媒体

自制连通器演示仪、自制锅炉水位计演示仪、多媒体课件。

教学过程

一、新课引入

老师出示一个神奇的茶壶（如图1所示），将茶壶中的水分别倒入两个烧杯中，让学生观察实验现象。

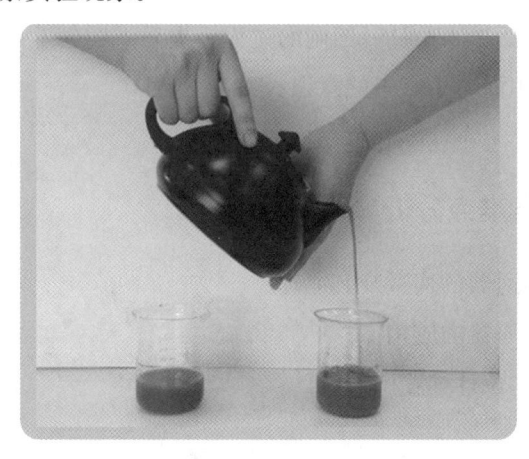

图1

学生发现：茶壶可以先倒出蓝色的水，再倒出绿色的水，也可以先倒出绿色的水，再倒出蓝色的水。

老师指出：按照常规思维，茶壶倒出的水应当是同一种颜色，为什么会倒出不同颜色的水？通过实验激发学生思考，由此引入新课的学习。

设计意图：这个环节利用出乎学生意料的实验现象制造悬念，激发学生的探究欲望。

二、认识连通器

老师出示如图2所示的两个连通器：

引导学生：按照从上到下，从左到右的顺序对比两个连通器在结构上的不同点。发现两个连通器都是上端开口，下部相连通的。

老师指出：在物理学中，将"上端开口，下部相连通的容器"定义为连

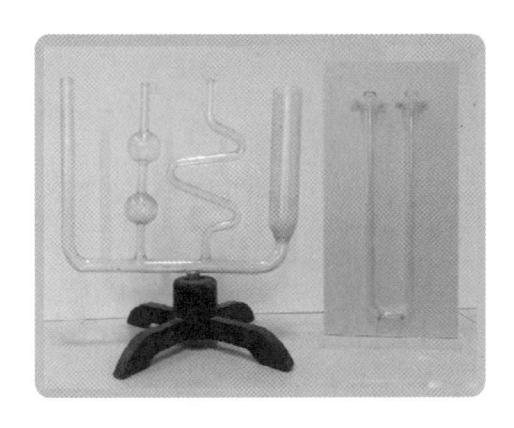

图 2

通器。

老师演示：分别往两个连通器中的一个容器中倒水，让学生观察实验现象。

学生发现：水会往其他容器中流动，当水不流动时，各容器中的水面都是相平的。

老师总结：通过实验发现，连通器具有"当水不流动时，各个容器中的水面总保持相平"的特点。

设计意图：这个环节着重利用对比观察的方法，引导学生得出连通器的定义及其特点。对比观察法和顺序观察法在认识仪器中具有重要作用，这个环节可提高学生观察、归纳的能力。

三、连通器原理

演示实验1：老师出示如图3所示自制连通器演示仪，用手堵住左管，将左管先降低，后提高。

提问学生：在实验过程中，两边的水有没有流动，水面是否相平？

学生观察到两边水没有流动，水面不相平。

引导学生观察：由于左边玻璃管上端被堵住，上端不是开口的，就不是连通器。

图 3

93

老师提问：如何才能让两边水面相平？

学生回答：将手指松开，水就会流动，当水不流动时，两边的水面就相平。

提醒学生：连通器定义中的"上端开口"，指的是各容器的上端与空气相连通。

继续演示实验2：改变左管的高度，将左管向右倾斜，再向左倾斜。发现当水不流动时，两边的水面始终都是相平的。

老师理论推导：对U型管连通器（如图4）进行分析，取U型管底部中央位置，假想液片AB为研究对象。液片AB受到左边水柱对其向右的压力F_1，同时受到右边水柱对其向左的压力F_2，从水不流动可知，液片处于平衡状态。液片两面受到的压力相等（$F_1=F_2$），由于液片两侧的受力面积S又相等，所以$p_1=p_2$（$\rho_液 gh_1=\rho_液 gh_2$），由于是同种液体，所以等式两边的$\rho_液 g$可以约掉，得到$h_1=h_2$。

图4

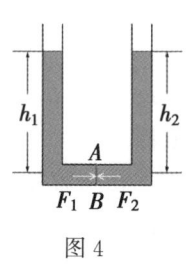

小结连通器原理：在连通器中，当水不流动时，各容器中的水面总是相平的。

设计意图：关于连通器的观念，教材以直接阐述的方式进行呈现。"上端开口、底部互相连通的容器叫做连通器。"老师通过自制教具，创设真实问题情境，让学生深刻体会上端开口的本质要求，加强对概念内涵的理解。

四、连通器应用

1. 锅炉水位计

老师指出：如图5所示是生产蒸气的锅炉示意图，锅炉工作时，水不断受热变成水蒸气，当锅炉里的水位太低时，说明内部水蒸气太多，压强太大，锅炉就有爆炸的危险。

提出问题：为了保证锅炉安全工作，有必要随时了解锅炉内部的水位高低，但是，锅炉是不透明的，该怎么办呢？

图5

学生讨论：可以利用一根玻璃管，根据连通器的原理设计一个锅炉水位计，将玻璃管和锅炉的下端相连通。

老师演示实验3：利用自制锅炉模型进行实验探究，用夹紧的夹子来代替锅炉的盖子，老师对锅炉模型进行加热，学生观察。

发现：如图6所示，两边的水面不相平，锅炉内部水面的高度比玻璃管中水面的高度来得低，玻璃管中水面的高度不能代表锅炉内部水面的高度，这种设计方案不可行。

老师提醒：由于锅炉的上端被盖子盖住，这个装置不是连通器。

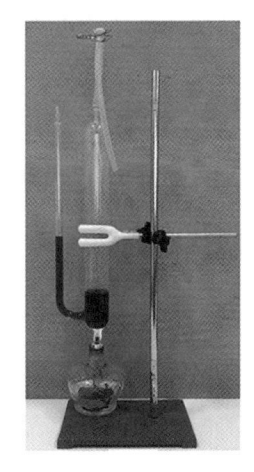

图6

实验分析：锅炉工作时，水面上方聚集越来越多的高温高压的水蒸气，锅炉内的水面受到的是水蒸气的压强 p_1，而玻璃管的水面是与大气相连通，它受到的是大气的压强 p_0，正是因为 $p_1 > p_0$，就使得锅炉内的水面比玻璃管中的水面低。

老师接着提问：如何才能使水面相平呢？

部分学生想出：可以让两边水面上方的气压相等，水面就会相平。

提示学生：既不能打开盖子，又要使得两边水面上方的压强相等，该如何设计呢？

学生讨论得出：还应当将玻璃管的上端与锅炉相连通，锅炉工作时，水蒸气就从锅炉这边跑到玻璃管那边，这样两边水面受到的就都是蒸气的压强 p_1，水面就应当相平。

老师演示实验4：将橡皮管的上端与玻璃管相连通，松开夹子，对锅炉继续加热。（如图7所示）

实验现象：两边的水面相平，并在加热过程中，始终都是保持相平的。

总结：将玻璃管的上端与下端分别与锅炉相连通，

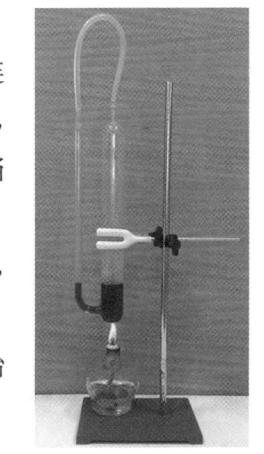

图7

95

就能够成功地改造成锅炉水位计，但须注意，连通器定义中的"上端开口"，并不是一定要与大气相通，实质指的是各容器上方的压强要相等。

设计意图：关于锅炉水位计的教学充分体现"以生为本"的理念，老师引导学生"从无到有"逐步设计和构建出仪器。在师生共同设计的过程中，提升学生分析、解决问题的能力，培养学生的发明、创造意识。

这个自制教具还有一个重要的作用，就是进一步深度学习连通器概念的本质。通过锅炉水位计的实验设计，让学习真正明晰：连通器定义中的"上端开口"，并不是一定要与大气相通，实质指的是各容器上方的压强要相等。

2. 船闸

老师展示课件：要利用河水发电必须修筑拦河坝以提高上游水位。这样，船就无法直接通行。提示学生：必须在坝的上方装上可以让船通过的闸门。但水位落差较大，闸门打开，让船直接通过，会有翻船的危险。

老师提问：如何保证船安全通行？

学生提出：可以在坝底加阀门，使得上、下游组成连通器。这样，船便可安全通行。但发现打开阀门后，由于上、下游水位相平，不能达到发电目的。

进一步引导学生：上、下游既要相通，但又不能直接相通，所以必须设计一个容积不大的空间，分别与上、下游组成连通器，由此引入闸室。（如图8所示）

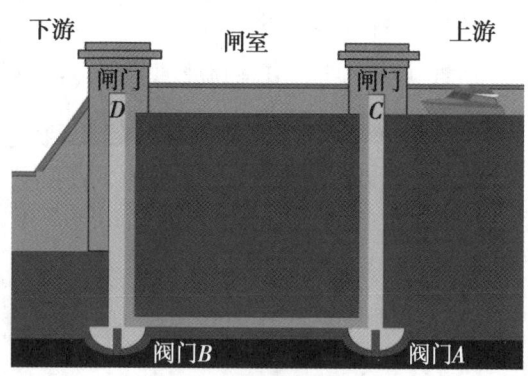

图8

分析工作过程：当打开阀门 A 时，上游与闸室组成连通器，水就从上游流进闸室，由于闸室不大，闸室中的水面很快就与上游相平。这时，打开闸门 C，船可安全驶入闸室。关闭阀门 A 和阀门 C，打开阀门 B，这时闸室与下游组成连通器，水就从闸室流向下游，很快闸室中水面就与下游相平，此时，打开闸门 D，船就安全驶入下游。（如图9所示）

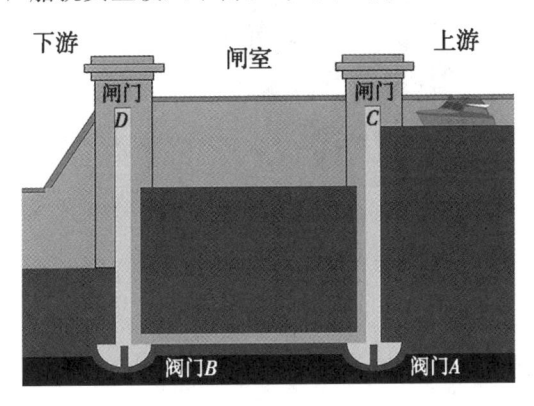

图 9

老师让学生思考：如何让船从下游安全驶入上游呢？

设计意图：这个环节让学生参与设计船闸的过程，提高其利用物理知识解决实际问题的能力。

3. 茶壶

老师揭秘引入中"神奇的茶壶"的原理，让学生进一步巩固对连通器知识的掌握。

老师让学生先观察茶壶的内部构造，学生发现：其内部有两个单独的分层容器，并且壶盖上钻有小孔。

老师解释：该茶壶的"神秘"之处在于其内部被改装了，即用一块铁片，将茶壶一分为二。并且，老师用四根橡胶管，从壶嘴处插入壶身，其中两根通入茶壶左侧空间，两根通入茶壶右侧空间。老师事先用白乳胶将壶嘴封住，使得茶壶内两侧液体只能通过橡胶管流出。因此，当用手堵住染成蓝色的水上方的孔时，倾斜茶壶倒水，根据连通器的原理，可以观察到倒出绿色的水；而当用手堵住染成绿色的水上方的孔时，倾斜茶壶倒水，即可观察到倒出蓝色的水。

图 10

五、课堂小结

1. 通过自制连通器演示仪，掌握连通器的定义及其特点。
2. 通过实验探究和理论推导，深入理解连通器的原理。
3. 利用已有知识自主设计锅炉水位计和船闸。

教学设计的创新之处

1. 利用自制教具引入新课

老师利用自制的"神奇的茶壶"进行实验演示，由同一个茶壶倒出不同颜色的水的神奇现象，激发学生思考"为什么茶壶可以倒出不同颜色的水"，充分激发学生的探究欲望。

2. 通过连通器演示仪加深对连通器概念的学习

结合连通器的定义，利用两根玻璃管与一根橡胶管制成连通器演示仪，取材简单，却能够十分直观、形象地将连通器的原理展示出来，充分巩固学生对于连通器知识的掌握。通过精心设计的几个演示实验，层层递进地引导学生深入理解连通器的定义与特点，尤其突出"上端开口并不是一定要与大气相通，实质是指各容器上方的压强要相等"，加深对概念的深度学习。

3. 自制锅炉水位计的演示实验教学

学生对如何设计锅炉水位计这个问题，理解上存在一定困难。虽然会想到将玻璃管与锅炉的下端相连通，但往往忽略了在锅炉加盖加热的过程中，装置不再是连通器，通过自制锅炉水位计演示仪进行实验演示，不断发现问题，并解决问题，进一步引导学生想出还要将玻璃管与锅炉的上端相连通，再次通过实验演示其改进过程，成功地利用连通器原理设计出锅炉水位计。

相比传统锅炉水位计模型存在不便于观察工作过程的问题，自行利用玻璃研制成可视度很高的透明锅炉水位计模型，通过自制的锅炉水位计模型，层层递进地引导学生，形象直观地观察其工作过程，解决教学中的难点问题，为学生正确理解连通器的应用提供很大帮助；同时，该设计取材于生活，很好地提高了学生的创新思维，并增强学生利用物理知识解决实际问题的意识。

教具9　神奇的茶壶

【教具实物图】

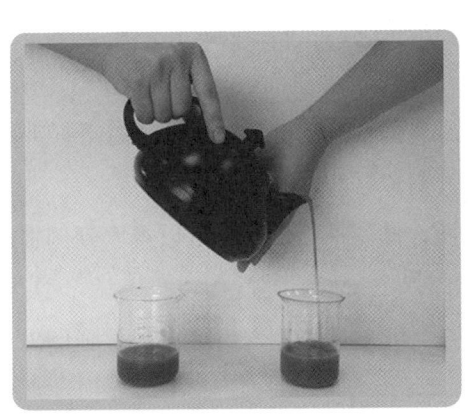

图1　神奇的茶壶演示图　　图2　茶壶内部结构图

【制作目的】

该仪器用于连通器知识的新课引入，通过出乎学生意料的演示现象，制造悬念，激发学生的探究欲望。

【制作原理】

1. 连通器原理。

2. 大气压强的应用。

【制作材料】

水壶、白乳胶、铁片、橡胶管、染成蓝色和绿色的水。

【制作过程】

1. 取一个家用茶壶，将其进行改装。

2. 取一块铁片，按照茶壶的纵切面形状剪裁铁片并放置于水壶中，将茶壶一分为二。

3. 用白乳胶将铁片与茶壶连接处密封好，确保茶壶两侧各自独立。

4. 取四根橡胶管，从壶嘴处插入，两根通入茶壶左侧空间，两根通入茶壶右侧空间。

5. 用白乳胶将壶嘴封住，使得茶壶内两侧液体只能通过橡胶管流出。

6. 在整个壶盖上挤满白乳胶密封（关上壶盖时铁片嵌入白乳胶内），并在左右两侧（对应茶壶内两侧空间）各钻一个孔，盖上壶盖。

【使用方法】

1. 打开壶盖，将染成蓝色和染成绿色的水分别倒入茶壶内的两侧空间。

2. 盖上壶盖，使得壶盖上的两个孔对应茶壶内的两侧空间。

3. 用手堵住染成蓝色的水上方的孔，倾斜茶壶倒水，可以观察到倒出绿色的水。

4. 用手堵住染成绿色的水上方的孔，倾斜茶壶倒水，可以观察到倒出蓝色的水。

【注意事项】

用白乳胶密封铁片边缘、壶嘴、壶盖时，要确保密封性良好。

【仪器特色】

该自制教具通过创设新奇有趣的学习环境和出乎意料的实验现象，激发学生的学习兴趣，为连通器和大气压强的新课教学起到良好的引入作用。学生学习完连通器和大气压强的知识后，可以观察茶壶内部结构并解释其原理，加深对物理知识的理解。

教具 10 连通器演示仪

【教具实物图】

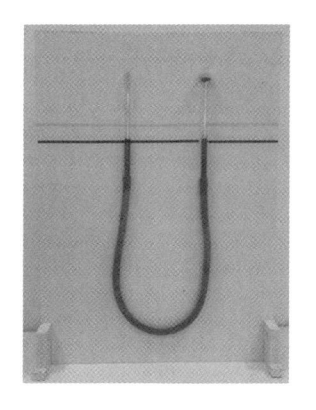

图 1 教具模型

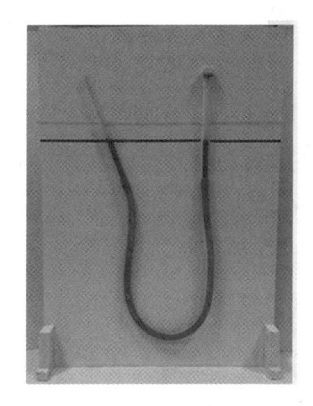

图 2 左、右倾斜

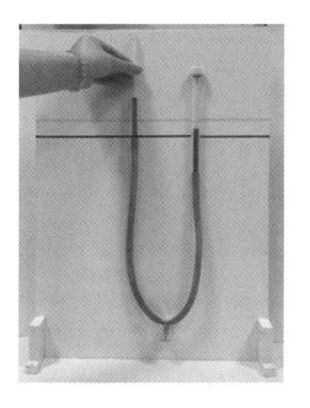

图 3 下端堵住

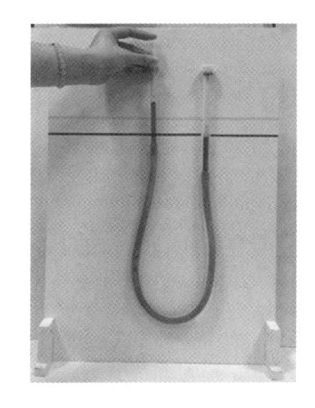

图 4 上端堵住

【制作目的】

让学生直观、深入地理解连通器原理。

【制作原理】

1. 上端开口，底部连通的容器叫做连通器。

2. 静止在连通器内的同一种液体，各部分直接与大气接触的液面总是保持在同一水平面上。

【制作材料】

玻璃管、橡胶管、止水夹、白色有机玻璃板、木头、彩色割字纸、软木塞、AB胶、透明胶、红墨水。

【制作过程】

1. 将白色有机玻璃板切割成矩形，并将木头切割成底座，使有机玻璃板站立，将木头底座用白色割字纸包装好。

2. 将两根直径约为 1 cm，长度为 10 cm 的玻璃管分别塞入橡胶管的两端。

3. 在白板适当位置水平地贴上两条细长的彩色割字纸，用于标记玻璃管中液面高度。

4. 在右边的玻璃管上端套入软木塞，用 AB 胶将软木塞固定在有机玻璃板上，用于固定右边的玻璃管。

5. 将左边的玻璃管用透明胶暂时固定在有机玻璃板上，使橡胶管呈 U 形。

【使用方法】

1. 将染成红色的水注入橡皮管中，使得水静止时两端液面均与蓝色割字纸标记处相平。

2. 撕开左管的透明胶，改变左管的高度、向右倾斜、向左倾斜，发现当水不流动时，左右两管的液面始终都在蓝色割字纸标记处，即两边液面总是保持在同一水平面上。

3. 用止水夹夹住橡皮管中间位置，改变左边玻璃管的高度，发现水静止时两边液面不在同一水平面上。

4. 用手堵住左管口，先降低左管，再提高，发现当水静止时两边液面不在同一水平面上。

【注意事项】

1. 所选的玻璃管直径应略大于橡胶管，确保两者的连接足够紧密。
2. 粘贴彩色割字纸时要确保其与水平面平行。

【仪器特色】

仪器取材简单，却能直观、形象地将连通器的原理展示出来，通过精心设计的几步操作，层层递进，引导学生深入理解连通器的定义与特点，巩固学生对连通器知识的掌握。

教具 11　锅炉水位计模型

【教具实物图】

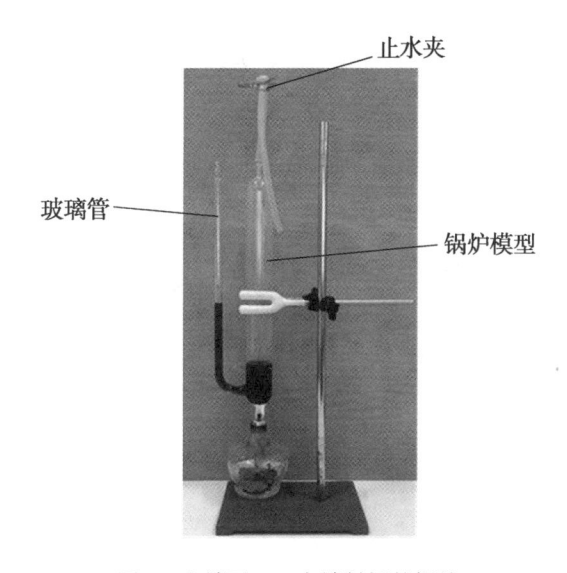

图 1　左端开口、右端封闭的锅炉　　　　图 2　左右两端相连的锅炉

【制作目的】

让学生应用连通器原理解决生活中的问题。

【制作原理】

1. 连通器原理：静止在连通器内的同一种液体，各部分直接与大气接触的液面总是保持在同一水平面上。

2. 连通器定义中的"上端开口"，并不是一定要与大气相通，实质指的是各容器上方的压强要相等。

【制作材料】

粗细不同且底部相连的玻璃管、橡皮管、止水夹、酒精灯、铁架台，试管夹、红墨水。

【制作过程】

1. 取粗细不同且底部相连通的玻璃管，粗管模拟锅炉，细管模拟水位计。

2. 将粗管上端与橡皮管相连，并用止水夹夹紧，模拟锅炉的盖子。

3. 将粗管用试管夹夹住，并固定在铁架台上。

4. 在粗管底部放上酒精灯。

【使用方法】

1. 在锅炉模型内注入染成红色的水，并将粗管上端的橡皮管用止水夹夹紧。

2. 点燃酒精灯，对锅炉进行加热，此时粗管液面低于细管液面，细管液面高度不能代表粗管液面高度（锅炉内部水面的高度）。

3. 取下止水夹，将橡皮管另一端连接到细管上端，并继续对锅炉进行加热，此时两边液面始终保持在同一水平面上，细管液面高度即可反映粗管液面高度，成功利用连通器原理将细管改造成锅炉水位计。

【注意事项】

1. 使用酒精灯加热时应注意使用规范和安全。

2. 用橡皮管和止水夹模拟锅炉的盖子时应确保密封性。

【仪器特色】

这个仪器用简单的透明玻璃器具模拟锅炉和水位计，解决了传统锅炉水位计模型不便观察的问题，实验现象直观，易于观察，学生可直观地观察锅炉水位计的工作过程和原理，突破教学中的难点问题。

案例 8　大气压强

教材分析

这节课是初中八年级《物理》（沪科版）第八章第 3 节"空气的'力量'"的内容。《义务教育初中物理课程标准》要求："知道大气压强及其与人类生活的关系。"可见，大气压强的应用将是这节的一个重点。

这节课是在密度、压强等知识的基础上来感知大气压强的存在，学习大气压的测量和应用，进一步让学生体会大气压的知识对人们的日常生活、生产技术和科学研究等方面具有重要意义。从教材的前后联系来看，这节内容是在学生已有认知的基础上学习大气压强，既是对压强这一部分内容的延伸，也是强化对已学过的知识的理解，同时为后续学习流体压强与流速的关系奠定基础。

这节课用到的"排空法"是非常巧妙的获取真空的实验技巧，老师应注重引导学生进行实验设计，在不断解决问题的过程中，感受物理思想方法的重要内涵。同时，这节课应注重物理学史教学，通过史实介绍，拉近学生与科学家的距离。

学情分析

大气压强虽然在生活中无处不在，但因没有液体和固体的视觉感强烈，学生在学习时会感到难以理解。因此，在教学时，老师必须借助典型而又形象的演示实验和生活实例来直观表现大气压强，丰富学生的认知。从学生认知特点来看，初中阶段的学生虽然具备一定的类比、推理能力，但感性多于理性，对事物的分析比较看重表象，因此老师需要从一些特殊现象出发来引起学生的好奇，进而逐步引导他们思考。其次，这个阶段学生的注意力集中时间比较短，在教学时，老师应适时激发学生的主动性，以利于提高学习的积极性。

教学目标

根据课程标准要求和学生学习的实际情况制定如下教学目标：

1. 通过简单的实验，感知大气压强的存在。知道大气压强的定义并了解其产生的原因。

2. 理解托里拆利实验的本质。通过探究测量大气压强的方法，提升分析实验及设计实验的能力。

3. 认识大气压对人类生活的影响，提升应用物理知识解决实际问题的能力。

教学重点和教学难点分析

重点：知道大气压的存在以及大气压的测量。

难点：托里拆利实验的设计思路。

教学设计理念

学生是学习的主体，教学中应摒弃重教轻学的思想，考虑学生的需求，以学定教，这样的课堂才更具针对性，更能调动学生学习的主动性。经过一个学期的物理学习，学生已具备一定的观察能力、实验能力、分析能力。因此，一些有关大气压的实验现象，他们通过老师引导、小组讨论与自我思考，基本可以得出结论。通过物理建模与自制教具，详细介绍托里拆利实验的巧妙设计及其原理，并进行实际操作，让学生感受托里拆利实验的精妙，成功测出大气压强的大小，培养学生分析实验和设计实验的能力。

器材及媒体

玻璃瓶、透明吸管、橡皮塞、玻璃管、抽气机、水银、水银槽、托里拆利实验仪、多媒体课件。

教学过程

一、结合实验，引入新课

学生实验：老师在讲台上放两瓶装有饮料的瓶子，其中一瓶没有塞子，另外一瓶有个密封的塞子，塞子下面装满饮料。（如图1）

图1

学生用吸管吸饮料，发现一瓶饲料很轻松就吸上来，另一瓶却怎么都吸不上来。

老师提问：为什么会出现这样的现象呢？两个瓶子有什么区别呢？

学生回答：吸得上来的瓶子没有塞子，另一瓶有个密封的塞子。

分析现象：吸得上来的这瓶管内外的液面与空气相通。吸气时把管内气体吸掉一部分，使管内气压减小，这时液面上升，说明肯定有个力把饮料压上来。由于管外液面只跟空气接触，所以这个力只能是空气施加的，有力作用在物体上就有压强，物理学中把大气对浸入在它里面的物体产生的压强叫做大气压强。

老师指出：地球周围被厚厚的大气层包围，空气有质量，在地球引力的作用下会在所作用的面积上产生压强，这就是大气压产生的原因。另外一瓶有个密封的塞子，管外液面并没有跟空气接触，没有受到大气压的作用，吸饮料时只是把管内气体吸掉一部分，无法把饮料吸上来。可见，吸饮料时只是使管内气体的压强减小，实际上是大气压把饮料压上来的，有效纠正了学生长期以来对"吸"的错误认识，并且证明了大气压确实是存在的。

设计意图：该环节的引入实验把看不见、摸不着的大气压转化成液体上升的现象形象地表现出来，让学生体验大气压的存在，并介绍大气压强的定义及其产生的原因。一方面，客观有效地纠正了学生长期以来对"吸"的错误认识；另一方面，这个实验现象同时为后面如何测定大气压奠定基础。

二、大气压强的测定

老师提问：通过引入实验，我们感受到了大气压的存在。那大气压究竟有多大呢？大家能不能从刚才对吸管吸气液体就上升的实验中得到启发，想出测定大气压的办法呢？

老师提问：这个问题比较困难，我们先一起通过课件来分析，将一根两端开口的长玻璃管插入水槽中，此时管内外液面相平。这个抽气机与玻璃管上端相连，如果抽气机抽气，管内会发生什么现象呢？

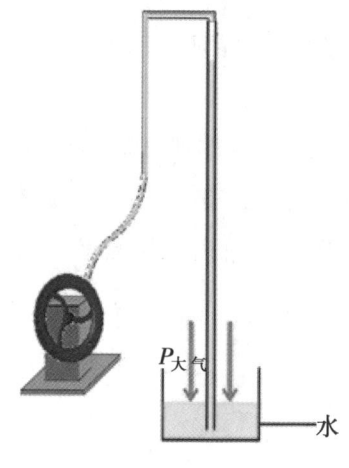

图 2　抽水机

学生回答：液面上升。

老师提问：很好！跟吸气一样，水面会上升，那继续抽气呢？

学生回答：继续上升。

老师提问：如果停止抽气呢？

学生回答：水面不会再上升。

老师提问：水面不再上升。这是为什么呀？

老师分析：我们先来分析一下，设这段水柱的深度为 h，它产生的压强为 ρgh，管内液面上方还有剩余空气，它们也会产生压强，我们把管内剩余气体产生的压强设为 $p_气$，外界大气压为 p_0，由于液柱保持静止，所以 $p_0 = p_气 + \rho gh$。抽气使 $p_气$ 减小，而大气压 p_0 不变，所以 h 就要变大，水面就上升；不抽气，$p_气$ 不变，也就不变，水面就不上升。

老师提问：现在请大家想象一下，如果抽气机一直抽气，管内的水面会不会一直上升呢？

学生回答：不会。因为从公式 $p_0 = p_气 + \rho gh$ 知道，当管内的空气被抽完时，管内水面上方就没有空气了。

老师提问：非常好！当管内的空气被抽完时，管内水面上方就没有空气，我们称它为真空，这时 $p_气$ 为零，所以 $p_0 = \rho gh$，因为 p_0 不是无限大，h 就不会一直升高。

老师总结：由 $p_0 = \rho gh$ 可知，要测定大气压必须满足两个条件：1. 液面上方出现真空。2. h 可测量。这样我们就可以通过测量 h，算出液体压强，也就间接测出了大气压的值。

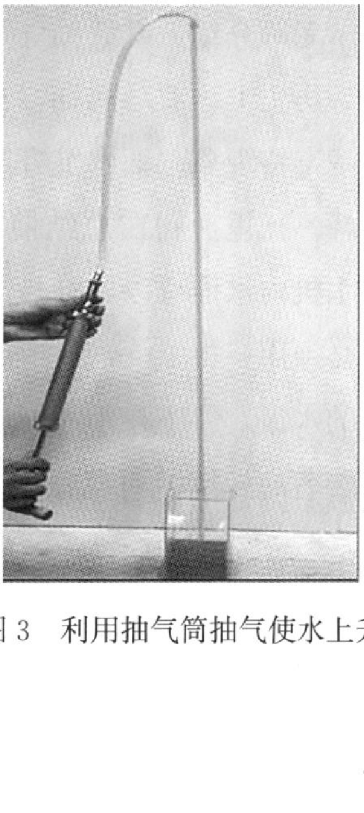

演示实验：将一根长约一米两端开口的玻璃管，一端插入染成红色的水中，另一端通过橡皮管与抽气筒相连，对管内抽气（如图3）。

现象：水很快充满玻璃管。

演示实验：将一根更长的玻璃管同样插入水中，对管内抽气。

现象：水仍很快充满玻璃管。

老师提问：从理论分析可知，当玻璃管长达十几米时，管内水面上方才可能出现真空。但是十几米长的玻璃管比三层楼还高，操作不方便，

图3 利用抽气筒抽气使水上升

有什么办法能够减小管内液柱上升的高度 h 呢？

学生回答：增大液体的密度。

老师提问：在液体中我们知道水银的密度最大，因此我们用水银来做实验。

【演示实验】把水银倒入水银槽中，把一根一米长玻璃管插入水银中，用抽气机抽气（如图4）。

【现象】水银上升到一定高度就不再上升了。

老师提问：大家看，当水银上升到这么高，就不再上升了，继续抽气，还是不上升，这样 h 就可测了，那我们能不能确定，此时玻璃管内水银面上方就是真空呢？

学生回答：不能。

老师提问：那该如何解决真空的问题呢？

图4　利用抽气筒抽气使水银上升

学生回答：继续抽气呀！

老师介绍：继续抽气还是很难保证抽成完全真空。

历史上，罗马时期，在意大利的一座矿井中，工人利用抽水机抽水时发现一奇特现象。即水上升到 10 m 高就不能继续上升。这个奇特的现象该如何解释？托里拆利在总结前人理论与实验的基础上，大胆提出了自己的想法：抽水机内水面可以上升是因为空气的压力促成的。托里拆利认为，如果用水，就必须用一根 10 m 长的水管，操作不方便。因此他最终选择了密度比水大13倍的水银，终于在1643年，托里拆利与伽利略的另一名学生维维安尼一起做了著名的托里拆利实验，证实了自己的猜想，即玻璃管外水银槽上方空气产生的压力减少了管内水银柱上方的真空空间[1]。这便是著名的托里拆利实验的历史背景。

【演示托里拆利实验】

1. 由于水银有毒，应先戴上手套，往水银槽中装入一定量水银，根据水银面的位置调整好刻度尺的零刻度线（如图5所示）；

2. 取一根下端封闭的玻璃管，往玻璃管内注满水银，将所有空气排光；

3. 用手指堵住玻璃管口，将玻璃管倒插入水银槽中，松开手指，观察到水银面下降；

4. 待水银面稳定后，将读数横梁调整至与玻璃管内水银面相切，用刻度尺读出此时的水银柱高度 h，将其代入公式算出此时大气压强值。

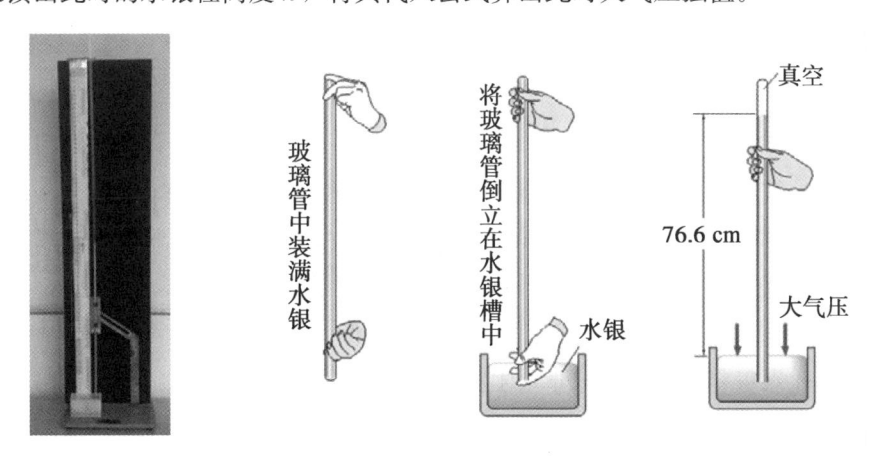

图5 演示托里拆利实验

【现象】 水银液面下降到一定高度就不再下降。

老师提问：我们看到实验一开始时，管内的水银面在下降，这是为什么呢？

学生回答：从刚才的实验中获知大气压只能支撑低于一米的水银柱。

老师提问：那在水银面下降过程中，有没有空气进入管内呢？

---

[1] 赵怀英. 探索真空的鼻祖——托里拆利——纪念托里拆利诞辰400周年[J]. 中学物理教学参考，2009，38（1-2）：31-32.

学生回答：没有。

老师总结：所以管内水银上方就出现了真空，并且 h 又可测，我们用刻度尺测量出 h 的值为 75.60 cm，代入公式 $p_0 = \rho_{液体} gh$，就可算出大气压的值约为 10^5 Pa，这样我们就成功地测出了大气压的大小。

设计意图：该环节老师并未采用教材的做法，直接介绍托里拆利实验，而是遵循"从无到有"的实验构建思想，引导学生从喝饮料的生活现象出发，想到通过抽气机，利用大气压可以撑起一段水柱。在不断解决问题的过程中，提出增大液体密度，减少液柱高度的方法。再进一步聚焦思考"如何达到绝对真空"，从而巧妙地引出托里拆利实验，让学生顿悟"排空法"的精妙之处。并在探究之后，引入物理学史，还原当时的研究背景和方法，拉近学生与科学家之间的距离，增加学生热爱科学的情感。

三、大气压的应用

老师介绍：很多物理现象与大气压都有关系。科学家发现：

1. 大气压随高度的增加而减小。由于气压与高度有对应关系，因此可以把气压计改成高度计，使我们可以更为简便地测量高度值。

2. 沸点随气压的增大而升高，减小而降低。在高山上，气压低，沸点就低，因此水更容易沸腾，但是水沸腾后，温度不再升高，所以食物不容易熟。人们就发明了高压锅，高压锅的锅盖和锅身利用橡皮圈密封，密封性好，使得锅内水面上方气压变大，大到可以超过一个标准大气压，水的沸点升高，食物就可以很快煮熟。但是，气压如果过大，高压锅可能爆炸，因此还要在锅盖上方加上重量适当的限压阀，用于自动排气。

设计意图：该环节介绍大气压的实际应用，让学生体会物理知识对生产生活的指导作用，培养学生应用物理知识解决实际问题的能力。

四、课堂小结

通过本节课的学习，我们感受到了大气压强的存在，要测定大气压必须满足两个条件：1. 液面上方出现真空。2. h 可测量。托里拆利运用了排空法，巧妙地保证了真空这一条件，并且利用密度较大的水银代替水，成功地测出了大气压的值。而大气压强与生活息息相关，科学家们利用大气压强的知识给生产、生活带来了很多便利。学习了这节课，同学们要懂得如何利用我们所学的知识去解释一些生活现象。

教学设计的创新之处

1. 有效纠正"吸"错误的前概念

未进入这节课的学习时，学生认为通过吸管喝饮料，吸的作用即把饮料吸进嘴巴。通过对比实验，让学生深刻体会到：吸的作用仅仅是把管内残余气体吸空，是大气压把液体压进管内，从而进入人的嘴巴。该对比实验不仅纠正了错误的前概念，同时让学生感受到大气压的存在，同时为后续的抽气实验奠定基础。

2. 从无到有逐步构建物理实验，还原托里拆利的研究过程

在测量大气压强这一难点中采用从无到有，由浅入深，层层递进的方法，引导学生分析测量大气压强的两个条件：（1）液面上方出现真空；（2）h 可测量。通过对长玻璃管的抽气实验，发现试管内的水面不会再升高，引导学生解决问题，进而介绍托里拆利实验。老师通过实验演示，让学生感受托里拆利实验中"排空法"的精髓，由此成功测得大气压强，让学生获得成功的喜悦，培养学生分析实验和设计实验的能力。

案例 9　浮与沉

教材分析

"物体的浮与沉"是初中八年级《物理》(沪科版)第九章第 3 节的内容。《义务教育初中物理课程标准》要求"运用物体的浮沉条件说明生产、生活中的有关现象"。即要求学生掌握浮沉条件的根本原因,并能够解释船、密度计、潜水艇等的工作原理,做到学以致用。

这节课是对浮力学习的深入和升华,与生活实际紧密结合,对提高学生利用所学知识解释生活、生产中的一些现象和解决生活、生产中的一些问题的能力有着重要意义。

学情分析

初二学生,好奇、好问、好动、好胜,思考问题以形象思维为主。学生已经有了受力分析、浮力计算的基础,对于物体在液体中上浮、下沉、漂浮的现象都有一定的感性认识,这些都为老师顺利展开教学提供了有效的切入点。

但在他们的感性认识中包含一些顽固的错误前概念,如"重的物体下沉,轻的物体上浮""物体上浮是因为受到的浮力大,物体下沉是因为受到的重力大",等等,这对教学是不利的因素。

教学中,针对学生的实际情况,利用实验,提供情境等多种手段及时纠正他们的错误观点。对于基础差、知识面窄的学生,虽然不能急于求成,但在能力要求上不能降低,要设计有利于学生能力发展的教学过程,创建合作探究的课堂环境和机会,让学生体验知识的形成过程,学会学习,真正成为学习的主人。

教学目标

根据课程标准要求和学生学习的实际情况制定如下教学目标：

1. 经历观察、实验、分析，得出物体浮沉条件，能应用浮沉条件解释相关的现象。

2. 感悟浮力应用的社会价值，关注科学及其相关技术对社会、生产、生活的影响，认识科学研究方法的重要性，提升对科学的热爱之情。

教学重点和教学难点分析

重点：物体的浮沉条件及其应用。

难点：1. 纠正学生对浮沉条件的错误前概念。

2. 密度计的原理。

教学设计理念

学生在没有接受正式的科学教育之前，对日常生活中所感知的现象，通过长期的经验积累与辨别式学习，会形成对事物的初步认识，我们称之为前概念。正确的前概念能帮助老师找到教学切入点，促进学生对新知识的理解与掌握；而错误的前概念则容易对学生学习新知识造成干扰，增加学生学习的难度。

因此了解学生固有的前概念，进而采取有效的教学策略对物理教学来说是非常重要的。本教学设计以简单器材设计系列化创新实验，纠正错误前概念。巧妙地利用自制教具实现从"船到密度计再到潜水艇"的变形，帮助学生深入理解密度计、潜水艇的原理。通过浮沉条件的实际应用，帮助学生了解物理知识在生产、生活和社会中的应用。

器材及媒体

木块、铁块、小铁钉、铁球、铝球、金属片、自制模型船、自制密度计、自制潜水艇模型、多媒体课件。

教学过程

一、引入新课

　　1. 复习提问

　　（1）力的作用效果是什么？

　　（2）请说出阿基米德原理的内容和公式。

　　设计意图：通过问题唤起学生对已学知识的记忆，为新课教学作准备。

　　2. 创设情境，引入新课

　　老师出示一个木块和一个铁块（如图1、图2）。

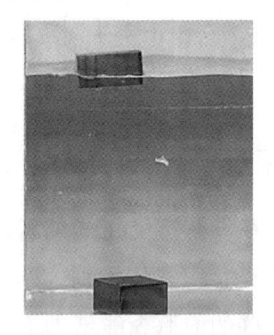

图1　木块和铁块　　　　图2　木块上浮、铁块下沉

提出问题：

（1）如果把它们都浸没在水中，松开手后，哪个会下沉，哪个会上浮？

　　先让学生猜想，再用实验进行验证。实验证明，学生猜想是正确的。

（2）重的物体一定下沉，轻的物体一定上浮吗？

　　演示实验：出示大木块和小铁钉（如图3），用弹簧测力计测出它们的重力，发现木块比铁钉重。把木块和铁钉都浸没在水中，放手后发现重的木块上浮，而轻的铁钉下沉（如图4）。

图3 大木块和小铁钉　　　　　图4 木块上浮，铁钉下沉

得出结论：（1）物体的浮沉不是由物体的轻重决定的。

提问：物体的浮沉不是由重力决定的，那么它是由什么决定的呢？

学生猜想：在刚才的实验中，我们注意到虽然木块比铁钉重，但是木材的密度比铁的密度要小。物体的浮沉是否由组成物体的物质的密度决定呢？密度大的会下沉，密度小的会上浮。

演示实验：密度不同的铁球和铝球浸没在水中，都会下沉（如图5、图6）。

图5 铁球和铝球　　　　　图6 铁球和铝球都下沉

得出结论：（2）物体的浮沉也不是由物质的密度决定的。

归纳：物体的浮与沉既不取决于物体的轻重又不取决于物质的密度，它究竟取决于什么呢？

老师引导学生分析：原来静止浸没在水中的物体无论上浮或下沉，运动状态都发生了改变。力是改变运动状态的原因——所以必须从受力分析入手，才能找出物体的浮沉条件，由此引入课题。

117

设计意图：该环节精心创设两个实验现象，一是重的物体上浮，轻的物体下沉，另一个是密度大的和密度小的物体都会下沉。展现与学生预判的结果相反的实验现象，引起学生强烈的求知欲。强烈的认知冲突将学生的思维和注意力引向制高点，老师找准时机，渗透科学知识：判断浮与沉的本质条件应对物体进行完整的受力分析，从而找到分析问题的切入点。

二、物体的浮沉条件

师生讨论：物体的浮沉归根结底是由于物体受力不平衡引起的，应从物体的受力分析入手，才能正确得出物体的浮沉条件。

（1）浮力小于重力时物体下沉，最终将静止在容器底部。

（2）浮力等于重力时物体可静止在液体内部任意深度处，即悬浮状态。

（3）浮力大于重力时物体上浮，直至露出液体表面后，浮力减小到等于重力，即物体最终漂浮在液面上。

老师强调：

（1）漂浮和悬浮，物体都处于静止状态，浮力都等于重力。

（2）同一物体在同一液体中不可能既漂浮又悬浮。

同时指出：上面总结的浮沉条件，对于所有物体都是适用的。

老师提问：对于浸没在液体中的实心物体而言，有没有更简单的判定浮沉的方法呢？

引导学生分析：利用重力的公式 $G = mg = \rho_{物} V_{物} g$ 和浮力的公式 $F_{浮} = \rho_{液} V_{排} g$ 推导得出：对实心物体而言，它的浮与沉取决于自身密度与液体密度的关系。即：

当 $\rho_{物} > \rho_{液}$ 时，物体下沉。

当 $\rho_{物} = \rho_{液}$ 时，物体悬浮。

当 $\rho_{物} < \rho_{液}$ 时，物体上浮，最终漂浮在液体表面。

设计意图：该环节通过师生交流互动，引导学生从运动状态改变的本质原因——受力分析入手，归纳出物体的浮沉条件，着重培养学生缜密的逻辑思维与理论分析能力。

三、浮沉条件的应用

1. 探究

情境：老师出示一个密度比水大的金属片，浸没在水中，松开手后金属片下沉（如图7）。

探究活动：以课堂竞赛的方式进行。

活动要求：不能用其他器材，请同学们想办法让金属片上浮，最快完成的组为优胜组。

学生动手实验：把金属片中间撑成足够大空心再将两端密闭起来，放手后它上浮，最终漂浮在水面（如图8）。

图7　金属片沉底　　　　　图8　空心金属片漂浮在水面上

讨论：金属片为什么会上浮？

结论：把金属片中间撑成足够大空心再将两端密闭起来，金属片的体积增大了，排开水的体积也增大了，在 $\rho_{液}$ 不变时，金属盒受到的浮力会增大。当浮力增大到比重力更大时，金属片会上浮，最终浮力减小到等于重力就会漂浮在水面上。

2. 轮船

过渡：从金属片最终漂浮在液体上，引出在生活中的应用实例——轮船。

引导学生思考：当一艘船从河水中驶入海水，船受到的浮力有没有改变？

模拟实验：用清水和浓盐水来模拟河水和海水，将做好的模型船分别放入清水和浓盐水中来模拟船从河水中驶入海水中（如图9、图10），当船静止时，学生观察实验现象。

图9　船漂浮在清水中　　　图10　船漂浮在盐水中

实验现象：模型船从清水到盐水中，静止时船体上浮了一些，即船体与液面的交线位置在原来交线的下方。

结合课件提问：当一艘船从河水驶向海水，船受到的浮力有没有改变？

学生讨论：学生就此问题展开热烈讨论并提出了三种不同意见：

（1）浮力变大了，因为海水把船托得更高了；

（2）浮力变小了，因为浮液排 $F_浮 = \rho_液 g V_排$，船在海水中排开水的体积减小了，所以浮力变小了；

（3）无法确定，$V_排$减小了，但同时$\rho_液$变大了，它们的乘积是否发生改变就不知道了。

老师引导：船无论在河中还是在海中都是漂浮的状态，浮力都等于重力，对同一艘船来说，船重不变，所以浮力也不变。写成公式就是 $F_{海浮} = F_{河浮} = G$。

提问：那么为什么海水会把船托得更高呢？

老师引导学生分析：上述公式可以写成

$\rho_海 g V_{排海} = \rho_河 g V_{排河}$

即 $\rho_海 V_{排海} = \rho_河 V_{排河}$

由于海水的密度大于河水的密度（$\rho_海 > \rho_河$），所以船排开海水的体积就小于排开河水的体积（$V_{排海} < V_{排河}$），船体就上浮一些，交线就下移了一些。

3. 密度计

从上述船从河里驶入海里，与水面的相交线位置不同，学生想到可以通过该直观的现象来判断$\rho_液$的大小。但生活中，直接把船搬过来比较$\rho_液$是不现实的，要如何进行改造？

老师提供器材：塑料笔杆、金属丝；

师生共同设计：将金属丝绕在塑料笔杆的底端（如图11、图12），这样就可以使它竖直地漂浮在液体中了。利用该自制教具即可初步判断清水和盐水的密度。

图11 笔杆漂浮在清水中　　图12 笔杆漂浮在盐水中

老师提问：两条交线哪一条代表的液体密度值更大？

学生回答：笔杆下面那条蓝色的交线代表的密度值更大。

老师总结：先对学生的回答予以肯定。根据同样的原理，可以制成测量液体密度的工具——密度计（如图13）。上端有刻度，下端装有铅粒或汞的密封玻璃管，就是密度计。

讨论：辨析密度计中重物（铅粒或汞）和刻度。

老师指出：密度计中铅粒和汞就是起着塑料笔杆中金属丝的作用（降低重心），同时密度计的刻度值是越往下越大，并且刻度不是均匀变化的！

学生课后思考：为什么密度计的刻度值是越往下越大，并且刻度不是均匀变化的？

图13 密度计

设计意图：本环节设计最大的亮点是从一片铁皮出发，完成铁片→轮船→吃水线→密度计的讲解。这种处理方式是自制教具的经典做法。通过一个小器件，进行不断变形，逐步递增难度，在理论分析和实验探究过程中完成知识的构建。

利用模拟实验结合课件设置问题情境，实现了从轮船到密度计的巧妙过渡，通过学生自制密度计进行探究，解决了密度计的原理和使用等学习中的老大难问题，提高了学生的动手能力和对物理知识的热爱程度。

4. 潜水艇

提问：能不能把模型船改造成模型潜水艇使它能在水下航行呢？

师生讨论：首先为了保证船上人员安全，要给船加盖，把它密封起来。还要让密封后的船不但能下沉、上浮，还能悬浮在水中行驶。

老师出示一个已经加盖好的模型船，并且指出船底部有一个注水孔，盖子上还有一个气孔，气孔连接着一根塑料管，塑料管的另一端还连接着一根针筒（如图14）。

图14　模型潜水艇

探究：用已经改造好的模型船和浓盐水模拟潜水艇来进行实验。实验要求：只用已经改造好的模型船，想办法让其在浓盐水中下沉。

通过师生相互交流得出，可以向改造好的模型船内部注入足够多的水。当重力大于浮力时它会下沉。

演示实验：用针筒把船体内的气抽出来，这样水就通过底部的注水孔注入船体内部了。

现象：当重力大于浮力时模型船下沉了。

老师设置问题情境，通过师生对话得出让模型船上浮和悬浮的方法。

总结：实际的潜水艇，是通过压缩空气，向水舱中注水和排水来改变自身的重力，从而实现物体在水中下沉、上浮、悬浮。这就是潜水艇的原理。

设计意图：由船到密度计再到潜水艇的教学过程是对学生进行创造性思维教学的极好教材。该环节巧妙地利用自制教具实现了从船到密度计再到潜水艇的变形，让学生学以致用，感受到小知识能解决大问题，逐步培养学生热爱科学的情感。同时，潜水艇的上浮、下沉、悬浮体现了物体浮沉条件的充分应用，放在最后可以巩固、深化学生本课所学的知识。

四、课堂小结

1. 知识：浮沉条件及其应用。
2. 体会：改变浮力的方法，科学探究方法的重要性。
3. 能力：提高动手能力、分析解决问题的能力。

教学设计的创新之处

1. 创新实验设计，突破错误前概念

针对学生认为重的物体下沉，轻的物体上浮以及密度大的物体下沉，密度小的上浮的错误前概念，老师创新性设计大木块跟小铁钉、铁球跟铝球的对比实验，引导学生通过生动形象的实验探索物体的浮沉条件。

2. 创新教具设计，整合知识应用

针对知识点零散，缺乏整合应用的问题，巧妙地利用自制教具实现从"铁片→船→密度计→潜水艇"的变形，将每一个知识点很好地衔接起来，让学生在犹如堆乐高的轻松情景中学习，加深对知识的综合应用，建立知识体系。

教具 12　金属片的浮与沉

【教具实物图】

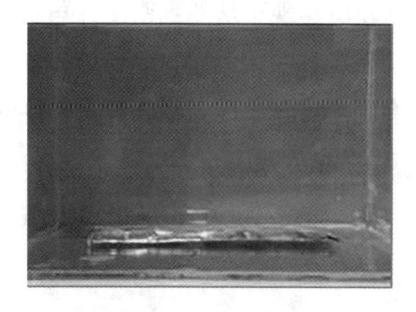

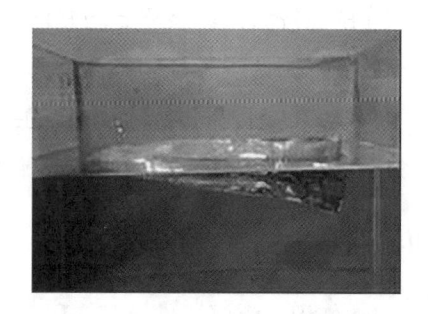

图 1　金属片下沉　　　　图 2　空心金属片漂浮在水面上

【制作目的】

让学生掌握让密度比液体大的物体上浮的方法。

【制作原理】

把密度比液体大的物体做成空心的，只要空心体积足够大，就可以使浸没在液体中的物体受到的浮力大于自身重力而上浮，最终漂浮在水面上。

【制作材料】

铜片、有机玻璃、亚克力胶水、筷子。

【制作过程】

1. 切割有机玻璃并用亚克力胶水粘合成长方体无盖水槽。

2. 将铜片剪裁成 20 cm×15 cm 的长方形，沿短边方向均等地标记出两条折叠线，往同一方向沿两条折叠线进行折叠。

【使用方法】

1. 在水槽中装入适量的水，将折叠好的金属片放入水中，可以观察到此时金属片下沉到水槽底部。

2. 将金属片取出，将一条短边折叠封住，取一根筷子从金属片另一个短边插入金属片中心，把金属片中间撑成足够大的空心，再把另一条短边折叠密封，此时金属片变为空心的。

3. 将金属片再次放入水中，可以观察到金属片会上浮，最终漂浮在水面上。

【注意事项】

将金属片做成空心时，要注意做好两个短边的折叠密封，避免水流入空心区域造成演示失败。

【仪器特色】

该仪器制作简单，使用方便，成本低，便于推广。学生可通过亲身参与，掌握让密度比液体大的物体上浮的方法，在激发学生兴趣的同时也让学生学以致用，培养创造性思维。

教具 13 模型船

【教具实物图】

图 1　船漂浮在清水中　　　　　图 2　船漂浮在盐水中

【制作目的】

让学生了解船能漂浮在水面上的原理，掌握物体浮沉条件的应用，理解吃水线的概念。

【制作原理】

船从河水驶向海水时，船受到的浮力不变（都等于船的重力），船进入海水中，海水的密度大于河水的密度（$\rho_{海} > \rho_{河}$），所以船排开海水的体积就小于排开河水的体积（$V_{排海} < V_{排河}$），船体就上浮一些，吃水线就下移了一些。

【制作材料】

棉签盒、锡箔纸、小铁块、红色割字纸、有机玻璃、AB 胶。

【制作过程】

1. 切割有机玻璃并用亚克力胶水粘合成 2 个长方体无盖水槽。

2. 取一个棉签盒，使其开口朝上。

3. 在棉签盒底部用 AB 胶粘上一个小铁块，这样能使其竖立在液体中。

4. 将锡箔纸剪裁成 10 张与棉签盒等高的直角梯形，每 5 张重叠起来做成一个船翼。

5. 将两个船翼的直角边分别和棉签盒的侧边用 AB 胶连接。

6. 用锡箔纸将船体侧面包裹起来。

7. 将模型船放入清水中，用红色割字纸标记出吃水线位置。

【使用方法】

1. 在水槽中装入适量的清水，将模型船放入清水中，此时吃水线的位置在标记的红线处。

2. 在另一个水槽中装入浓盐水，并将模型船放入浓盐水中，此时吃水线低于标记的红线。

【注意事项】

棉签盒底部应选取重量合适的小铁块粘贴，小铁块太重会导致船体下沉，小铁块太轻会导致船体无法竖立在液体中而倾倒。

【仪器特色】

该仪器制作简单，使用方便，能清晰地展示出船从河水中驶向海水时排开水的体积的变化，把学生生活中熟悉但少见的现象搬到课堂中，在与学生的共同分析中让学生掌握物体浮沉条件的应用，帮助学生深刻理解吃水线的概念。

教具 14　自制密度计

【教具实物图】

图1　笔杆漂浮在清水中　　图2　笔杆漂浮在盐水中

【制作目的】

让学生理解密度计原理。

【制作原理】

根据浮力公式：$F_浮 = \rho g V_排$ 漂浮在液体上的物体，液体密度越大，物体排开水的体积就越小。

【制作材料】

塑料笔杆、金属丝、蓝色割字纸、红色割字纸。

【制作过程】

1. 取塑料笔杆，在其下端缠绕一段金属丝。
2. 将笔杆放入清水中，用红色割字纸标记出吃水线的位置。
3. 将笔杆放入盐水中，用蓝色割字纸标记出吃水线的位置。

【使用方法】

1. 将金属丝从笔杆中取下，将金属丝放入水中，观察到金属丝下沉。
2. 将塑料笔杆放入水中，开口端朝下。观察到塑料笔杆漂浮，但它会倾倒。
3. 将金属丝缠绕在笔杆底端，降低重心，增大稳度，此时塑料笔杆竖立漂浮在水中，可以观察到吃水线在红色标记处。

4．将笔杆放入浓盐水中，观察到吃水线在蓝色标记处。

5．根据吃水线的位置比较两液体密度的大小。

【注意事项】

应取一端封闭的塑料笔杆（开口端朝下），避免液体流入笔杆内部造成笔杆下沉。

【仪器存在的问题及改进设想】

仪器只能定性地比较不同液体的密度，不能定量测量不同液体的密度。

【仪器特色】

该教具制作简单，使用方便，实现了从轮船到密度计的巧妙过渡，学生通过自制密度计进行探究，解决了密度计的原理和使用等这些学生学习中的难题，提高了学生的动手能力和学习物理的兴趣。

教具 15　潜水艇模型

【教具实物图】

图 1　潜水艇模型

【制作目的】

利用物体浮沉条件设计潜水艇模型，使它能实现下沉、上浮和悬浮。

【制作原理】

通过注水和排水改变潜水艇的重力，使它不但能下沉、上浮，还能悬浮在水中。

【制作材料】

模型船、棉签盖、针筒、塑料管、水槽、AB胶。

【制作过程】

1. 取前面制作的模型船进行改装，去掉棉签盒外的锡箔纸（便于观察注水排水情况）。

2. 取棉签盒的盖子，钻小孔。

3. 取针筒，与塑料管一端连接，塑料管另一端插入棉签盖上的小孔中。

4. 将棉签盖盖到棉签盒上，用AB胶将盖子与盒子、塑料管的连接处固定并密封。

5. 在棉签盒底部钻一个小孔，用于注水和排水。

【使用方法】

1. 在水槽内装入适量的水，将潜水艇模型放入中，此时潜水艇漂浮在水面上。

2. 用针筒把船体内的气抽出来，此时水就通过底部的小孔注入船体内部，当重力大于浮力时，潜水艇逐渐下沉。

3. 用针筒向船体内部注入气体，此时水从内部被排出来了，当重力小于浮力时，潜水艇逐渐上浮。

4. 用针筒控制船体内的水量，使得重力等于浮力，潜水艇会悬浮在水中。

【注意事项】

该仪器放置于水中，并且通过针筒抽气和注气，因此要保证整个仪器气密性良好，应注意接缝处的密封和防水。

【仪器特色】

该自制教具实现了从船到潜水艇的变形，让学生学以致用，感受到小知识能解决大问题，培养学生热爱科学的情感。同时，潜水艇的上浮、下沉、悬浮则是物体浮沉条件的重要应用。

案例 10 杠杆

教材分析

"科学探究——杠杆的平衡条件"是沪科版初中八年级《物理》第十章第1节中的内容。《义务教育初中物理课程标准》要求"知道简单机械,通过实验,探究并了解杠杆的平衡条件"。这节课是第七章"力和运动知识"的延续,也是学习滑轮、滑轮组以及功等知识的基础,是力学的重点内容,对学生关于机械的理解起着至关重要的作用。

教材列举生活中常见的杠杆,借此来介绍杠杆的定义,并直接提出相关名词,让学生通过实验探究杠杆平衡条件,最后再拓展相关知识。

学生对于力臂的理解感到陌生而抽象。我们利用自制教具,引导学生发现力臂概念引入的过程及意义,帮助学生理解力臂的来源和功效。充分体现了物理建模、科学探究在物理研究中的重要作用,培养学生问题意识、勇敢探索、推理分析、归纳总结的能力和素养。

学情分析

根据教学内容的上下承接关系,学生已经学习了运动与力的知识,且对力学研究中的作图有一定的掌握,如作用点、大小、方向等。具备一定的理论推理能力、分析能力和实验探究能力。但学生对于杠杆阻力方向的判断存在错误的前概念,且在理解力臂的概念以及熟练绘制杠杆力臂上存在困难。因此,这节课的内容对学生来说抽象难懂,可以分为两个课时授课。第一课时先进行完备的概念教学,第二课时再实验探究杠杆的平衡条件,这样的教学设计符合学生的认知规律。

教学目标

根据课程标准要求和学生学习的实际情况制定如下教学目标：

1. 认识杠杆，理解杠杆的五要素。
2. 通过引入力臂的探究过程，提升深入思考问题的学习习惯，体会建立物理概念的艰辛。

教学重点和教学难点分析

重点：对杠杆五要素的理解，正确作出力臂。

难点：判断阻力方向和理解引入力臂的必要性。

教学设计理念

科学教育不仅要使学生获得显性的科学知识和技能，还要特别注重学生过程和方法，情感、态度和价值观等内隐科学素养的提高。

学习杠杆时，"力臂"一般都是直接定义并运用的，本节从探究物理学中为什么要引入力臂入手，利用自制教具引导学生探究引入力臂的过程，理解引入力臂的物理意义，让学生体会到引入力臂概念的必要性。

本节教学主要采取老师引导下科学探究的教学方法，体现了"注重科学探究"的新课程理念。

器材及媒体

多媒体课件、自制教具、三角板、弹簧测力计。

教学过程

一、新课引入

学习新课之前，出示一幅生活情景（课件：工人推板车画面）：一个工人推着板车上工地去劳动，车上有铁棒，路上还散落着小石块。突然他发现有一块大石头挡住了必经之路，工人上前搬，搬不动，推，推不动。如果这时是你，该怎么利用铁棒和路边的小石块把大石头移开呢？

图1　工人推板车画面

老师事先准备了一块大石头，一块小石块和一根铁棒。

学生上台演示铁棒撬动石头的两种方法。然后老师将两种方法用动画演示。

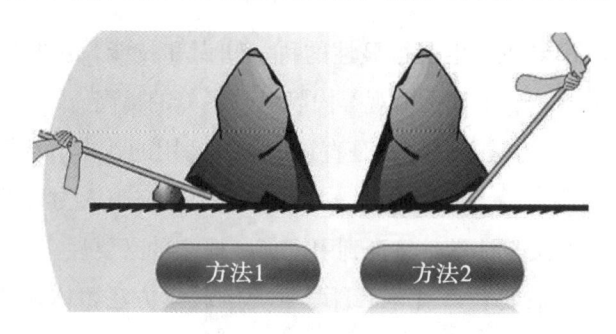

图2　铁棒撬动石头的两种方法

老师总结：不论哪种方法，铁棒在撬动石头过程中都起到了重要的作用。

下面再展示一个生活情景：这是一台抽水机，这是抽水机的手柄。上下扳动手柄就能把下面的水抽上来。

老师将抽水机抽水的过程用动画演示。

老师总结：手柄在抽水过程中起到了重要的作用。

设计意图：通过设置具体的问题情境，启发学生的思考，用不同的方法解决同一个问题，不仅让学生对杠杆的功效有初步的认识，同时给杠杆定义做了重要铺垫。

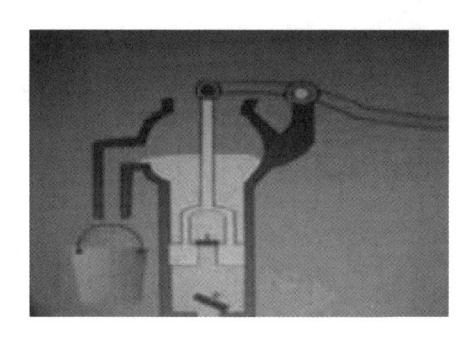

图3 抽水机抽水的过程

二、杠杆的定义

老师引导：我们再播放刚才的三个场景，请大家认真观察铁棒和手柄的工作原理，找出它们的共同点。

在老师的引导下，学生找出工作中的铁棒和手柄的共同点：都是在力的作用下转动，且都是绕着某个固定点转动。

老师提问：在第一个场景中，如果把铁棒换成铁制的锯片，能撬动石头吗？

学生答：不能。

所以棒还必须是硬的，同样的道理，抽水机的手柄也必须是硬的。

学生根据工作中铁棒和手柄的三个共同特点，归纳出杠杆的定义：在力的作用下能绕某一固定点转动的硬棒。

老师提问：能把定义中的硬棒改成直的硬棒吗？

学生答：不行，抽水机的手柄不是直的。

老师总结：杠杆可以是直的也可以是弯的，可以根据使用的方便把杠杆做成任意形状。

设计意图：这部分教学，老师选取不同形状的杠杆，让学生分析它们的共同点，归纳出杠杆的定义。

为了使学生加深对杠杆定义的理解，老师引导学生判断：跷跷板、天平、剪刀是不是杠杆，并说明理由。

设计意图：上述例子中的跷跷板、天平、剪刀，动力与阻力方向有的相同，有的相反，为后面阻力方向的判断奠定了重要的基础。

三、动力、支点、阻力的概念

老师结合铁棒撬石头的画面分析，如果工人没对铁棒施加力，铁棒就不会转动，所以要使铁棒转动起来就必须对它施加力的作用，这个力就是动力F_1。力有三要素：作用点、方向、大小。老师引导学生从力的三要素入手分析动力，找出动力的作用点在杠杆上，动力的方向由施力者任意调节，动力的大小也是由施力者决定的。杠杆在动力的作用下绕着固定点转动，这个固定点称为支点O。

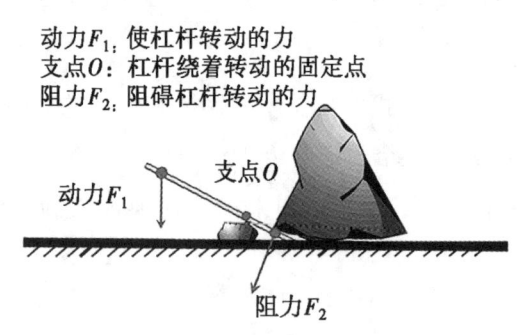

动力F_1：使杠杆转动的力
支点O：杠杆绕着转动的固定点
阻力F_2：阻碍杠杆转动的力

图 4 动力、支点、阻力的概念分析

老师提问：杠杆在力的作用下绕支点转动过程中有没有受到阻碍？

学生回答：受到石头的阻碍。

从而引出阻力F_2的定义：阻碍杠杆转动的力。由于阻力及其方向的判断向来是个难点，所以老师先让学生充分讨论，暴露其错误的前概念：

有的学生认为，阻力就是被移动物体的重力。

有的学生则认为，阻力的方向总是和动力的方向相反。

在此基础上，老师纠正学生，阻力并不是被移动物体的重力，阻力的作用点不在物体的重心上，而在杠杆上。阻力方向的判断则应该从阻力的定义出发，突出两个关键词："阻碍""转动"，由此得出，阻力的方向应该与阻力作用点的运动方向相反。学生相互讨论总结出判断阻力方向的方法：

1. 判断阻力作用点的运动方向。
2. 阻力的方向与阻力作用点的运动方向相反。

老师说明：阻力的大小由阻碍杠杆转动的物体决定，这里就是石头决定的，石头越重，阻力越大。

设计意图：这样的教学基于概念转变理论，有利于学生正确概念的形成。由于阻力及其方向的判断向来是个难点，并且学生存在错误的前概念，在此老师特意先让学生暴露其错误的观点，学生的新旧知识在头脑中产生激荡，接着老师又引导学生判断和推理需讲究依据。让学生明确，可以从阻力的定义出发，正确判断阻力的方向，不仅有利于形成清晰的思路，同时教会学生科学地判断阻力的方向。

四、力臂

结合自制教具：这是一根杠杆，把它悬挂在一块白板上，杠杆可绕着支点 O 转动，在杠杆的一端挂着一个物体。

实验1：在杠杆的另一侧 A 点，施加一个力就能使物体静止于这个位置。用黑色夹子记下这个力的大小，红点 A 和箭头标记力的大小、方向和作用点。

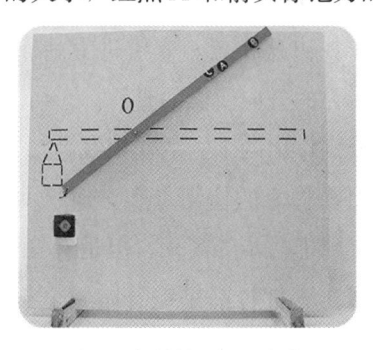

图5 自制教具——杠杆

实验2：把力的作用点从 A 点移动到 B 点，要用和刚才一样大小的力使同一物体处于同样位置静止，也就是力的作用效果相同。

老师引导学生分析，影响力的作用效果有三个要素：力的大小，方向和作用点。要使力的作用效果相同，而力的大小和作用点已经确定，所以只能调节力的方向。老师调节力的方向使得两次实验所用力的大小相同，同样的记下这个力的大小、方向和作用点。

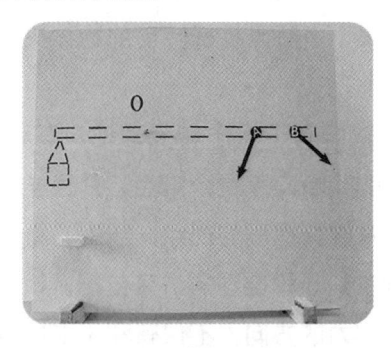

图 6　比较两组实验

老师引导学生找出两次实验的相同点和不同点。

相同点	力的大小	同一物体处在相同位置静止（效果相同）
	支点	
不同点	力的作用点和方向	

老师提问：能不能找一个量来代替力的作用点和方向，使得力的大小相同，支点相同，这个量也相同时，力的作用效果就相同？

老师引导：为了便于找出这个量，先引进力的作用线这个概念，力的作用线是过力的作用点，沿力的方向所做的直线。

老师在自制教具上分别作出两个力的作用线。

老师提问：力的作用线将力的作用点和方向这两个因素包含进去，虽然引入力的作用线使问题得到了初步的简化，但是有没有找到相同量？

学生回答：由于两次实验杠杆都是绕着同一个支点转动，因此应该从支点分别到两条力的作用线之间去寻找这个相同量。

相同点	力的大小　　寻找 支点　　　　相同量	同一物体处在相同位置静止（效果相同）
不同点	力的作用线	

老师提问：点到线之间的连线有无数条，要从这么多连线中去寻找相同

136

量是很困难的，应该怎么找呢？

学生回答：垂线只有一条。

老师补充：分别作出支点到两条力的作用线的垂线段。

图7 杠杆、力的作用线和力臂

通过比较，学生发现：两条垂线段是相等的。物理学中把这个相同的量称为力臂，学生给力臂下定义：支点到力的作用线的距离。

老师总结引入力臂的意义：在杠杆平衡时，可以把力的三要素（大小、方向、作用点）简化为两要素（力的大小、力臂）

相同点	力的大小	同一物体处在相同位置静止（效果相同）
	力臂	

在杠杆转动中，力有动力和阻力，所以力臂也分为动力臂和阻力臂。

老师提问：用和刚才相同的力沿垂直于杠杆向下的方向拉杠杆，要使得力的作用效果相同，应该作用在哪一点？

学生讨论、回答。

老师讲解：要使力的大小和作用效果跟刚才相同，力臂也就要跟刚才相同。而现在，力的方向垂直于杠杆，所以力臂就沿着杠杆，此时力臂是从支点到力的作用点的距离，从而找出作用点。老师进行演示实验，验证理论。

设计意图：杠杆工作时，受动力和阻力的作用，动力和阻力会使杠杆向相反方向转动。要使杠杆平衡，动力和阻力应该满足一定的条件。这个环节从力的三要素出发很难寻找到这个条件，若引入力臂，则很容易找到杠杆的平衡条件：动力×动力臂＝阻力×阻力臂，这就为下节课学习杠杆的平衡条件奠定了重要的基础。该过程不仅使学生体会到引入力臂概念的必要性，同时感受到了建立物理概念的艰辛。

课件展示铁棒撬石头的画面，老师讲解画力臂的具体步骤，然后示范画出动力臂和阻力臂。

五、课堂小结

1. 通过生活中常见的场景，找出其共同点，归纳出杠杆的定义。
2. 结合"铁棒撬石头的画面"分析杠杆的五要素。
3. 引入力的作用线，正确作出动力臂和阻力臂。

教学设计的创新之处

1. 动力、阻力和支点的定义

物理教学不能只重视学生对概念、规律的记忆，还需注重物理本质的呈现。相较于课本直接给出动力、阻力以及支点的定义，老师通过创设实际的问题情境，引导学生参与分析问题，在分析铁棒撬动石头的实际问题中，让学生通过自身的思考与判断，再加之老师适当的帮助，充分理解动力、阻力和支点的概念，在脑海中形成实际问题的情境。培养学生的逻辑思维能力，同时深刻体现学生是教学的主体。

2. 力臂的教学

学生在之前的学习中没有接触过力臂的相关概念，因此，在初次学习力臂时存在理解上的困难。与传统的通过作图强化力臂概念的教学不同，老师有针对性地设置探究实验，从而引入力臂概念。老师自制杠杆，演示利用相同大小的力作用在杠杆上两个不同的点都可以使杠杆处于同一位置平衡，引导学生从熟悉的力的三要素出发，引入力的作用线，将力的作用点和力的方向都包含于其中，理解力的作用线的物理意义。紧接着，结合一定的数学知识引导学生发现两次实验的相同量——垂线段，从而引入力臂，感受到当力的大小和力臂都相同时，力的作用效果相同，不仅让学生深刻理解力臂的概念，体验探索发现的学习乐趣，也为下节课杠杆平衡条件的实验探究奠定重要的基础。

教具 16　自制杠杆

【教具实物图】

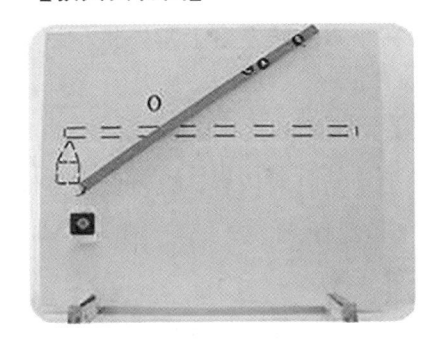

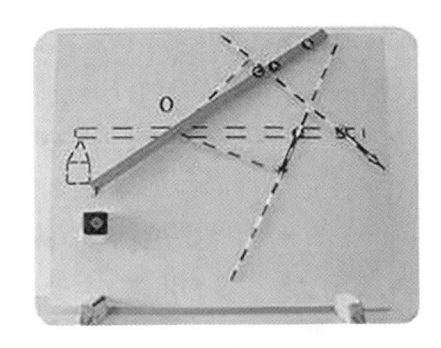

图1　自制杠杆　　　　　图2　杠杆、力的作用线和力臂

【制作目的】

让学生体会到引入"力臂"概念的必要性。

【制作原理】

杠杆平衡条件：$F_1 \cdot l_1 = F_2 \cdot l_2$，当力的大小相同，力臂长度也相同时，力的作用效果就相同。

【制作材料】

木板、长钉子、短钉子、细绳、挂钩、AB胶、弹簧测力计、一字夹（用于标记弹簧测力计示数）铁片、磁片、彩色纸板、白色割字纸、红色割字纸、鞋带3条、蓝墨水、红墨水、易拉罐（用于剪裁成包裹鞋带头尾的小铁片）。

【制作过程】

1. 制作面板和面板底座

将木板切割成 40 cm×50 cm×2 cm 的面板，在面板上贴上一张薄铁片

（用于吸附磁性标记），并将面板用白色割字纸包装。

将木板切割成 2 块 15 cm×2 cm×2 cm 的底座，在底座长边的中间切开一个宽 2 cm，深 1 cm 的凹槽，将面板竖直放置在凹槽里，使其站立。

2. 制作杠杆

将木板切割为一根 40 cm×2 cm×1 cm 的长木条，在长木条离左端三分之一的位置，用长钉子将其钉在面板适当位置（如图1）。

在长木条最左端将短钉子钉入，用于悬挂小木块。

将木板切割成一个小木块，将木块用红色割字纸包装。

取一根细绳，将其左右两端粘贴固定在小木块的左右上角，将小物块用细线悬挂在长木条最左端的钉子上。

在长木条右端任选两个点，用割字纸标记 A 和 B，并粘贴上小钩子。

在面板上用红色割字纸标出长木条水平平衡时的位置，以及此时细绳和木块的位置，并将长钉所在的位置标记为 O（见图2）。

3. 制作力、力的作用线、力臂

用红色纸板剪 2 个一样长度的箭头（表示力），在箭头背后贴上小磁片。

将小木块挂在长木条左侧的短钉子上，在长木条右侧用弹簧测力计在 A 点的挂钩处沿一定方向拉，使得长木条水平静止，将红色箭头贴在面板上，从 A 点指向弹簧测力计拉力的方向，弹簧测力计的示数即为力的大小。

取一根鞋带，将鞋带头尾用薄铁片包裹并钳紧，将鞋带染成红白相间的条纹，让鞋带过 A 且沿力的方向（力的作用线），记下鞋带头尾位置并钻两个与其等大的孔用于固定鞋带。

用弹簧测力计拉 B 点处的挂钩使长木条水平静止，调整弹簧测力计的方向，使得其示数与刚才作用在 A 点的力的大小相同，将另一个红色箭头贴在面板上，从 B 点指向此时弹簧测力计拉力的方向。

再取一根鞋带，同样用薄铁片包裹头尾并将中间染成红白相间的条纹，让鞋带过 B 点沿力的方向（力的作用线），记下此时鞋带头尾位置并钻孔。

从 O 点分别向两条力的作用线作垂线段，在垂线段的头尾钻孔，测量垂线段的长度（两条垂线段长度相等）。

取一根鞋带，染成蓝白相间的条纹，剪裁成 2 条与垂线段等长的线段，并将两条线段头尾用薄铁片包裹并钳紧。

将箭头、鞋带等都从面板上取下。

【使用方法】

1. 用弹簧测力计沿已确定的方向拉 A 点处的挂钩，使长木条水平静止，贴上红色箭头表示作用在 A 点的拉力，并在弹簧测力计上用一字夹标记此时的示数。

2. 用弹簧测力计拉 B 点处的挂钩，使长木条同样水平静止，调整弹簧测力计的方向，使得示数与刚才作用在 A 点的力的大小相同，将另一个红色箭头贴在面板上表示作用在 B 点的拉力。

3. 取下小物块和长木条（杠杆），用染成红白相间的两根鞋带分别作两个力的作用线。

4. 从 O 点用染成蓝白相间的两根鞋带作垂线段。

5. 取下两条垂线段，可以观察到两条垂线段等长，即力臂相等。

【注意事项】

1. 制作杠杆的长木条要足够坚韧，防被压断。
2. 注意弹簧测力计的使用规范。

【仪器特色】

该教具引导学生一步步探究为什么要引入力臂概念，让学生体会到引入力臂概念的必要性以及从最简单情况入手研究物理问题的方法，也培养了学生深入思考的学习习惯。

案例 11　滑轮

教材分析

　　义务教育物理课程是一门注重实验的自然科学基础课程。此阶段的物理课程应注重让学生经历实验探究过程，学习科学知识和科学探究方法，提高分析问题及解决问题的能力。沪科版八年级《义务教育物理课程标准》将"滑轮及其应用"这一节分为定滑轮、动滑轮、滑轮组三个部分。课标要求"知道简单机械"。学生通过本节课的学习，会用物理观念解释生活中的现象，在组装简单的滑轮实验中解决实际问题并正确判断省力情况，体会简单机械在生产和生活中的应用。

　　教材要求学生通过实验探究定滑轮、动滑轮的工作特点，并在实验的基础上，进一步运用杠杆的平衡条件分析定、动滑轮的工作本质。感性经验的不足使学生难以建立起滑轮与杠杆的关联。为了突破这一认知难点，团队自制了"滑轮本质演示仪"，利用形象的实验演示和模型建构，帮助学生建立滑轮和杠杆的本质关联，为学生建立科学的物理观念打下良好基础。

学情分析

　　学生已学习过杠杆相关知识，知道杠杆的平衡条件以及三种不同类型的杠杆，已具备一定的观察、分析能力且抽象逻辑思维已开始占优势地位。学生在生活中可能有见过滑轮，但是不一定近距离观察、使用。感性认识的不足会给学生学习滑轮带来较大的理解困难。

　　理解滑轮是变形的杠杆，且能够通过杠杆的平衡条件分析滑轮是否省力对学生而言有一定困难，学生的分析能力以及抽象思维需要进一步提高。

教学目标

根据课程标准要求和学生学习的实际情况制定如下教学目标：

1. 通过观察，了解滑轮结构；通过对比，认识定滑轮、动滑轮；

2. 理解滑轮实质是变形的杠杆，能用杠杆平衡原理分析定滑轮、动滑轮的特点，发展分析、推理的能力；

3. 会组装简单的滑轮组以解决实际问题，并正确判断省力情况，体会物理知识在生产和生活中的应用。

教学重点和教学难点分析

重点：定滑轮、动滑轮及滑轮组的工作特点。

难点：对滑轮是变形杠杆的理解；滑轮组省力情况判断。

教学设计理念

物理是研究物质运动最一般规律和物质基本结构的学科，研究对象大至宇宙，小至基本粒子，是其他各自然学科的研究基础。所谓物理，即"物"＋"理"，本研究团队将物理学研究的重要思维方法用"物理"双核模型图（图1）加以阐述。

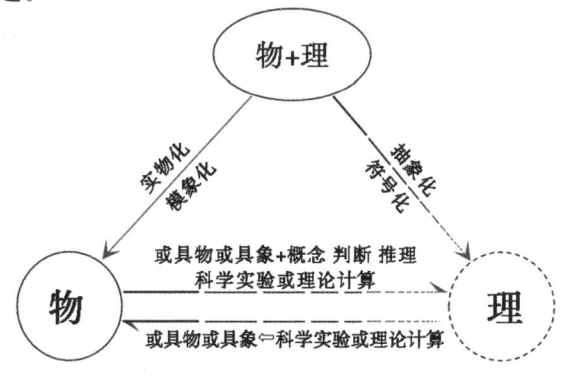

图1 "物理"双核模型结构图

从图 1 中可以看出，不管是从"物"到"理"，还是从"理"到"物"，实质上都是探究"物"之运动本质和规律的复杂认知过程。物理作为一门经典的实验科学，实验构筑起了物理学最广泛亦最为深厚的学科基础。通过实验，学生能够从具体的事物或现象中归纳出一般规律，这是归纳推理，是概念的形成过程，即形成"理"；同样，通过实验，学生也可以将一般规律应用到具体事物和现象中去解决问题，这是演绎推理。从特殊到一般，从一般到特殊，不仅双向可逆还符合认知发展规律。从这个意义上讲，实验好比是铺设在"物"与"理"之间的一个"桥墩"，是帮助和支撑起学生顺利跨越"物"与"理"之间"鸿沟"的首选工具和最佳手段。

因此，本设计充分发挥演示实验在建立物理规律中的巧妙作用。

器材及媒体

自制滑轮模型、滑轮、重物、绳子、铁架台、深井模型、水桶、衬板、多媒体课件、教学用演示文稿。

教学过程

一、新课引入

老师创设问题情境：要求用等臂杠杆将水桶提出深井。但发现杠杆已碰地，水桶还未到达井口，引导学生思考：使杠杆继续转动就能解决问题。老师再将杠杆的位置提高，使杠杆能够继续转动以解决问题。

引导思考：如果让等臂杠杆连续转动，会出现什么情景？

演示实验：将等臂杠杆连续转动，学生观察发现它形成了一个圆。

老师现场把杠杆改装成圆形的，使其成为滑轮。

图 2 自制等臂杠杆

设计意图：突出杠杆可以改变力的方向这一特点，启发学生想象等臂杠杆连续转动的情景，并当场把杠杆改装成滑轮，使学生深刻理解滑轮实质是变形的杠杆。

二、定滑轮、动滑轮定义以及特点

老师提问：请同学们观察桌面上的两个滑轮，它们都由哪些部分组成呢？

学生观察得出：滑轮的四个组成部分：轮、轴、框、钩。

老师总结滑轮定义：能绕轴转动的，边缘有槽的轮子叫做滑轮。

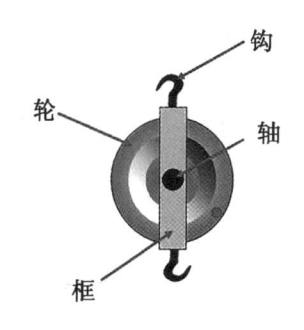

图 3　滑轮结构

老师通过两个实验，让同学们对比了解定、动滑轮的定义和区别。

演示实验 1：老师用一种方法（定滑轮）将重物举高。

实验操作：1. 把滑轮挂在铁架台上；

2. 在绳子的一端挂上重物；

3. 将绳子绕过滑轮；

4. 在绳子的另一端施加一个向下的拉力。

老师提问：同学们能不能利用另一个滑轮，想出不同的方法，也把重物举高？

学生思考想出：利用动滑轮将重物举高的方法。

实验操作：1. 将绳子的一端固定在铁架台上；

2. 将绳子穿过滑轮；

3. 再把重物挂在滑轮下方；

4. 在绳子的另一端施加一个向上的拉力。

老师进而利用两种方法同时将重物举高，让学生观察不同之处。

学生观察后提出：一个滑轮会动，一个不会动。

老师在学生认为不会动的滑轮上贴上一个小圆点，再拉动绳子，发现两滑轮都在转动，区别在于轴是否运动。

老师总结出定滑轮和动滑轮的定义与区别：工作过程中轴固定不动的滑轮叫做定滑轮，轴会随物体一起运动的滑轮叫做动滑轮。定滑轮和动滑轮的区别不是构造不同，也不是一个不会动、一个会动，而是由工作过程中轴会不会随着物体一起运动来区分的。

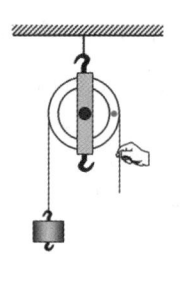

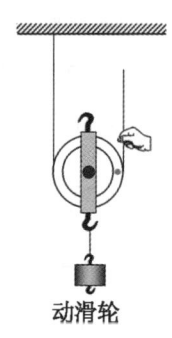

图4 贴有小红点的滑轮

设计意图：该设计不仅纠正了学生的认识误区，同时培养学生观察、分析、归纳的能力。对于定滑轮和动滑轮的理解，学生容易受字面因素影响，形成"定滑轮就是固定不动的滑轮，动滑轮是可以运动的滑轮"的错误前概念。在探寻概念内涵时，一个简单的红色小圆点模型起到了至关重要的作用。很多情况下，对于概念的理解或者复杂问题的求解，容易受到无关因素的干扰，在此之中引入巧妙的物理模型，帮助学生透过现象看本质，将达到事半功倍的效果。

老师提问：使用定滑轮工作有什么特点呢？

演示实验2：不使用定滑轮情况下竖直提起重物，和使用定滑轮情况下竖直提起重物进行对比。

学生观察后发现：使用定滑轮能改变力的方向。

老师进一步提问：使用定滑轮工作的省力情况如何呢？我们该怎么分析呢？

学生受自制教具的启发，想到：可以将滑轮变回杠杆分析。

演示实验3：老师取出定滑轮模型，并将其变回杠杆，使学生直观地发现此杠杆的支点在圆心处，有动力臂和阻力臂均等于半径，所以定滑轮的实质是等臂杠杆。

当匀速提起重物时，根据杠杆平衡条件分析得出：使用定滑轮工作不省力。

老师进一步提问：如果沿不同方向拉绳子，也将重物匀速举高，力的大小会变吗？

老师展示课件：发现沿不同方向拉绳子时，动力臂仍然等于半径等于阻力臂。

老师总结：利用定滑轮时，无论沿什么方向拉绳子，要将重物匀速举高，力的大小都不变。

老师提问：那么动滑轮有什么工作特点呢？

演示实验4：用动滑轮提起重物。

学生观察发现：使用动滑轮不能改变力的方向。

老师进一步提问：使用动滑轮能否省力？

学生：还是可以将滑轮变回杠杆分析。

演示实验5：老师取出动滑轮模型，同样将其变为杠杆，使学生直观地发现此时杠杆的支点在绳子和轮接触的地方，动力臂为直径，阻力臂为半径，所以动滑轮实质是动力臂为阻力臂两倍的杠杆。

当匀速提起重物时，根据杠杆平衡条件得出：使用动滑轮工作可以省一半的力。

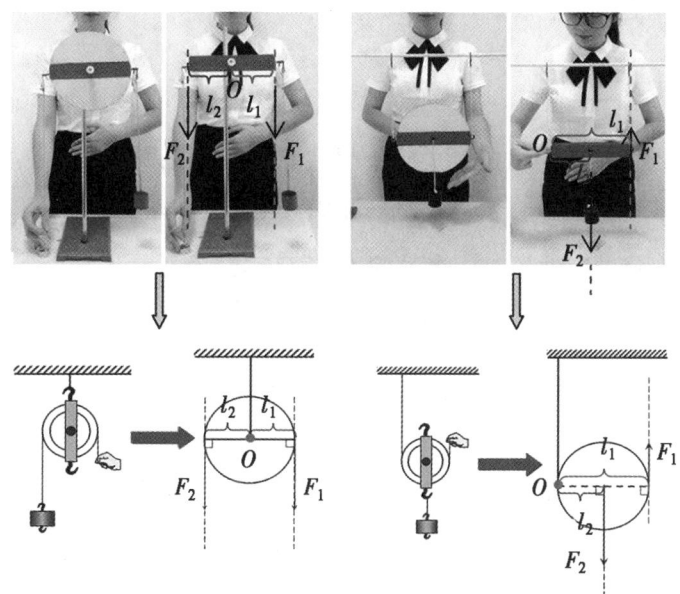

图5 滑轮变形回杠杆模型

分析以上演示实验，列表归纳，得出定滑轮和动滑轮的特点：

	定滑轮	动滑轮
能不能改变力的方向？	能	不能
能不能省力？	不能	能
实质	等臂杠杆	动力臂为阻力臂两倍的杠杆

设计意图：教材要求学生在实验的基础上，利用理论推导的方式，应用杠杆平衡原理分析两种滑轮的工作特点。滑轮的外观与杠杆相差甚远，学生难以利用杠杆的模型分析滑轮的工作特点。

老师进一步展示自制滑轮演示仪，现场将滑轮进行拆解，通过可逆操作，将滑轮变形回杠杆进行分析。该部分教学中，老师利用新课引入中的自制教具进行逆向推理，将教具拆解变形回一根杠杆。这种处理方式不仅让学生体会：理论推导和实验探究在发现物理规律中具有同等重要的作用。同时老师在课中反复利用同一自制教具，引导学生将未知的问题转化为已知的问题加以解决，体会逆向思维在研究物理问题中的重要意义，促使学生的思维从低阶逐步向高阶发展。

三、滑轮组

老师让学生欣赏一组漫画：胖子想利用定滑轮把面粉拉到二楼窗口旁，他让瘦子抓住绳子，自己上楼去搬，可结果却是面粉落地了，瘦子反而被提了起来。老师提问：胖子为什么会失败呢？

学生讨论得出：1. 瘦子的重力小于面粉的重力。

2. 用的是定滑轮，而定滑轮不省力。

老师进一步提问：如果再提供一个滑轮，同学们能不能自己设计出一套方案让瘦子成功地把面粉拉到二楼窗口？

引导学生思考并进行自主探究。

学生想出：1. 为了省力，提供的滑轮必须组装成动滑轮；2. 瘦子仍在地面上，因此原来的定滑轮还要保留。所以必须把动滑轮和定滑轮组合成滑

图 6　教学漫画

轮组使用，并如图 7 连接。

图 7　简单滑轮组　　图 8　剪断后的滑轮组

设计意图：利用生动的漫画，引发学生的兴趣。在真实问题情境中，激发学生的求知欲。该设计使学生体会到定（滑轮）、动滑轮各有优缺点，单独使用都有局限性，但若合理组合却能产生新的功能，从而引出滑轮组。

老师提问：使用这样的滑轮组能省多少力呢？

学生们提出不同的猜想，有的回答能省一半的力，有的回答能省三分之二的力。

课件展示：老师借用课件把绳子剪断，学生直观地看到只有两段绳子承担物重，每段绳子只承担二分之一的物重。

老师再展示出两组新的滑轮组。

老师提问：这两个滑轮组能省多少力呢？

启发学生：利用剪断绳子的方法得出结果：在忽略摩擦和动滑轮重的情

况下，承担物重的绳子段数为 3 时，拉力为物重的三分之一；承担物重的绳子段数为 4 时，拉力为物重的四分之一。

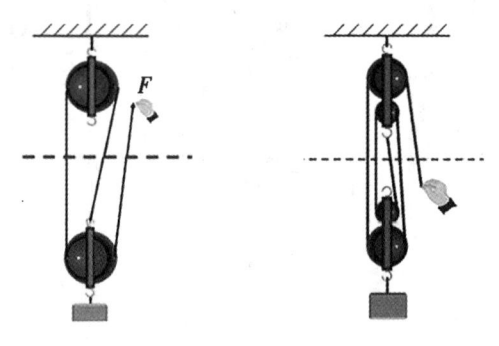

图 9　n＝3 的滑轮组　　图 10　n＝4 的滑轮组

老师进一步引导学生思考：根据以上结论，你们能不能总结出滑轮组省力情况和绳子的段数间有什么关系？

学生总结得出：在忽略摩擦和动滑轮重的情况下，若用 n 表示承担物重的绳子段数，有 $F_{拉}=\dfrac{1}{n}G_{物}$。

设计意图："剪断绳子"的方法有效地突破了难点，并让学生体会化繁为简的思想。

四、轮轴的应用

老师引导：前面使用等臂杠杆连续转动得出滑轮，如果将两根不同长度的等臂杠杆拼在一起，绕着圆心同轴转动，会出现什么情景？

老师取出两根拼在一起的不同长度的等臂杠杆（图 11），当场转动给学生看，学生直观观察，此时形成了两个半径不一样大的圆（图 12）。这种装置有什么用处呢？老师引导学生观察：当把重物挂在小圆边缘，在大圆边缘用力，它就是省力杠杆，但是费距离；当把重物挂在大圆边缘，在小圆边缘用力，它就是费力杠杆，但是省距离；当把重物挂在大圆边缘，在大圆边缘用力，它就是等臂杠杆，可以改变力的方向。从而顺利引出轮轴的概念，并介绍轮轴在生活生产中的广泛应用，如汽车方向盘、螺丝刀等。

图 11　两根等臂杠杆　　　　图 12　轮轴自制教具

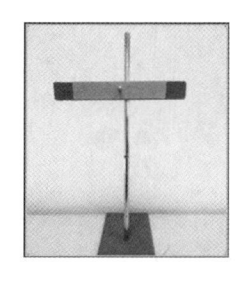

设计意图：轮轴也是一种简单的机械。老师通过随手可得的简易器材搭建出轮轴模型，并应用刚刚所学的新规律解决新问题，让学生顺利完成知识的迁移，在解决问题中进一步提高学生的探究能力、增强实践意识。

教学设计的创新之处

1. 引入小红点模型，认识定滑轮、动滑轮的本质

学生容易受字面因素的影响，认为定滑轮即固定不动的滑轮，动滑轮是会运动的滑轮。老师在演示仪器中贴上小红点，学生通过形象、直观的现象推翻已有的错误前概念，并自主得出定滑轮、动滑轮的科学定义。设计充分关注学生的亲身体验，注重物理模型在概念建构中的重要作用。

2. 巧设自制教具，实现滑轮与杠杆的可逆变形

教学应更加关注育人的目的，更加注重培养学生核心素养，更加强调提高学生综合运用知识解决实际问题的能力。利用杠杆与滑轮的可逆变形演示仪，通过实验构建科学探究的问题情境，将实际问题中的研究对象转化为具象化的物理过程，为学生构建丰富的感性素材，体会化繁为简、化未知为已知、可逆推理等重要的研究思想与方法。从杠杆→滑轮→轮轴的进阶学习，体现了螺旋式上升的思维培养理念。

教具17 滑轮模型

【教具实物图】

图1 水井模型

【制作目的】

让学生深刻理解滑轮的实质。

【制作原理】

滑轮的实质是杠杆。

【制作材料】

木板、纸板、铁架台、挂钩钉、挂钩、橡皮塞、小水桶、绳子、柱状透明容器、红色割字纸、白色割字纸。

【制作过程】

1. 将木板切割成一个圆（直径约15 cm，厚度约1 cm），用铅笔标记距离直径上下1 cm且平行于圆的直径位置。

2. 沿标记位置进行切割，使圆变为3部分（杠杆部分、2个半圆部分），注意切割时杠杆部分留有凹槽，半圆部分留有可与凹槽对接的凸木条。

3. 将杠杆表面用红色割字纸包装，2个半圆表面用白色割字纸包装。

4. 在杠杆部分中间钻孔（用于安装在铁架台上），并在其两侧旋入挂钩钉（用于悬挂绳子和重物）。

5. 将纸板切割成 18 cm×10 cm 的长方形，作为"地面"。

6. 在桌面上放上柱状透明容器，并在容器外部用红色割字纸制作水井两字粘贴。

7. 在"水井"旁边放有铁架台，将"地面"用铁夹固定在"水井"口等高处，在"地面"上方将杠杆小孔插入铁夹手柄，并用橡皮塞卡住入口避免滑落。

8. 将小水桶与绳子的一端相连，绳子另一端拴上挂钩。

9. 再取一段小绳子，一端拴上挂钩。

【使用方法】

1. 将水倒入水井中，并将小水桶放入水井中装水。

2. 将水桶绳子另一端的挂钩悬挂在杠杆的挂钩钉上。

3. 在杠杆另一侧施加一个动力，此时水桶上升，但杠杆已碰地，水桶还没到达井口。

4. 将杠杆的位置提高，继续转动杠杆，水桶被提出来了。

5. 取下水桶，让杠杆持续转动，观察到此时杠杆的轨迹形成了一个圆。

6. 将两个半圆部分组装到杠杆上，做成滑轮模型。

【注意事项】

1. 杠杆中心的小孔应略大于铁夹手柄，使得杠杆可以转动起来。

2. 水桶上拴的绳子长度应略长于水井深度，使得杠杆要旋转起来才能把水桶拉出井口。

3. 杠杆转动轨迹形成圆，应控制好转动力度，让学生清晰地看到出现了圆。

【仪器存在的问题及改进设想】

将木质滑轮切割成杠杆和两个半圆并制作凹槽和凸木条进行组装，对于制作工艺要求较高，推广性不强。因此可以将木块换成 PVC 板（硬度较低），并用有机玻璃包装表面（防止磕碰损坏），分别在杠杆和两个半圆接触的地方挖槽并安装强磁铁（注意磁铁的磁性方向），利用强磁铁的吸附实现杠杆与滑轮的变形。

【仪器特色】

滑轮模型可用于教学场景创设，突出杠杆可以改变力的方向这一特点，让学生亲身经历把杠杆变形为滑轮的过程，启发学生想象等臂杠杆连续转动的情景，并当场把杠杆改装成滑轮，使学生深刻理解滑轮实质是变形的杠杆。

教具18　定滑轮与动滑轮的应用模型

【教具实物图】

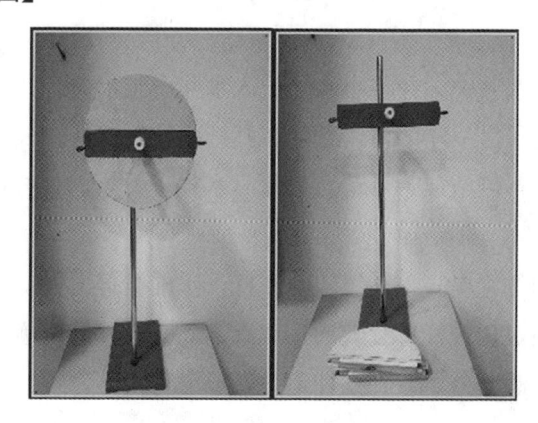

图1　定滑轮及其变形

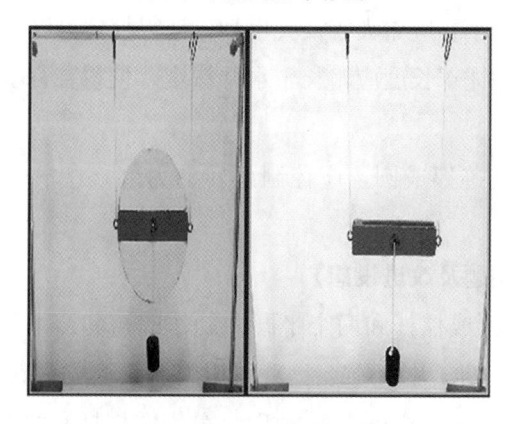

图2　动滑轮及其变形

【制作目的】

让学生深刻理解滑轮实质是杠杆，掌握定滑轮、动滑轮的工作特点。

【制作原理】

定滑轮的实质是一个等臂杠杆，动滑轮的实质是一个动力臂为阻力臂两倍的杠杆。

【制作材料】

滑轮模型2个、重锤（重物）、细铁杆、绳子、挂钩。

【制作过程】

1. 按照"滑轮模型"说明书制作两个滑轮模型。

2. 将其中一个滑轮组装成定滑轮：将滑轮中心安装在铁夹手柄上，在滑轮一侧的挂钩钉上悬挂带重锤的细线，另一侧挂钩钉上悬挂细绳。

3. 将另一个滑轮组装成动滑轮：取两个铁架台，在两个铁架台之间最高处横放一根细铁杆并用铁夹固定，将重锤用绳子穿过滑轮中心悬挂在滑轮下端，在滑轮两侧的挂钩钉上都悬挂细绳，并用挂钩挂在细铁杆上。

【使用方法】

1. 定滑轮模型演示

（1）向下拉动定滑轮模型的细绳，重锤被举高。可以观察到使用定滑轮能改变力的方向。

（2）将定滑轮变回杠杆模型分析：支点在圆心，动力臂和阻力臂都等于半径，因此定滑轮实质是一个等臂杠杆，不省力。

2. 动滑轮模型演示

（1）取下细铁杆上的一个挂钩，向上拉细绳，挂在动滑轮上的重锤也被举高。可以观察到使用动滑轮不能改变力的方向。

（2）将动滑轮变回杠杆模型分析：支点在绳子和轮接触的地方，动力臂为直径，阻力臂为半径，因此动滑轮实质是动力臂为阻力臂两倍的杠杆，根据杠杆平衡条件，动滑轮能省一半的力。

【注意事项】

将动滑轮变为杠杆，分析支点时要选取杠杆处于水平状态的瞬间。

【仪器特色】

该教具通过将滑轮变形为杠杆分析，让学生一目了然看出滑轮实质是杠杆，帮助学生理解动滑轮和定滑轮的工作特点，突破教学难点。

案例 12　机械效率

教材分析

本节课是初中八年级《物理》(人教版)"第十二章　第三节　机械效率"的内容。《义务教育初中物理课程标准》要求"知道机械效率。了解提高机械效率的意义和途径"。本节课既是对前面功、功率和简单机械知识的延伸，又体现了功在生产、生活中的应用。通过本节课的学习，可以让学生体会物理对生产、生活的推动作用。

教材通过让学生在不同条件下测量同一滑轮组的机械效率，进而让学生思考如何提高滑轮组机械效率，教材编写人员未考虑到初中学生分析问题和抽象思维能力薄弱的特点，内容难度较大。我们对机械效率的表达式进行数学恒等变换，观察变换后的表达式，从理论上推导影响机械效率的因素，而后再让学生通过实验验证。这样更加符合初中学生以形象思维为主的特点，此外，还能培养学生的理论推理、实验探究、动手操作以及推理、对比、分析的思维和能力，体现理论推理在物理探究中的重要作用。

学情分析

学生已经学习了功和简单机械，能理解比值定义法，有一定的问题分析和抽象思维能力，但是初中学生的思维仍以形象思维为主，对机械效率概念的理解存在一定困难，且在通过实验探究影响机械效率的因素上也可能存在困难。

教学目标

根据课程标准及教材分析制定如下教学目标：

1. 理解有用功、额外功、总功以及机械效率的概念。
2. 通过理论推导、实验探究得出影响机械效率的因素，提升分析和解决问题的能力。
3. 掌握提高机械效率的方法，体会物理对生产、生活的推动作用。

教学重点和教学难点分析

重点：机械效率的概念。
难点：1. 实验探究影响机械效率的因素。
       2. 掌握提高机械效率的方法。

教学设计理念

机械效率的概念具有抽象性，不易于学生理解。因此，教学过程中有必要让学生体验建立机械效率这一概念的完整过程，让学生弄清其来源与本质。现在的初中教学往往很重视科学探究，忽略理论推演和科学论证在物理研究中的重要作用。

本设计引导学生从因与果的关系出发，得出总功与有用功、额外功的定量关系，并且设置从井中提水的问题情境，让学生感知，同一现实情境中，随着问题的不同，有用功和额外功的答案随之改变。同时，巧设演示实验和理论推理，破除学生关于机械效率学习的两个典型错误前概念，充分体现学生的主体性，锻炼学生独立思考、实验计算、对比分析的能力。

器材及媒体

铁架台、白板、弹簧测力计、细绳、滑轮、钩码、多媒体课件。

教学过程

一、有用功、额外功与总功

1. 使用机械会省力,那么是否也会省功?

老师提问:使用动滑轮提升重物会省力,那是否也会省功呢?

演示实验1:实验装置如图1:不使用动滑轮和使用动滑轮将等重的钩码匀速提升至相同的高度,人都要做功。测出两次拉力的大小 F_1、F_2,重物上升的距离 h_1 及绳子末端上升的距离 s_2,算出拉力所做的功分别为 W_1 与 W_2。

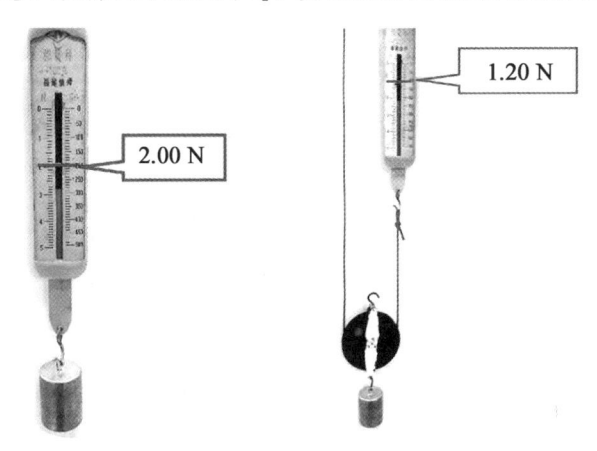

图1 不使用动滑轮(左)和使用动滑轮(右)匀速提升钩码

学生实验:$F_1=2.00$ N,$h_1=0.10$ m;$W_1=F_1\times h_1=2.00$ N$\times$0.10 m $=0.20$ J;$F_2=1.20$ N,$s_2=0.20$ m;$W_2=F_2\times s_2=1.20$ N$\times$0.20 m$=0.24$ J;所以 $W_2>W_1$!

老师总结:使用动滑轮提升重物不省功,反而费功!

设计意图:通过简单的实验,揭示使用动滑轮不省功反而费功,为下面详细分析使用机械不省功反而费功的原因,并得出有用功、额外功、总功的概念做了充分的铺垫。

2. 三个功的因果和定量关系

演示实验2:实验装置如图1(右):利用动滑轮匀速提升钩码,老师引导学生观察实验现象。

学生发现：1. 钩码上升了；2. 动滑轮也上升了；3. 动滑轮在转动；4. 绳子末端也上升了。

老师引导学生：着重从做功的角度分析上述四个实验现象：

1. 要使钩码上升，动滑轮对钩码做功 $W_1 = G_物 h$；

2. 要使动滑轮上升，绳子要对滑轮做功 $W_2 = G_动 h$；

3. 动滑轮转动时，要克服轮与轴之间的摩擦力做功 W_f；

4. 要使绳端上升，人要对绳端做功 $W = Fs$。

老师通过表1分析因果关系：正是由于人提升绳端做了 W 的功，才使得钩码上升，动滑轮上升并且转动，才有了 W_1、W_2、W_f。也就是说 W 一部分用来完成 W_1，一部分用来完成 W_2，一部分用来完成 W_f。

老师提问：W 与 W_1、W_2、W_f 之间有什么关系呢？

学生回答：$W = W_1 + W_2 + W_f$。

老师分析：该实验的目的是为了提升钩码，所以 W_1 是为达到目的所做的功，将它称为有用功，记为 $W_有$，$W_有 = W_1$；而 W_2 和 W_f，虽然不是我们所需要的，但又不得不做的功，我们将它称为额外功，记为 $W_额$，$W_额 = W_2 + W_f$；再看 W，它是人对绳子的拉力，即动力所做的功，将它称为总功，记为 $W_总$，且有 $W_总 = W$。

老师总结：有用功、额外功、总功三者之间的定量关系为——$W_总 = W_有 + W_额$！

表1 实验探究三个功的因果和定量关系表格

现象	做功情况	功
钩码上升	$W_1 = G_物 h$	有用功 $W_有 = W_1$
动滑轮上升	$W_2 = G_动 h$	额外功
动滑轮转动	W_f	$W_额 = W_2 + W_f$
绳端上升	$W = Fs$	总功 $W_总 = W$

老师解释：利用动滑轮提升重物，要多做额外功，因此使用机械不省功，

反而费功!

为了让学生深入理解有用功、额外功的概念,特别设置如下两个问题:

1. 用铁桶从井中提水时,绳子的重力不计,克服水的重力做的功是什么功,克服铁桶重力做的功是什么功?

2. 当铁桶掉进井里,要打捞起来时,桶里会带有一些水,这时候克服水的重力做的功与克服铁桶重力做的功分别是什么功呢?

图 2　用铁桶从井中提水

设计意图:关于有用功、总功、额外功的概念教学,老师并不是直接介绍,而是先采用实验演示的方法,让学生关注事件发生的先后及因果关系。在深入剖析实验现象的逻辑关联之后,得出有用功、额外功和总功的因果和定量关系,揭示了使用机械不省功的本质!为了进一步深化学生对概念内涵的理解,老师设置了有趣的井中提水问题情境。同一个问题情境,随着研究对象的不同,答案截然相反,加深对有用功、额外功、总功概念的理解。

二、机械效率及其提高方法

1. 机械效率

老师指出:通过上面的学习,我们知道 $W_{总}=W_{有}+W_{额}$,也就是说,总功一部分用来完成有用功,一部分用来完成额外功。在总功一定时,额外功越少,有用功占总功的比例就越大,即总功被利用的程度就越高。

老师提问：在生产、生活中，人们总是关心总功被利用的程度，那么该如何描述总功被利用的程度？

老师说明：在物理学中，用有用功与总功的比值来描述总功被利用的程度，并将这个比值定义为机械效率，用符号 η 表示，即 $\eta=\dfrac{W_{有}}{W_{总}}$。

2. 提高机械效率的方法

a. 理论推导

老师提问：该如何提高机械效率呢？

公式变形：为了分析的方便，老师将公式变形为 $\eta=\dfrac{1}{1+\dfrac{W_{额}}{W_{有}}}$。

学生发现：机械效率是由额外功与有用功的比值决定的！

老师说明：提高机械效率的常用方法有：

1. 额外功一定时，增大有用功。

2. 有用功一定时，减小额外功。

提高机械效率有利于充分发挥机械设备的作用，对节能减排，提高经济效益有着重要的意义。

b. 实验探究

老师提问：通过理论推导得出的提高机械效率的方法符合实际吗？

实验装置：如图 3，利用动滑轮匀速提升钩码，测出钩码的重力 G 及其上升的距离 h，算出有用功 $W_{有}=Gh$，测出匀速提升过程中弹簧测力计的示数 F 及绳端上升的距离 s，算出总功 $W_{总}=Fs$，即可测出机械效率 $\eta=\dfrac{W_{有}}{W_{总}}=\dfrac{Gh}{Fs}$。

学生分组实验：学生进行以下三组实验并记录数据至表 2：

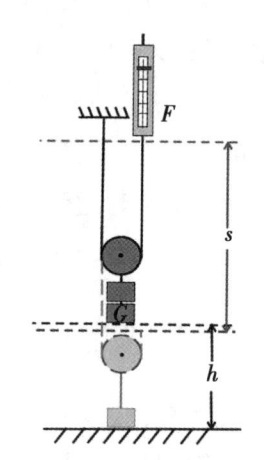

图 3 实验验证机械效率的提高方法

1. 用动滑轮匀速提升一个 2 N 的钩码至设定好的高度 h；
2. 用同一动滑轮匀速提升两个钩码至相同的高度；
3. 改用结构轻巧的动滑轮再次匀速提升两个钩码至相同高度。

表2　实验验证机械效率的提高方法数据表格

机械	G/N	h/m	$W_{有}=Gh$	F/N	s/m	$W_{总}=Fs$	η

分析实验数据：如表3，对比实验一、二，发现用同一机械提升不同的重物时，额外功大致相同，但有用功不同，有用功越大，$W_{额}$ 与 $W_{有}$ 比值越小，机械效率越高。

表3　实验数据

机械	G/N	h/m	$W_{有}=Gh$	F/N	s/m	$W_{总}=Fs$	η
动滑轮	2	0.1	0.2	1.6	0.2	0.32	62.5%
动滑轮	4	0.1	0.4	2.6	0.2	0.52	76.9%
结构轻巧的动滑轮	4	0.1	0.4	2.2	0.2	0.44	90.9%

结论1：$W_{额}$ 相同，$W_{有}$ 越大，$W_{额}$ 与 $W_{有}$ 比值越小，η 越高；

对比实验二、三，发现改用结构轻巧的机械提升等重的重物时，有用功相同，但额外功不同，额外功越大，$W_{额}$ 与 $W_{有}$ 比值越小，机械效率越高。

结论2：$W_{有}$ 相同，$W_{额}$ 越小，$W_{额}$ 与 $W_{有}$ 比值越小，η 越高；

老师总结：这样就从实验验证了，机械效率确实是由额外功与有用功的比值决定的！

老师强调：机械效率还与其他因素有关，但在初中物理中只考虑上述两个主要因素。同时还发现：同一机械的机械效率不是恒定不变的，它与所提重物的重力有关。

结论 3：机械效率不是机械本身的特性。

设计意图：该环节先理论推导，后通过实验探究来验证，得出影响机械效率的因素，它是由额外功与有用功的比值决定的！同时还纠正学生对"机械效率是机械本身的特性"的错误理解，体现科学的严谨性，培养学生探索物理规律的能力。

c. 问题思考

老师提问：机械效率是不是越高越好？

学生普遍认为：机械效率当然越高越好。

为了分析问题，学生思考：分别利用甲、乙两种装置（如图 4 所示），将等重的重物匀速提升至相同的高度 h，这两种装置，哪一种机械效率更高，哪一种更省力呢？

老师引导学生分析：根据机械效率的变形公式：$\eta = \dfrac{1}{1+\dfrac{W_{额}}{W_{有}}}$，可知，两种装置的有用功相同，但甲只需要克服定滑轮的摩擦力做功，额外功较小，η 较大，而乙不仅要克服定滑轮的摩擦力做功，还要克服动滑轮的摩擦力及它本身的重力做功，额外功更多，η 更小。

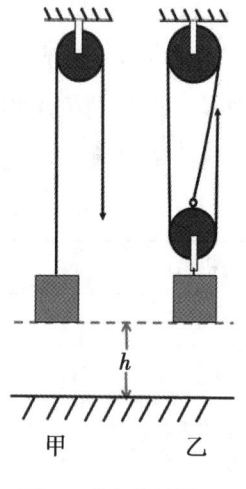

图 4 对比装置图

老师总结：甲的机械效率更高，但不省力，虽然乙的机械效率低，但省力，因此机械效率不一定越高越好。

老师强调：使用机械的目的是为了省力、方便，因此在省力、方便的前提下，机械效率才是越高越好的。

设计意图：学生通常认为机械效率自然是越高越好，通过简单的实验装置对比，突破难点，纠正学生的错误观点，培养学生分析问题的能力。

教学设计的创新之处

1. 通过简单的实验，深入发掘三个功的因果和定量关系

本节课通过简单的动滑轮提升钩码的实验，从做功的角度分析实验现象，先剖析几个功产生的原因，进而得到了功的定量关系。接着再对几个功下定义，让学生更形象、深刻地理解有用功、额外功、总功的概念，并掌握三个功的定量关系，即 $W_总 = W_有 + W_额$。通过这样的方式，对课本的知识点进一步深入发掘，帮助学生理解并掌握，提高学生的思维层次。

2. 理论推导和实验验证发现物理规律

先通过理论推导，利用变形的公式来说明提高机械效率的方法。将机械效率的公式由最基础的公式变形为 $\eta = \dfrac{1}{1 + \dfrac{W_额}{W_有}}$ 的形式，变形后发现机械效率是由额外功与有用功的比值决定的。由此，学生在判断机械效率的大小时无需通过总功来判断，更加直观、方便，从而得到提高机械效率的方法。

那么这个理论推导是否符合实际呢？老师设置实验进行探究，同时通过理论推导与实验探究来探究问题，更加严谨。学生参与两个过程，体会科学的严谨性，培养学生探索物理规律方法，提高学生思维的灵活性！

3. 解析易错问题，突破难点

对于"机械效率是不是机械本身的特性"，以及"机械效率是不是越高越好"这两个问题，学生很容易出现错误的认知，想当然地认为机械效率当然是机械本身的特性和机械效率越高越好，而忽视了机械效率其实与所提重物的重力有关，并非恒定不变的。并且学生往往会忽略机械效率虽高，却会出现不省力等问题，要在省力、方便的前提下，机械效率才是越高越好。本设计利用演示实验，充分暴露学生的错误前概念，引发认知冲突，学生打破原有的知识平衡，在分析推理中，逐步建构完备的知识体系。

案例 13　超重与失重

教材分析

本节课是高中《物理》(必修 1)(司南版)"第五章　第 5 节　超重与失重"的内容。《高中物理课程标准》要求"通过实验，认识超重和失重现象"。本节课是在学习了牛顿三大运动定律后，再来学习超重与失重，可以加深学生对牛顿运动定律的理解和实际应用，有助于培养学生分析问题的能力。

本设计弥补了教材的不足。首先，利用理论推导，详细讲解弹簧测力计和台秤的工作原理，帮助学生建立"视重"的科学概念。接下来，通过演示实验和理论分析相结合，推导出"视重"和"实重"的 2 种关系，从而建立超重、失重的科学概念，联系航天器的超、失重现象，帮助学生了解我国航天技术发展前沿，培养学生的科学想象能力，提高学生的科学素养。

学情分析

学生在生活中对超重、失重现象有感性认识，已经获得牛顿运动定律、力的平衡等有关知识，对解决物体做匀变速直线运动的问题已有所了解，具备一定的分析、归纳能力。但对定律的运用还不是很熟练，很难从理论上自主地得到超重、失重现象的运动学特征。

学生在学习超重和失重现象时会受到一些前概念的影响，容易形成超重就是重力变大，失重就是重力变小的错误概念。因此，老师花了很大的笔墨介绍"视重"的含义，目的就是让学生明确，"视重"和"实重"的大小关系才是超（重）、失重的本质内涵。

教学目标

根据课程标准要求和学生学习的实际情况制定如下教学目标：

1. 物理观念

（1）辨清弹簧测力计和磅秤直接测的是拉力和压力，而不是重力；

（2）知道超重、失重的概念及其产生条件；

2. 科学思维

学会用牛顿第二定律、第三定律以及力的平衡知识研究超、失重现象，提升分析和归纳的能力。

3. 科学探究

通过探究实验，认识超重和失重现象，理解超重、失重现象的实质。

4 科学态度与责任

了解超（重）、失重现象在现代科技中的应用，体会物理知识与科学技术的联系。

教学重点和教学难点分析

重点：超（重）、失重的概念及其产生条件。

难点：（1）知道超重、失重现象的实质是比较拉力或压力与重力的关系。

（2）知道超重、失重与速度方向无关。

教学设计理念

超重与失重是日常生活中比较常见的物理现象，学生往往能感受到，但并没有注意到这一现象的特点，甚至存在着"超重与失重是物体实际重力的增减"的错误认识。因此，本节课要让学生真正理解超重、失重的条件与本质所在；首先，观察太空与地面物体状态的不同，激发学生探究兴趣；之后，观察实验纠正错误认知；最后，用两组模拟实验引导学生得出正确的结论。通过理论与实验的结合，将物理概念显性化；通过循序渐进的实验探究，将思维脉络清晰化；通过列表总结，培养学生分析归纳的能力。

器材及媒体

重物、纸条、弹簧测力计、台秤、手电筒、多媒体课件。

教学过程

一、新课引入

学生观看太空授课视频，并思考：摆球在地面上为什么能不断摆动，而在太空中却停止摆动（图1）？液滴在地面上为什么不能成绝对球形，而在太空中却能成绝对球形（图2）？

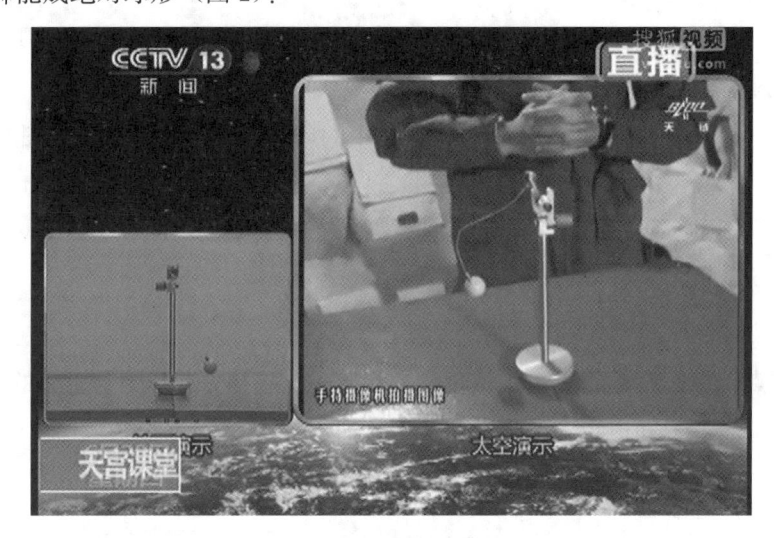

图1 演示摆球的运动

图2 演示液滴的形状

老师指出：通过今天的学习就能知道其中的奥秘。

设计意图： 该环节通过太空授课中生动有趣的实验现象激发学生的求知欲和探索热情。

二、超重与失重

1. 视重

观察实验：弹簧测力计与台秤称量重物。

老师出示实物：弹簧测力计下端悬挂一静止重物，台秤上方放一静止重物。

引导学生观察：弹簧测力计和台秤都有示数。

老师提问：弹簧测力计和台秤直接测出的是物体的重力吗？

引导学生进行分析：弹簧测力计之所以有示数，是因为重物向下拉钩子，所以它直接测出的是拉力 T 的大小。

同理可知：台秤直接测出的是物体对台秤的压力 N 的大小。

进一步提问：既然它们直接测出的都不是重力，为什么能利用它们测出物重呢？

引导学生先对重物进行受力分析：重物受到重力 G 和拉力 T'。（图3）

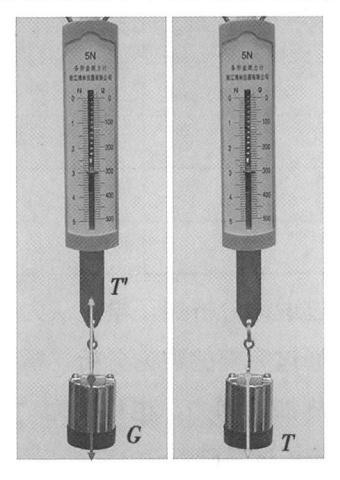

图3 对重物及弹簧测力计进行受力分析

进一步根据牛顿第二定律、第三定律发现：当重物静止或匀速直线运动，也就是 $a=0$ 时，物体对弹簧测力计的拉力 T' 就等于弹簧测力计对物体的拉力 T，它们都等于 G。

同理可知：当重物静止或匀速直线运动，也就是 $a=0$ 时，台秤对物体的支持力 N' 才等于物体对台秤的压力 N，它们都等于 G。（图 4）

图 4　对重物及台秤进行受力分析

老师总结：只有当被测物体的 $a=0$ 即处于平衡状态时，拉力 T 和压力 N 的大小才等于物重，这时才可测出物重。

把结果填入表格中：

表 1　超失重表格分析

模拟实验	运动状态	v 方向	a 方向	T（或 N）与 G 的关系	现象
悬挂物	平衡状态		$a=0$	$T=G$	
支持物	平衡状态		$a=0$	$N=G$	

设计意图：该环节通过理论分析纠正学生认为弹簧测力计和台秤直接测出的是物重的错误认知。通过完整的理论分析，帮助学生明晰测力工具所显示的示数本质是外界对其施加的弹力，也称之为"视重"，为后续对比"视重"与"实重"的关系奠定重要基础。

2. **超重**

老师提问：如果 $a \neq 0$，拉力 T 或压力 N 与重力 G 有什么关系呢？

老师设置两组模拟实验进行探究。

模拟实验1：用纸条模拟弹簧测力计。

老师指出：纸条下方挂一静止重物，此时拉力等于重力，纸条不会断。如何只用一只手将纸条弄断？（图5）

图5 用纸条模拟弹簧测力计

学生思考后想出可以迅速竖直向上拉纸条将它弄断。

老师进行演示，并引导学生注意观察纸条是在何时断的。

学生发现：纸条在刚提起时就断了。

老师引导学生进行分析：这时物体是在向上加速的过程，速度方向向上，加速度方向也向上。

取竖直向上为正方向，根据牛顿第二定律、第三定律对物体进行受力分析，得到：物体对纸条的拉力 $T=T'=G+ma>G$。

老师分析：从公式可以看出，T 随着 a 的增大而增大，当 a 足够大，T 超过纸条所能承受的最大拉力时，纸条就断了。

老师指出：纸条会断，就说明拉力大于重力。物理学中，我们将物体对悬挂物的拉力（或对支持物的压力）大于物体重力的现象称为超重。

将结果填入表格当中：这是向上加速的过程，速度方向向上，加速度方向向上，$T(N)>G$，发生超重现象。

老师接着提问：是不是只有向上运动才会发生超重现象，向下运动也可以吗？

老师进行演示：一只手提着纸条和重物一起向下运动，要求学生注意观察当这只手碰到另一只手时的现象。

学生发现：纸条断了。

引导学生分析原因：此时 v 向下，由于是减速，a 向上，同理可知 $T>G$，当 a 足够大时，纸条就断了。

老师强调：向下减速运动时，也会出现超重现象。

将结果填入表格：这是向下减速的过程，速度方向向下，加速度方向向上，$T(N)>G$，发生超重现象。

老师进一步提问：通过上述分析可知，当 $a\neq 0$ 时，T 或 N 大于 G。那 $a\neq 0$ 时，T 或 N 有没有可能小于 G 呢？

4. **失重**

模拟实验 2：手电筒的后盖连有一段弹簧，用这段弹簧模拟台秤。

老师提问：将手电筒后盖旋松，灯泡不亮了，如何只用一只手使灯泡再次发光？（图 6）

图 6　用手电筒模拟台秤

学生想出：可以让手电筒迅速向下运动。

老师演示实验，灯泡真的亮了，并提问：灯泡是在何时亮的？

学生再次观察后发现：当手电筒刚开始向下运动时，灯泡就发光了。

老师引导学生对这种情况进行分析：当手电筒向下加速时，速度方向向下，加速度方向向下。（图7）

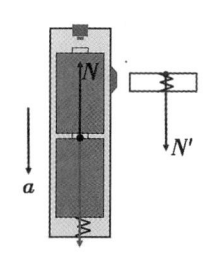

图7 手电筒向下加速

取竖直向下为正方向，并根据牛顿第二定律、第三定律对物体进行受力分析，可得：电池对底部弹簧的压力 $N=N'=G-ma<G$。

老师分析：从上式还可知，N 随着 a 的增大而减小，当 a 足够大时，N 就比较小。根据胡克定律，弹簧的压缩量就减小了，弹簧变长了，把电池向上压紧，形成通路，灯泡恢复发光。

老师指出：灯泡恢复发光，就说明压力小于重力。物理学中，我们把物体对悬挂物的拉力（或对支持物的压力）小于物体重力的现象称为失重。

填入表格：这是向下加速的过程，速度方向向下，加速度方向向下，$T(N)<G$，发生失重现象。

老师接着提问：如果我让手电筒向上运动，会不会发生失重现象呢？

老师进行演示，并要求学生认真观察灯泡是在什么时候亮的。

学生发现：让手电筒迅速向上运动，也会发生失重现象，并且是在向上运动快停下时，灯泡发光。

引导学生分析原因：此时 v 向上，由于是减速，a 向下，同理可知 $N<G$，当 a 足够大时，灯泡就亮了。

老师强调：向上减速运动时，也会出现失重现象。

将结果填入表格：这是向上减速的过程，速度方向向上，加速度方向向下，$T(N)<G$，发生失重现象。

老师总结：当$a\neq 0$时，T或N不但可能大于G，也可能小于G。

师生共同分析以下表格：

表2 模拟实验表格分析

模拟实验	运动状态	v方向	a方向	T（或N）与G的关系	现象
悬挂物	平衡状态		$a=0$	$T=G$	
	向上加速	$v\uparrow$	$a\uparrow$	$T(N)>G$	超重
	向下减速	$v\downarrow$	$a\uparrow$	$T(N)>G$	超重
支持物	平衡状态		$a=0$	$N=G$	
	向下加速	$v\downarrow$	$a\downarrow$	$T(N)<G$	失重
	向上减速	$v\uparrow$	$a\downarrow$	$T(N)<G$	失重

结论1：当$a=0$，T（或N）才等于重力。

结论2：当$a\neq 0$时，T（或N）可能大于或小于G。我们将大于G的现象叫做超重，而小于G的现象叫做失重。

老师引导学生分析物体超重、失重与什么因素有关。

结论3：超重时，速度方向可能向上，也可能向下；而失重时，速度方向可能向下，也可能向上；所以超重、失重与速度方向无关。

结论4：当加速度方向向上时，出现超重现象；当加速度方向向下时，出现失重现象。所以是与加速度的方向有关的。

老师总结：一般情况下，当a向上时，出现超重现象；当a向下时，出现失重现象。

老师提问：当物体发生超重、失重现象时，重力大小为什么不变？

学生很快想出：因为$G=mg$，在发生超重、失重现象时，m和g都不变，所以重力不变。

设计意图：本环节通过演示实验和理论分析相结合的方法，得到超重、失重的概念。并利用表格分析对比，使学生进一步辨认超重、失重的异同点。通过表格记录数据的方式，进一步提高学生分析和归纳的能力。

三、完全失重及应用

1. 完全失重

老师指出：对于失重现象，有如下关系：$T(N)=G-ma$。不难看出，当 $a=g$ 时，$T(N)=mg-mg=0$，即重物对悬挂物的拉力或对支持物的压力为 0，这种情况叫做完全失重。

老师解释：发生完全失重时，一切由重力产生的现象完全消失。新课引入中摆球停摆，液体成绝对球形就是因为这个而产生的。

2. 老师简介完全失重的应用

太空中存在完全失重的环境，就可以制造出很长的、直径只有几十微米的玻璃纤维（图 8），制成又轻又结实的泡沫金属（图 9），可以用来制造飞机机翼等等。

图 8　玻璃纤维

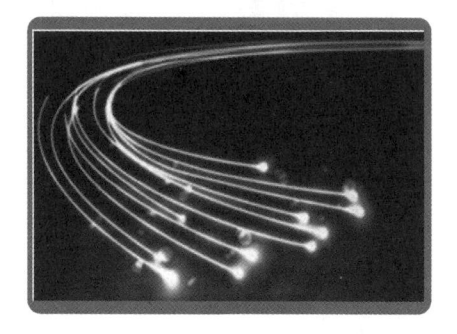

图 9　泡沫金属

设计意图：该设计加强物理知识与科学技术的联系，培养学生的科学想象能力，提高学生的科学素养。

教学设计的创新之处

1. **两组模拟实验的设计**

老师设置两组模拟实验来探究当物体的加速度不等于零时，拉力和压力与重力的关系。如何只用一只手：①将挂着重物的纸条弄断（即用纸条模拟弹簧测力计）；②使后盖旋松的手电筒恢复发光（即用手电筒后盖的弹簧模拟台秤）。这两个明显的实验现象加上科学的理论推导，不仅可以激发学生的学习兴趣，而且还让学生知道当物体加速度不等于零时，物体对悬挂物的拉力或对支持物的压力可能会大于或小于重力，从而引入超重、失重的概念。

2. **利用表格进行横纵对比**

本节课通过表格分析对比，把四种运动状态的速度方向、加速度方向与超重、失重现象进行对比分析，使学生理解超重、失重概念及其产生条件，通过表格的分析对比，有效地讲清重点、突破难点，提高学生分析和归纳的能力。

案例 14　平抛运动

教材分析

"平抛运动"是高中《物理》(必修 2)(司南版)第二章第 2 节的内容。《高中物理课程标准》要求:"通过实验,探究并认识平抛运动的规律。会用运动合成与分解的方法分析平抛运动。体会将复杂运动分解为简单运动的物理思想"。本节内容是通过实验探究平抛运动的规律,它既是前一节运动的合成与分解方法的具体实践应用,也是后一节抛体运动的规律得出的前提,更是学生自主设计、探索的好素材,在本章中有着重要的地位。

本节课有一个巨大的教育价值,就是让学生学会"化未知为已知、化繁为简、化曲为直"的研究思想。这些方法不仅对于物理研究具有重要价值,在学生的生活、工作等方面同样可以迁移应用。对于平抛运动的实验探究,从 2 个方案归并为 1 个方案,再引导学生利用信息技术手段进行严谨验证,是培养学生归纳、统一的严谨思维的良好素材。

学情分析

学生已经熟练掌握了匀速直线运动和自由落体运动的规律,已经经历了运动的独立性的实验探究,掌握了运动合成与分解的方法,知道可以用它对曲线运动进行研究。并且已经逐步学会应用抽象思维解决问题,思维更具有预计性和内省性,可以进行初步独立的、自主的探究活动。

教学目标

根据课程标准和学生学习的实际情况制定如下教学目标:

1. 物理观念

通过实例，利用理想化模型的方法建立平抛运动概念。

2. 科学思维

运用运动合成与分解的方法分析平抛运动，通过对比实验与理论推导掌握平抛运动规律，领会化未知为已知、化繁为简、化曲为直的物理思想方法。

3. 科学与探究

能针对性地提出可探究的物理问题，并利用对比法设计实验，提高实验设计能力。

4. 科学态度与责任

感受物理探究的细致严谨，意会物理理论可逆互通的逻辑美。

教学重点和难点分析

重点：探究平抛运动的规律。

难点：设计对比实验，研究平抛运动。

教学设计理念

奥苏贝尔强调，学生的学习应该是有意义地接受学习，即通过新知识与学生认知结构的已有观念相互作用，引起新旧知识间的同化。基于此，本教学设计从熟悉的生活情境中引出问题，让学生能理论联系实际分析日常生活中的平抛运动；通过理想化模型的构建，使学生利用控制变量法分别对平抛运动的竖直方向和水平方向进行实验探究，把平抛运动转换为熟悉的直线运动；引导学生自主设计实验，培养创新意识和实验设计能力；最后理论结合实际，依靠演绎推理层次清晰与逻辑严密的特点，对实验现象进行理论解释。整个教学设计层层深入、循序渐进，不但有利于学生新知识的同化，又增强了学生克服困难的信心，使学生体会化繁为简的物理思想，满足标准对教学——关注实际生活、引导学生自主学习的要求。

器材及媒体

多媒体课件、平抛竖落仪、双轨平抛演示仪。

教学过程

一、新课引入

老师创设问题情境：在一个被洪水围困的孤岛上，群众等待救援。如果让你驾驶飞机在水平匀速飞行过程中投放物资，怎样才能将物资准确地投放到指定地点？让同学用多媒体课件模拟，进行小游戏。

图1 飞机投物资

学生发现：要在飞机到达孤岛正上方之前就投放物资，并且要掌握好何时投放，早投或迟投，物资都容易落入水中。

设计意图：通过社会生活实例引入，可以培养学生从生活走向物理的意识，同时，让学生利用多媒体课件进行小游戏，制造悬念，激发兴趣，为引出平抛运动的概念奠定基础，培养学生建立物理模型的方法。

老师引导：为了解决这个问题，必须要掌握这种运动的规律。通过对物资离开飞机后初速度和受力的自主分析，引导学生把飞机投放物资这一具体问题转化为物理模型进行讨论，引出平抛运动的定义。

学生活动：跟随老师思路，了解何为平抛运动，并观察到平抛运动的运动轨迹是曲线。

二、探究平抛运动的规律

老师引导：根据平抛运动的运动轨迹我们可以看出，平抛运动是曲线运动，相对于前面的直线运动来说，曲线运动是更为复杂的运动形式，所以可以建立平面直角坐标系，利用已掌握的运动的合成与分解的方法研究平抛运动的规律。

学生思考：平抛运动可以分解为竖直方向和水平方向两个方向的分运动。

设计意图： 这样的设计注重理想化模型方法的应用，并让学生学会应用化曲为直、化繁为简、化未知为已知的方法。

探究1：平抛运动在竖直方向的分运动的性质。

老师引导：学生分析竖直方向的初速度以及受力情况并完成表1。

表1

	初速度	受力情况
竖直方向	为零	仅受重力作用

学生思考并回答：因为在竖直方向上初速度为零，只受到重力的作用，所以应该是自由落体运动。

老师肯定学生猜想，并提问：那我们该如何验证猜想呢？

学生尝试设计实验方案，验证猜想：利用对比法设计实验，即让一个小球做平抛运动的同时，另一个小球做高度相等的自由落体运动，看看运动时间是否相同。

老师利用平抛竖落仪（图2）进行实验演示：让学生观察两球是否同时落地（眼睛观察的同时，还可以用耳朵听两球落地的声音进行判断）。

学生观察：两个小球同时落地。

老师演示：增大敲击金属片的力度，即增大平抛小球的初速度，再做一次实验（为后面研究平抛运动的运动时间做铺垫）。

学生观察：两个小球还是同时落地，并初步得到平抛运动在竖直方向的分运动是自由落体运动的结论（图3）。

图2 平抛竖落仪　　图3 两球同时落地

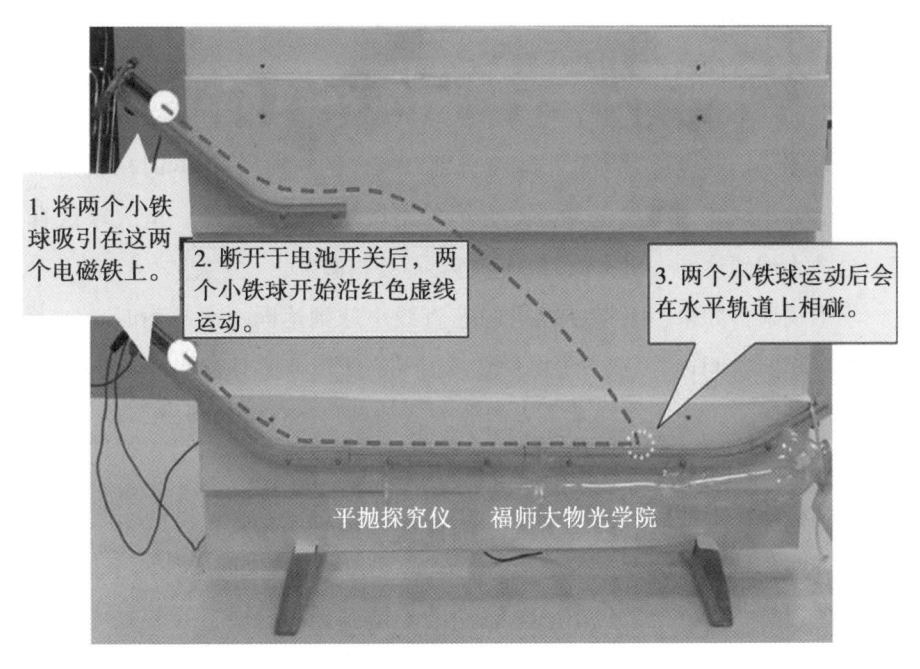

图4 双轨平抛演示仪

探究2：平抛运动在水平方向分运动的性质。

老师再提出问题：平抛运动的水平方向分运动有什么性质？并完成表2。

表2

	初速度	受力情况
水平方向	有初速度	不受力

学生猜想：因为在水平方向上有初速度，但是不受力，所以应该是匀速直线运动。

老师引导学生设计实验：通过探究1的启发，学生不难想到继续用对比法设计实验。

老师总结学生的想法：让一个小球做平抛运动的同时，让另一个小球在正下方做初速度相同的匀速直线运动。

老师介绍利用对比法设计出的自制教具——平抛运动探究仪（图4）：左侧有两个完全相同的斜面光滑轨道，它们的下端都沿着水平方向，光滑斜面的竖直部分是等高的。两轨道上端分别装有电磁铁，并且将它们并联在一起，在干路上加一个总开关控制；将两个铁球分别吸在电磁铁上，根据机械能守恒定律可知，切断电源后，两小球将分别以相同的初速度 v_0 同时从轨道水平射出。上方小球将做平抛运动，下方小球将做匀速直线运动。请大家认真观察，当两小球到达同一水平面时，它们会不会相碰？

学生观察：如果当平抛小球与匀速直线小球到达同一水平面时，二者相碰，说明相同时间内，它们的水平位移相等，所以水平速度也是相同的。这样就初步证明了平抛运动在水平方向的分运动是匀速直线运动。

探究3：把两个实验简化成一个实验。

老师提出：上面的实验分别用两个小球进行对比，必须做两个实验才能分别验证两个猜想，能否把两个实验简化成一个实验，同时验证两个猜想？

学生回答：可以把做自由落体运动的小球挪到第二个实验装置中，尝试让平抛运动、匀速直线运动和自由落体运动的三个小球同时相碰。

老师继续提问：应该把自由落体小球放在哪呢？

学生想到：可以将其放在平抛小球和匀速直线小球碰撞处的正上方等高处，也将它用电磁铁吸住。

老师启发：如何控制自由落体运动与平抛运动和匀速直线运动同时开始呢？

学生可能想到：将三个电磁铁并联，在干路上加一个总开关。

老师纠正：若三个电磁铁同时断电，当1、2小球还在弧形轨道上运动时，3球就已经开始做自由落体运动了，显然不行，接着，介绍可以在电路中加一个感应开关，电路图和实物图如下。

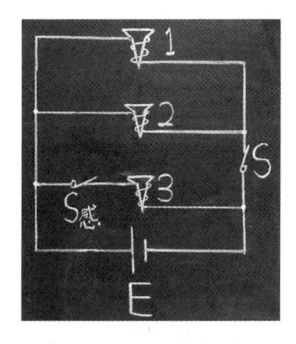

图5 电路图

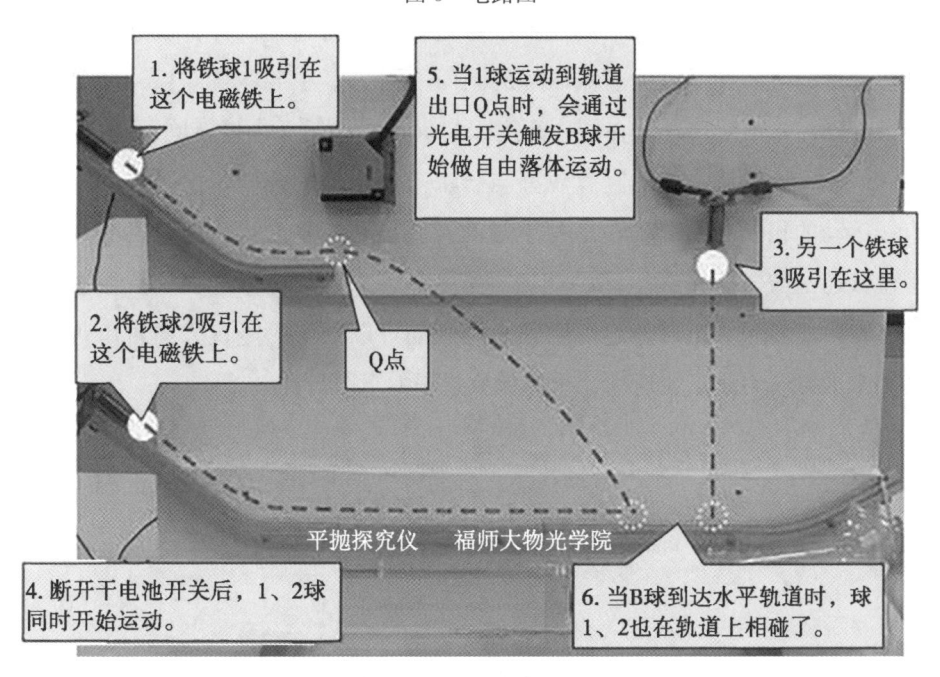

图6 实物图

当 1 小球经过感应开关下方，恰好开始做平抛运动时，触发感应开关，与此同时，吸住 3 小球的电磁铁断电，3 小球就开始做自由落体运动了。

老师呈现出改进后的仪器：师生共同运用该仪器进行实验，在一次实验探究中同时验证两个猜想。

设计意图：虽然实验教具是老师提供的，但老师始终注意为学生提供独立思考、主动学习的机会，发挥学生的主体地位，使学生处于积极思考的状态。通过老师引导下学生的自主探究，合作交流，学生的思维更加发散，并提高了学生的实验设计能力。

探究 4：严谨证明。

处于思维活跃状态的学生可能提出质疑：只从最终状态来得结论，不够严密。

老师提出：有什么更好的方法将中间过程也显示出来？

师生讨论后得出：把整个过程进行录像，再用慢动作播放。

老师引导：为了更清晰地观察小球运动的中间过程，可将录好的视频一帧一帧地播放。并播放提前截取好的画面（图 7），引导学生观察：初始时刻平抛小球与自由落体小球在同一高度，与匀速直线运动小球在同一竖直线上。第一帧，平抛运动物体的竖直位移与自由落体运动的相同，水平位移与匀速直线运动的相同。第二帧，平抛小球的竖直位移还是与自由落体的相同，水平位移还是与匀速直线运动的相同。第三帧、第四帧也一样。这说明它们中间过程都一样。从而充分地说明了平抛运动可以分解为竖直方向自由落体运动和水平方向匀速直线运动。录像播放过程如下图。

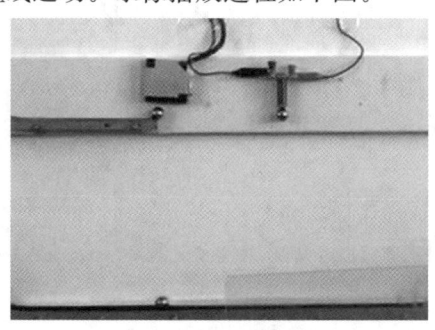

图 7　初始时刻

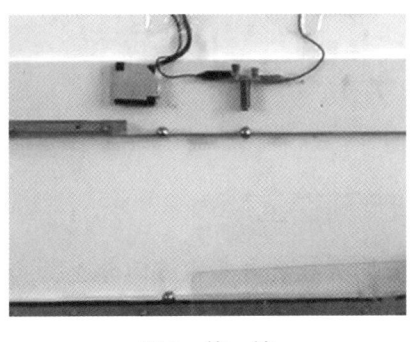

图 8　第一帧 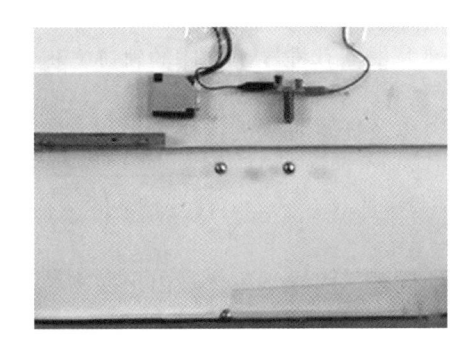　　　　　　　　　图 9　第二帧

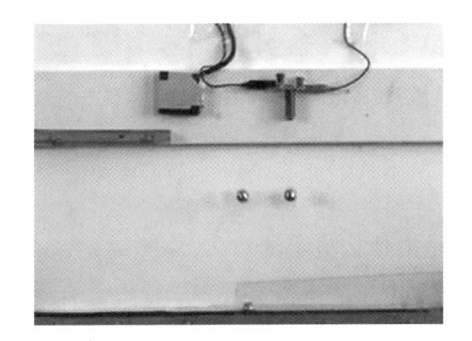

图 10　第三帧 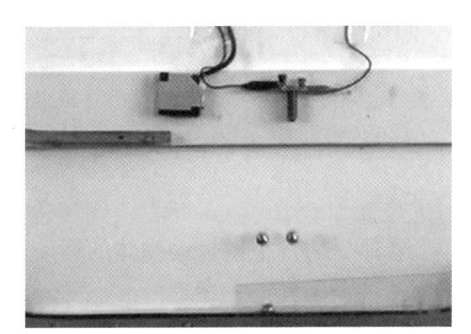　　　　　　　　图 11　第四帧

设计意图：让学生在学习过程中自觉地发挥元认知的作用，对设计实验的思维过程进行自我检查、反思和改进，培养学生大胆质疑精神和创新意识，以及严谨的科学态度，并使实验方案步步深入，层层完善，使学生在实验探究中实现思维的飞跃和升华。该环节的实验方案充分发挥信息技术的辅助作用，通过一帧一帧随机播放，严谨验证平抛运动的本质特征，体现信息技术与教学内容的深度融合。

三、平抛运动规律的分析

活动 1：

老师引导学生：根据实验探究的结果，写出平抛运动物体任意时刻的竖直位移和水平位移：$y=\dfrac{1}{2}gt^2$，$x=v_0 t$

并根据其推导出物体的轨迹方程：$y = \dfrac{gx^2}{2v_0^2}$

以及任意时刻的位移大小和方向：

$s = \sqrt{x^2 + y^2} = \sqrt{(v_0 t)^2 + \left(\dfrac{gt^2}{2}\right)^2}$，$\tan\alpha = \dfrac{y}{x} = \dfrac{gt}{2v_0}$

同理，引导学生：写出平抛物体水平方向分速度和竖直方向分速度：$v_x = v_0$，$v_y = gt$

并根据其推导出物体任意时刻的速度大小和方向：

$v = \sqrt{v_x^2 + v_y^2} = \sqrt{(v_0)^2 + (gt)^2}$

$\tan\theta = \dfrac{v_y}{v_x} = \dfrac{gt}{v_0}$

活动2：

老师提问：平抛运动物体的运动时间是由什么决定的？

学情预测：

（1）由 $x = v_0 t$ 得，运动时间由水平位移和初速度决定。

（2）由此得，运动时间由高度决定。

老师引导学生回顾：在刚刚的平抛运动探究仪实验中，两次实验，平抛小球的初速度不同，但都与做自由落体运动的小球同时落地。

学生回顾并思考：平抛运动的运动时间总是与自由落体的相同。

老师提问：自由落体运动的运动时间由什么决定？

学生回答：仅由下落高度决定！

师生共同得出：平抛运动的运动时间也仅由高度决定，而与初速度和水平位移无关，当下落高度一定，即运动时间一定时，初速度越大，水平位移越大。

设计意图：培养学生利用理论知识自主得出物理规律和解决实际问题的能力。同时，活动2通过实验与理论相结合的分析，说服力更强，将会留下深刻的印象，从而突破了教学难点。

教学设计的创新之处

"平抛运动"是培养学生创新能力的极好教材，新课教学不应该把重点放在对结论的"翻炒"上，一定要敢于展开研究过程，让学生感受到科学思维的精妙，在学生探索、讨论中，培养学生创新的能力和勇气。因此，本节课的教学设计，为了更好地完成上述要求，在以下几个方面进行创新：

1. 理论与实验相结合

本节课的设计，让学生不仅能够通过理论分析得出平抛运动竖直方向和水平方向的分运动，更能在老师引导下设计实验，通过理论与实验相结合的方法，在头脑中形成深刻的印象，更深入地理解平抛运动的规律。

2. 注重让学生掌握用已知知识解决未知问题的方法

本节课是在学习了匀速直线运动、自由落体运动和运动合成与分解方法之后进行学习的，实质上是对已知知识的应用，本教学设计充分发挥学生主体地位，逐步引导学生学会用已知知识解决未知问题。

3. 步步深入、层层完善

在探究平抛运动规律部分，先是引导学生分别设计实验初步验证两个猜想，再引导学生将两个实验简化成一个实验，最后再引导学生通过一帧一帧地播放录像来严谨证明理论分析的正确性，整个过程步步深入、层层完善，让学生体会在探索物理规律过程中的细致和严谨。

教具 19　平抛竖落仪

【教具实物图】

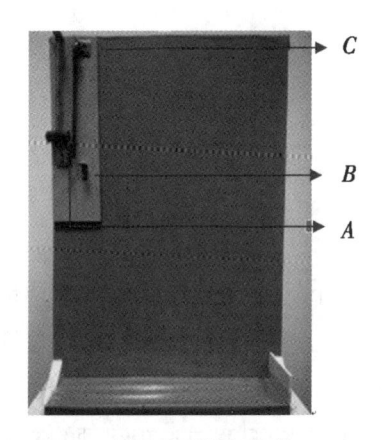

图 1　平抛竖落仪

【制作目的】

探究平抛运动竖直方向分运动的性质。

【制作原理】

平抛运动竖直方向分运动是自由落体运动。

【制作材料】

铁锤、小铁球、金属弹簧片、木板、螺丝钉、泡沫板、白乳胶、缓冲贴、垂直角件。

【制作过程】

1. 制作背景面板

切割一块木板（55 cm×35 cm）作为背景面板，将面板用蓝色割字纸包装好。

2. 制作面板底座

切割一块木板作为底座，将面板用白乳胶粘贴在底座上，并用四块三角形木块粘贴加固，将底座也用蓝色割字纸包装好；

3. 主体板制作

（1）切割一块木板（25 cm×8 cm）作为主体板，用白乳胶粘贴在背景板左上角（避免小球在下落过程中与背景面板接触影响实验结果）。

（2）如图1所示，将 A、B、C 3 个垂直角件用螺丝钉固定在主体板上，并将铁锤和金属弹簧片的顶部分别用螺丝钉固定在主体板和垂直角件上，使得放在 B 垂直角件上的小球和用金属弹簧片和 A 垂直角件夹着的小球等高。

（3）将缓冲贴裁成所需的形状，分别贴在铁锤和 A 垂直角件上。

【使用方法】

1. 抬高小锤，用小锤水平击打金属片，B 角件上的小球由于受到小锤击打而拥有水平方向初速度做平抛运动，由于弹簧片松开，A 角件上的小球做自由落体运动，可以听到两个小球同时落到底板的声音；

2. 把小锤抬得更高再释放小锤，即增大小锤的击打力度使得平抛的初速度更大，可以听到两个小球依旧同时落到底板。

【注意事项】

1. 小锤、铁片、垂直角件的位置应布局好，确保 A 角件上的小球能被铁片夹住且与 B 角件上的小球等高，两个小球均能落到底板上。

2. 如底板弹性过大，小球下落后会多次弹跳影响识别效果，应在底板上贴上缓冲贴或粘性材料。

【仪器特色】

该教具运用对比的方法设计实验，巧妙利用金属弹簧片和垂直角件使两个小球同时、等高做平抛运动和自由落体运动，从实验现象引导学生得出"平抛运动竖直方向分运动是自由落体运动"的结论。

教具 20　双轨平抛演示仪

【教具实物图】

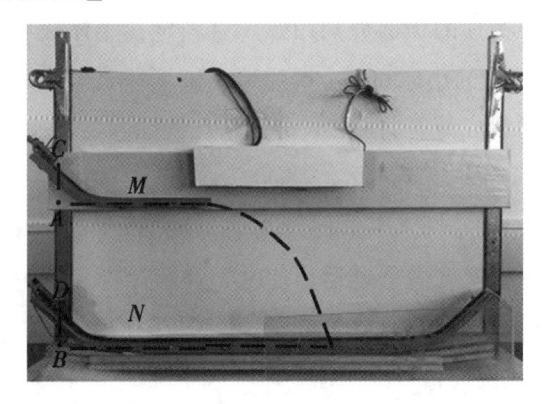

图 1　双轨平抛演示仪

【制作目的】

探究平抛运动水平方向分运动的性质。

【制作原理】

平抛运动水平方向分运动是匀速直线运动。

【制作材料】

电磁铁、木板、铝合金弧形轨道 3 个、水平轨道 1 个、开关、导线、抽屉轨道、夹子、塑料板、小铁球、白乳胶、AB 胶、变压电源、按键开关、螺丝钉。

【制作过程】

1. 制作背景面板

（1）将木板切割成 50 cm×30 cm 的长方形 1 块和 55 cm×8 cm 的长方形 1 块，将两块面板都用白色割字纸包装好。

（2）在两个木板两侧分别装上长度合适的抽屉轨道（内层轨道安装在小木板上，外层轨道安装在大木板上），用夹子夹住内外轨道使小木板可以固定在大木板上的任一高度。

2. 制作面板底座

切割两块木板作为底座，分别用白乳胶粘贴在大背景面板下面左右两侧使木板站立，将底座也用白色割字纸包装好。

3. 安装轨道

（1）取 2 个完全相同的铝合金弧形轨道，分别用白乳胶粘贴在小木板左侧和大木板左下侧同一竖直位置。

（2）在大木板轨道右侧继续连接一段水平轨道和一个弧形轨道，接缝处用 AB 胶粘贴好。

（3）在大木板右下方安装一个垂直塑料挡板，防止小球滚落遗失。

4. 制作小球运动开关

（1）将两个电磁铁分别安装在大小面板左侧的铝合金弧形轨道的同一高度，安装时确保 $AC=BD$（如图 1）。

（2）将两个电磁铁并联后与开关、变压电源串联。

【使用方法】

1. 接通电源，将两个相同的小铁球吸在电磁铁上。

2. 断开开关后，两小球将分别以相同的初速度水平射出，一个做平抛运动，一个做匀速直线运动。

3. 观察两个小球到达水平面后是否相撞，可以观察到两个小球会在水平轨道相碰。

4. 改变小木板的高度，仍然可以观察到两个小球会在水平轨道相碰。

【注意事项】

1. 选择的水平轨道应足够光滑。

2. 应保证初始时刻两个小球在两个弧形轨道的同一高度且两个小球在同一竖直线上。

【仪器特色】

该教具运用对比的方法设计实验，巧妙利用电磁铁的性质来控制两个小球同时运动，从实验现象引导学生得出"平抛运动水平方向分运动是匀速直线运动"的结论。

教具 21　平抛运动探究仪

【教具实物图】

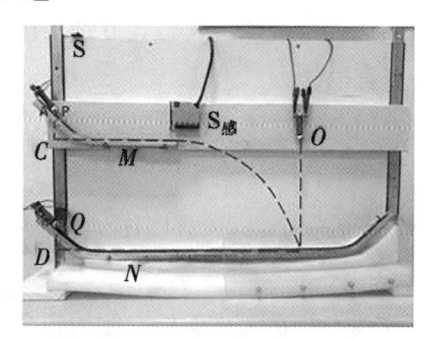

图 1　同时验证两个分运动的平抛运动探究仪

【制作目的】

同时探究平抛运动水平方向和竖直方向的分运动的性质。

【制作原理】

1. 平抛运动竖直方向的分运动是自由落体运动。
2. 平抛运动水平方向的分运动是匀速直线运动。

【制作材料】

双轨平抛演示仪、电磁铁、感应开关、小铁球、导线若干。

【制作过程】

1. 在双轨平抛演示仪的小木板上的弧形轨道末端的正上方安装感应开关，使即将做平抛运动的小球一离开轨道就能被感应到。

2. 在做平抛运动的小球的落地处的正上方小木板上安装一个电磁铁，电磁铁的底部应与做平抛运动的小球离开轨道时的高度等高。

3. 如图 2 所示连接电路，将 1、2 两个电磁铁并联，用同一个开关 S 控制，再将第 3 个电磁铁与 1、2 并联，用感应开关控制。切断开关 S 后，1、2 电磁铁断电，P、Q 小球同时开始运动，当 P 小球经过感应开关下方，恰好开始做平抛运动时，触发感应开关，与此同时，O 小球开始做自由落体运动，这样就控制了平抛运动、自由落体运动以及初速度相同的匀速直线运动同时开始。

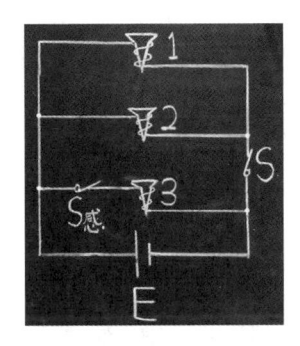

图2 控制小球运动的电路图

【使用方法】

1. 从最终状态来探究平抛运动的两个分运动的性质

（1）接通电源，将三个小球分别吸在电磁铁上。

（2）切断电源，可以观察到三个小球同时相碰。

2. 从整个过程来探究平抛运动的两个分运动的性质

（1）接通电源，将三个小球分别吸在电磁铁上。

（2）开始录像后，切断电源。

（3）慢动作放映小球运动全过程。

（4）可以观察到每帧做平抛运动的小球其水平位移与做匀速直线运动小球相同，竖直位移与做自由落体运动小球也相同。

【注意事项】

需保证初始时刻水平抛出的小球与自由落体小球在同一高度、与匀速直线运动小球在同一竖直线上。

【仪器特色】

本教具利用对比法设计而成，成功地把两个实验简化成一个实验，再引导学生通过一帧一帧地播放录像来严谨证明实验结论的正确性，整个过程步步深入、层层完善，让学生体会在探索物理规律过程中的细致和严谨。

案例15　匀速圆周运动快慢的描述

教材分析

"匀速圆周运动快慢的描述"是高中《物理》（必修2）（司南版）第三章第一节的内容。《高中物理课程标准》要求"会用线速度、角速度、周期描述匀速圆周运动"。该标准要求学生科学认识线速度、角速度、周期以及三者之间的关系，在此基础上能够选择合适的物理量描述匀速圆周运动的快慢。

本节的知识基础来自前面的曲线运动，同时也为后面学习向心力、离心运动以及万有引力等知识做准备，起到了承上启下的作用。教材中，对于为什么有了线速度，还需要引入角速度没有做过多的介绍。线速度和角速度在描述圆周运动方面的侧重点各有不同，应充分挖掘二者的区别与联系，让学生明确每个物理概念引入的必要性。

学情分析

学生已经获得曲线运动的有关知识，具备一定的分析、推理能力，主动探究意识较强，但抽象思维能力还较为薄弱。在概念教学与实验教学中，应发挥学生主体、老师主导的作用，并结合可视化课件、自制教具等手段，为学生提供丰富的素材，帮助学生进行可感知的推理与演算。

教学目标

根据课程标准和学生学习的实际情况制定如下教学目标：

1. 物理观念

（1）知道匀速圆周运动，能够根据实际情况采用合适的物理量描述匀速圆周运动的快慢。

（2）掌握线速度的方向。

（3）理解线速度是描述物体做圆周运动的快慢，而角速度是描述物体转动的快慢。

2. 科学思维

通过模型建构，推理匀速圆周运动中线速度、角速度、周期的关系。

3. 科学与探究

通过实验体会从特殊到一般、具体到抽象、层层递进的研究方法。

4. 科学态度与责任

能够主动将所学知识应用于日常生活，具备观察能力、实验设计能力和分析与论证的意识。

教学重点和难点分析

重点：理解线速度、角速度、周期的概念及它们之间的关系。

难点：（1）掌握线速度的方向；（2）角速度概念的引入。

教学设计理念

物理是一门以实验为基础的学科。本设计充分突出实验的教育功能。

首先，通过类比的教学方法，让学生自主建立线速度的概念。关于线速度的方向教学，则充分发挥低成本教具的显化教育作用。对于角速度概念的引入，本教学设计做了较完整的探究过程，目的是让学生体会物理概念引入的必要性，即：为什么有了线速度，还需要引入角速度，二者是否是重复的？通过自制的线速度和角速度演示仪，让学生自主探究，发现问题，自主建立角速度的概念，从而完整理解线速度和角速度的区别。

器材及媒体

自制环形挡板实验仪、自制线速度与角速度演示仪、多媒体课件。

教学过程

一、线速度的概念

老师通过课件展示做圆周运动的两质点 A、B，让学生比较它们的运动的不同。

学生发现二者都做圆周运动，但 A 快慢几乎不变，而 B 时快时慢。

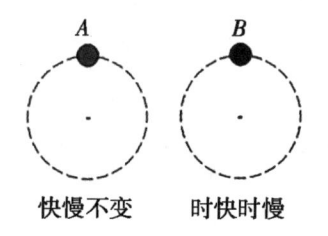

图 1

老师指出物理学中研究问题总是从简单到复杂。本节课先研究快慢不变的圆周运动——匀速圆周运动，即在任意相等时间内通过的弧长都相等的圆周运动。

老师再取质点 C，且让 C 也做匀速圆周运动，让学生再观察，A、C 的运动情况有什么不一样。

学生发现 A 运动得快，而 C 运动得慢。

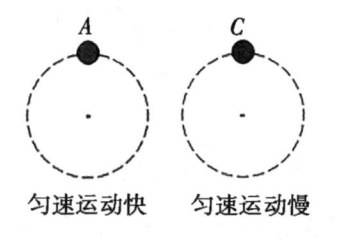

图 2

老师提出问题 1：如何比较匀速圆周运动的快慢呢？

课件展示：A、C 同时运动、同时停下来，即运动时间相等，A 通过的弧长 S_1，C 通过的弧长 S_2。

匀速运动快　匀速运动慢

图3

学生在老师引导下发现 A 通过的弧长 S_1 比 C 通过的弧长 S_2 长，所以 A 运动得快。

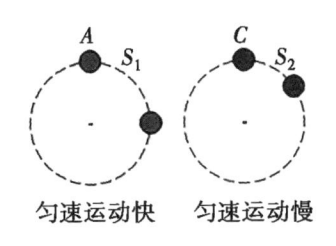

小结：运动时间相等，比较弧长。弧长长的，运动快。

老师提问是否还有其他方法并让 A、C 同时运动，它们通过的弧长都等于周长。

学生在老师引导下发现 A 运动的时间 t_1 小于 C 运动的时间 t_2，所以 A 运动得快，并总结出可以让通过的弧长相等去比较时间，时间短的，运动快。

老师提出问题2：如果时间和弧长都不相等又该怎么比较？

学生可能指出：（1）可以用弧长与时间的比值，即单位时间通过的弧长来比较。比值大的，运动快；（2）也可以用时间与弧长的比值，即通过单位弧长所需的时间来比较。比值小的，运动快。

老师总结出这两种方法都是对的，并且更具有普遍性。根据思维常规，习惯用比值大的表示运动得快。

线速度的定义：物体做匀速圆周运动通过的弧长（s）与所用时间（t）的比为匀速圆周运动线速度的大小。用符号 v 表示，数学公式为 $v=\dfrac{s}{t}$。单位为：m/s。

设计意图：该环节让学生经历建立线速度概念的探究过程，学习从易到难、从特殊到一般的研究方法并培养学生的发散性思维。比值定义法在概念教学中有重要作用。对于线速度概念的引入，老师应避免包办行为，充分发挥学生原有认知的作用，引导学生经历比较、比值定义等过程，充分凸显物理研究思想方法的重要作用。

二、线速度的方向

老师提问：对于匀速圆周运动，各点的线速度大小相等，那各点的线速度方向呢？

图 4　线速度方向演示仪

实验 1：

竖直环形挡板（如图 4）有一缺口，可以打开和闭合，让沾有墨水的小球在近似光滑的水平面内沿着挡板做圆周运动。当小球运动到缺口处时，打开挡板，由于惯性小球以该时刻的速度 v 做匀速直线运动，其运动轨迹被记录下来。

老师引导学生根据小球的运动轨迹判断出这一点的线速度方向是沿圆周上该点的切线方向。

老师指出科学家经过更精密的实验也证实了这一点，并总结由于这一点是任意选取的，所以圆周运动线速度的方向总是沿圆周上该点的切线方向。

设计意图： 本环节注重发挥低成本教具的作用，引导学生观察、分析实验现象，培养学生分析现象、发现物理规律的能力。自制教具取材简单，却能揭示物理现象的本质，潜移默化地提升学生的创造意识。

三、角速度的概念

用课件展示一个匀速转动的圆盘（如图 5），圆盘上的各个点都在做匀速圆周运动。

老师提出问题 1：能否用线速度描述物体转动的快慢？

图 5　匀速转动的圆盘

老师引导学生观察圆盘上距离圆心不同的点，在相同的时间内通过的弧长不相等，即线速度的大小不等。

老师提出问题2：到底哪一点的线速度可以描述圆盘转动的快慢呢？

学生无法确定，发现仅用线速度无法描述物体转动的快慢。

实验2：

用电机带动大圆盘匀速转动，大圆盘通过皮带带动小圆盘匀速转动，连接两圆盘的皮带不打滑（如图6）。

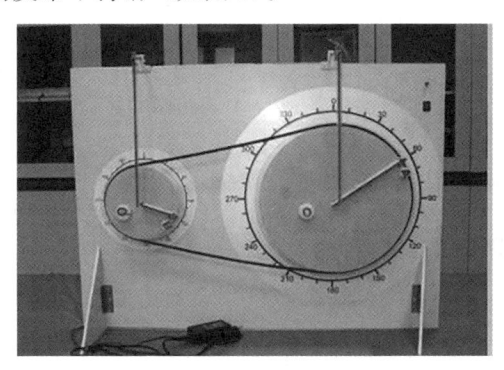

图6 线速度与角速度演示仪

老师提出问题1：哪个圆盘转动得更快？

学生发现小圆盘转得快。

老师在两圆盘边缘上各取一点A、B，转动圆盘，并提出问题2：哪一点的线速度更大？

部分学生认为B点的线速度大。

老师演示：让A、B两点同时运动，同时停下来，即运动时间相等。通过比较它们通过的弧长，发现B点通过的弧长与A点相等，即A、B两点的线速度大小相等。

学生通过老师的演示发现转动快慢不同的物体上的点，线速度大小可能相等。

老师将两个实验列表（如表1）进一步说明仅用线速度无法描述物体转动的快慢。因此，要描述物体转动快慢，必须引入新的物理量。

表1

探究线速度能否描述物体转动快慢	
发现1	转速一定的物体上的点，线速度大小不等
发现2	转速不同的物体上的点，线速度大小可能相等
结论：线速度无法描述物体转动的快慢	

老师提出问题1：如何引入这个量？

老师转动圆盘，引导学生思考。并分别画出两个圆盘的圆心 O、O'，再把两个圆心分别与 A、B 连接起来并转动圆盘。

学生发现在相等的时间内，两个圆盘半径转过的角度不同。并且，转得快的圆盘，半径转过的角度大。

角速度的定义：用半径转过的角度 φ 与所用时间 t 的比 $\frac{\varphi}{t}$ 来描述物体转动的快慢，并将其定义为角速度的大小，用符号 ω 表示，数学公式为：$\omega=\frac{\varphi}{t}$。单位为 rad/s。

老师提出问题2：转得快的物体角速度大，转得慢的物体角速度小，那么对于转动快慢一定的物体，角速度是否一定呢？

学生通过讨论发现对于转动快慢一定的物体，虽然各点的线速度大小不一定相等，但是在相等的时间 t 内，转过的角度都是 φ，所以角速度相等。因此，可以用角速度来描述物体转动的快慢。

学生在老师的引导下总结出线速度是描述物体沿圆周运动的快慢，而角速度是描述物体转动的快慢。要准确、全面地描述物体转动的快慢，我们要根据实际情况和具体要求采用合适的物理量进行描述。

设计意图：本设计引导学生提出两个重大发现：①转速一定的物体上的点，线速度大小可能不等；②转速不同的物体上的点，线速度大小却可能相等。这两个重要的发现直接可以推理出：仅用线速度无法描述整个物体转动的快慢。从质点的圆周运动过渡到整个物体的转动，在老师引领下，学生面对两个新发现，提出只能引入新概念加以解决。老师进一步引导学生利用自制探究仪，经历比较和比值定义的方法，自主建立角速度的概念。让学生体会每个物理量的引入都有它的必要性，同时感受科学家探索物理规律的细致和严谨。

四、周期、频率和转速

老师指出匀速圆周运动也是周期性运动，也可以用周期、频率和转速来描述匀速圆周运动的快慢。

五、线速度、角速度和周期之间的关系

老师引导学生建立物理模型，让一质点绕着圆周运动绕行一周。

推导：匀速圆周运动中线速度、角速度、周期间的关系。

学生根据质点绕行一周所花时间为 T，根据公式 $v=\dfrac{2\pi r}{T}$ 和 $\omega=\dfrac{2\pi}{T}$，推导得出：$v=\omega r$。

最后学生讨论该公式得出：

(1) 当 v 一定时，ω 与 r 成反比。

(2) 当 ω 一定时，v 与 r 成正比。

(3) 当 r 一定时，v 与 ω 成正比。并要求学生举例说明。

设计意图：对于周期、频率、转速的关系，老师引导学生自主构建物理模型：即让质点绕着圆周运动一周，即可完成三者关系的推导。通过取特殊的运动过程，便于学生找到规律，有利于提高学生的理论推导能力及自主利用理论解决实际问题的能力。

教学设计的创新之处

1. 线速度方向

采用自制教具进行实验演示，自制教具取材简单，却能揭示物理现象的本质，让学生直观地观察到：圆周运动线速度的方向总是沿圆周上该点的切线方向。

2. 角速度概念的引入

采用课件和自制教具进行实验演示，引导学生发现：仅用线速度无法描述物体转动的快慢，因此必须引入一个新的物理量。通过线速度和角速度演示仪一步步引导启发学生，让学生想出可以用半径转过的角度与时间的比来描述物体转动的快慢，从而引出角速度的概念。体会每一个物理概念的引入都有其必要性。

教具22 线速度方向演示仪

【教具实物图】

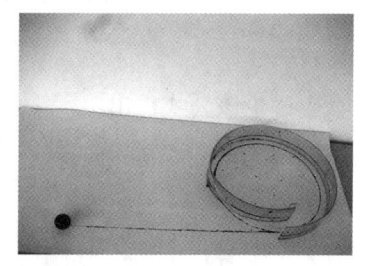

图1 线速度方向演示仪

【制作目的】

通过运动轨迹的记录和展示，让学生清晰直观地看出圆周运动中某点的线速度方向。

【制作原理】

圆周运动中，在圆周上某点线速度的方向是沿着曲线上该点的切线方向。

【制作材料】

塑料软板、有机玻璃板、小铁球一个、黑墨水、亚克力胶水等。

【制作过程】

1. 材料制作

（1）有机玻璃（白色底板）：长为 60 cm，宽为 40 cm 的长方形 1 块（厚为 3 mm）；

（2）有机玻璃（透明）：长为 3 cm，宽为 2 cm 的小长方形 1 块（厚为 3 mm）；

（3）有机玻璃（透明）：长为 40 cm，宽为 2 cm 的小长条 1 条（厚为 2 mm）；

（4）塑料软板：长为 30 cm×π（约 94.2 cm），宽为 6 cm 的塑料软板（厚度约 1 mm），塑料软板的取材必须有足够的韧性易于弯曲成环形，长度的选择是基于塑料软板可围成一个直径为 30 cm 的圆环。

2. 制作步骤

（1）在有机玻璃板上画出一块边长为 30 cm 正方形区域，该正方形区域离有机玻璃正中心靠右 10 cm 的位置，用圆规在正方形区域画出直径为 30 cm 的圆。

（2）将 30 cm×π（约 94.2 cm）长方形塑料挡板折成 7.25 cm×π、22.75 cm×π 两块。

（3）将长为 3 cm，宽为 2 cm 的有机玻璃用胶水粘在长度为 7.25×π 塑料软板的右上角。

（4）将长度为 22.75 cm×π 塑料软板用胶水固定在机玻璃板（1）中所画圆处，制作成固定的竖直环形挡板；长度为 7.25 cm×π 塑料软板不用固定，制作成可活动的竖直环形挡板。

（5）长为 40 cm，宽为 2 cm 的有机玻璃小长条粘在竖直环形挡板上沿，小长条必须将可活动的竖直环形挡板打开后缺口补上。

【使用方法】

让沾有墨水的小球在近似光滑的底板（水平放置）沿着挡板做圆周运动。

当小球运动到缺口处时，打开挡板，由于惯性小球以原来的速度 v 做匀速直线运动，它的运动轨迹被记录下来了。学生可根据小球的运动轨迹判断出这一点的线速度方向沿圆周上该点的切线方向。

【注意事项】

1. 在演示前，小球先浸泡在墨水中，可以在底板上充分留下运动的轨迹。

2. 塑料软板的缺口处应连接顺畅，以防小球经过时出现动能损失，速度突然减小。在小球做圆周运动时，应用手将活动的塑料软板捏紧靠在有机玻璃带上。

3. 操作时应先让小球转动 2 周，在小球运动第 3 周时到切口处前几秒打开挡板，避免小球被塑料软板打到，影响运动轨迹。

【仪器存在的问题及改进设想】

1. 存在问题

（1）塑料软板比较容易发生弹性形变，在实验过程中小球沿塑料软板运动过程中可能会因塑料软板发生弹性形变影响实验效果。

（2）该实验仪器只有一个缺口，仅仅体现圆周运动中一个点的线速度方向，不具有普遍性。

2. 改进设想

（1）塑料软板可改用有机玻璃，将有机玻璃用热弯工艺技术制作成环形，可在很大程度上解决因塑料弹性形变带来的问题（该改进需要热弯工艺技术，没有热弯工艺技术条件的可直接定制购买加工成环形的有机玻璃）。

（2）实验仪器根据实际多制作几个活动挡板，以便可以观察到更多点的线速度方向，让实验更具普遍性和说服力。

【仪器特色】

实验仪器简洁，操作简单，将无法直观看出的运动轨迹巧妙地用墨水记录下来，通过运动轨迹的记录和展示，让学生清晰直观地看出圆周运动中某点的线速度方向。

教具 23　角速度演示仪

【教具实物图】

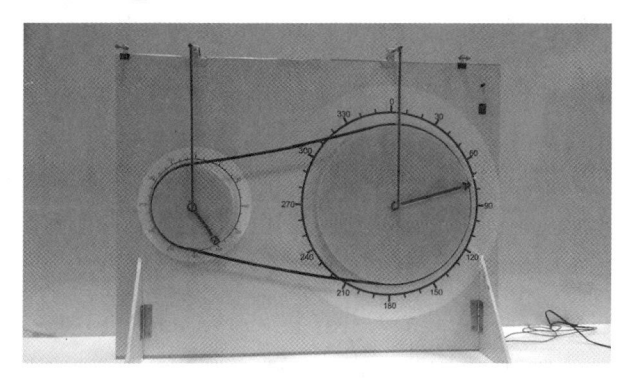

图 1　角速度演示仪

【制作目的】

本教具是为讲清线速度、角速度的概念及它们之间的关系的教学所量身定做的一套教学辅助器材。

【制作原理】

1. 对于转动快慢不同的物体，线速度大小可能相等。

2. 对于转动快慢不同的两个圆盘，在相同时间内转过的角度（角速度）是不同的。

3. $v=\omega r$ 即对于线速度一样的两个点，半径小的，角速度就越大；对于同一圆盘上的各点，角速度大小相同，半径越大，线速度大小也就越大。

【制作材料】

木板、RC 板、有机玻璃板、直流电动机一个、开关一个、电位器一个、变压器一个、铁片、强磁铁若干、夹子两个、导线若干、橡皮带 5 米（直径为 6 cm）、提手等。

【制作过程】

1. 制作圆盘

(1) 所需材料

①有机玻璃（厚为 3 mm）：半径为 17 cm 的圆 2 块、半径为 9 cm 的圆 2 块。

②铁片（厚为 2 mm）：半径为 16 cm 的圆 1 块、半径为 8 cm 的圆 1 块。

③RC 板（厚为 15 mm）：半径为 16 cm 的圆 1 块、半径为 8 cm 的圆 1 块。

(2) 组装

①按照有机玻璃（$r=17$ cm）→RC 板（$r=16$ cm）→铁片（$r=16$ cm）→有机玻璃（$r=17$ cm）的顺序，将它们的圆心重合，用 AB 胶粘合成大圆盘，外侧用黄色割字纸包装。

②按照有机玻璃（$r=9$ cm）→RC 板（$r=8$ cm）→铁片（$r=8$ cm）→有机玻璃（$r=9$ cm）的顺序，将它们的圆心重合，用 AB 胶粘合成小圆盘，外侧用黄色割字纸包装。

2. 制作传送带

选取一条长为 1.6 米橡皮带，将其头尾用 502 胶水粘合。

3. 制作面板

按照一定的比例要求，取一块木板作为面板，用白色割字纸包装，并在其前后两侧的适当位置分别安装两个角用于使面板站立，用活页片将其安装在面板上。在面板的中间偏右位置上安装一个直流电机，并连接好电路，要有按键开关和电位器。

4. 制作刻度盘

用电脑制作出两个圆盘的刻度，规格为：大圆的半径为 18 cm，小圆的半径为 10 cm，将其贴在相应的面板上。

5. 制作箭头和字母

用有机玻璃割成相应的箭头的字母，在其外侧用红色割字纸切割成相应的形状进行包装，并在其后贴上强磁铁。

6. 仪器的组装

将大圆盘安装在有电机的一侧位置，小圆盘安装在另一侧位置上，注意有铁片的一面应朝外侧。

【使用方法】

实验探究1

用电机带动大圆盘匀速转动，大圆盘通过皮带带动小圆盘匀速转动，使连接两圆盘的皮带不打滑。通过观察两圆盘的转动情况可以发现小圆盘转动得比大圆盘快。在两圆盘边缘各取一点 A、B，转动圆盘后，通过测量 A、B 两点在相同时间内通过的弧长，发现 A、B 两点的线速度大小是相同的。对于转动快慢不同的物体，线速度大小可能相等，仅用线速度无法描述物体转动的快慢。

实验探究2

对于转动快慢不同的两个圆盘，通过标出两圆盘的圆心 O、O' 并把 O、O' 分别与 A、B 连接起来，通过转动圆盘发现在相同时间内转过的角度是不同的，所以引入角速度的概念来描述物体转动的快慢。

实验探究3

通过分析两个圆盘边缘上的 A、B 两点，线速度是一样，半径小的，角速度就越大；在同一圆盘上，圆盘上各点的角速度大小相同，但是线速度大小却有所不同，而且半径越大，线速度大小也就越大，充分体现并说明了 $v=\omega r$ 这个公式。

【注意事项】

1. 皮带的选取：选用的皮带长度应适中，长度不宜过长，过长容易导致皮带打滑，影响实验结果；长度也不宜过短，过短容易导致摩擦力过大，圆盘转动过缓或不转动。

2. 线速度的测量：用线测量线速度时，测量在相同时间内两圆盘边缘上的点通过的弧长，应准确确定起点和终点的位置，否则将产生较大误差。

【仪器存在的问题及改进设想】

面板上的刻度不够精确，在测量线速度与角速度时可能会产生一定程度的误差，并且只能定性体现线速度和角速度之间的关系。在制作工艺上，继续探索改进方法，使面板上的刻度精确化、规范化，不仅可以减少误差，而且可将对线速度、角速度关系的定性实验深化为半定量的探究。

【仪器特色】

实验仪器美观大方，实验操作简单、现象明显。学生学习完线速度概念之后，容易产生仅用线速度就足以描述匀速圆周运动快慢的错觉，利用该教具一步步引导学生，突破了"仅用线速度无法描述物体转动的快慢，必须引入角速度"这一难点，培养学生实验探究能力，并让学生深刻体会每个物理概念的引入都有其必要性，感受科学家探索物理规律的细致和严谨。同时还可以通过实验定性探究线速度、角速度和半径之间的关系。

案例 16　向心力与向心加速度

教材分析

"向心力与向心加速度"是高中《物理》（必修2）（司南版）第三章第2节的内容。《高中物理课程标准》要求"通过实验，探究并了解匀速圆周运动向心力大小与半径、角速度、质量的关系。能用牛顿第二定律分析匀速圆周运动的向心力"。该标准要求学生科学认识向心力，知道向心力与向心加速度的关系，在此基础上，根据牛顿第二定律，能分析一些做匀速圆周运动的物体所受的向心力。

本节知识是本章的重点，也是本章承上启下的重要内容。学好这部分知识，可以为学习本章后面的应用部分打下基础，也为将来进一步探究万有引力定律和有关圆周运动相关知识作好必要的知识和能力准备。

教材中关于"探究影响向心力大小的因素"的实验中，所采用的向心力演示器是一个完备的教学仪器，不利于学生发现其内在构造和工作原理。对于完备或者复杂的教学仪器，可以采用逆向思维，带领学生拆解仪器或者从无到有逐步构建仪器，从而提升学生应用已有知识解决未知问题的能力，加深学生对仪器的认识。

学情分析

学生已经学习了抛体运动，对变速运动、曲线运动有一定了解。但对向心力与向心加速度的概念，学生还是普遍感到比较难学，而且受错误前概念的影响，难以建立正确的新概念。因此，可以利用高中学生学习的自主性、抽象思维能力都比较强的特点，设置适当的问题情境激发学生思考、讨论，学生需应用已有知识，积极思维，通过对问题的主动探究，获得概念，得出规律，以达到对知识深入理解和主动应用的目的。

教学目标

根据课程标准要求和学生学习的实际情况制定如下教学目标：

1. 物理观念

掌握向心力的定义及方向，能用牛顿第二定律分析圆周运动的向心力。

2. 科学思维

在向心力定义的建立过程中，体会从特殊到一般、具体到抽象、层层递进的科学思维方法，提升分析、推理和归纳能力。

3. 科学探究

通过实验探究，利用间接测量法经历向心力演示器的设计原理的探索过程。

4. 科学态度与责任

在思考与讨论中体会交流与合作的重要性。

教学重点和教学难点分析

重点：向心力概念的建立和大小规律的得出。

难点：知道圆周运动向心力的来源及了解向心力演示器的实验原理。

教学设计理念

向心力与向心加速度对学生来说虽然是新的概念，且概念本身较难，但学生已具备必要的知识基础，如，知道变速运动的物体有加速度，以及力是产生加速度的原因，也会进行受力分析，并且多次经历了应用控制变量法进行实验探究。因此，老师可以通过不同类型的实验，设置循序渐进的问题情境，组织学生对一个个问题进行充分的分析、讨论后获得新的知识，使整个教学过程成为提出问题、讨论问题、解决问题的过程，从而培养学生自主学习的能力，提升其实验能力。

器材及媒体

多媒体课件、红酒高脚杯、乒乓球、自制环形挡板实验仪、自制水平转盘实验仪、自制向心力笔、向心力演示器。

教学过程

一、新课引入

用"玻璃杯搬运乒乓球"的游戏设置该问题情境引入，游戏成功的方法是使乒乓球在杯子中快速转动，做圆周运动（如图1）。老师提出问题：为什么做圆周运动的乒乓球不会掉下来？

图1 用杯子搬运乒乓球

老师引导分析：做圆周运动的物体，它的速度方向不断发生改变。速度方向变了，就存在一个速度改变量，有速度改变量，就有一个加速度。由牛顿第二定律知，有加速度就有力。因此我们有必要研究做圆周运动的物体的受力情况，这节课先学习最简单的水平面上的匀速圆周运动。

设计意图：该问题情境中包含当前要学习的知识，激发学生解决问题，探究新知的动机。同时教学游戏有效激发了学生的学习兴趣和探究欲望，也为下面的教学提供实例。引入起到了吸引学生学习的目的，又呼应之后的教学，为向心力概念建立和向心力来源创设情境。

二、向心力及其方向

向心力概念的建立是一个重点，向心力的来源则是难点。学生不易理解，因此老师应创设问题情境，加强学生的感性认识，引导学生积极思维。让学生认真观察利用自制教具演示的三个实验，要求学生对做圆周运动的物体进行受力分析，并提出问题：是什么力使物体做圆周运动？

实验1：

小球在一个可拆卸的环形轨道内壁做圆周运动（如图2），要求学生对其进行受力分析，得出小球做圆周运动的原因是受到环形轨道内壁弹力 F 的作用。要求学生观察当轨道打开一个缺口，小球不做圆周运动时，小球沿着轨道缺口沿直线运动（如图3）。说明小球受到挡板对它的弹力，挡板发生了形变，使小球做圆周运动。

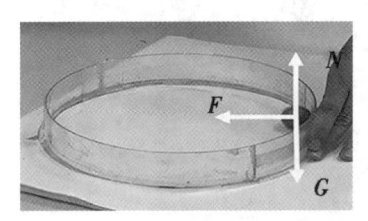

图2 环形轨道试验仪　　图3 小球沿直线运动

老师提出问题1：弹力 F 的方向如何？

学生分析因为弹力 F 方向与接触面垂直，所以总是沿着半径指向圆心。再提出问题2：弹力 F 是怎样产生的？

学生分析是由于环形轨道内壁形变产生的。同时说明小球压迫挡板，小球有背离圆心向外运动的趋势。这是做圆周运动的物体的共同特点，也为下面分析实验2静摩擦力使木块做圆周运动做了知识准备。

实验2：

木块在蒙有毛巾的转盘上随着转盘做圆周运动（如图4）。要求学生对其进行受力分析，得出木块做圆周运动的原因是受到静摩擦力 f 的作用，静

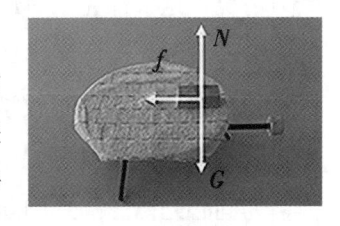

图4 水平转盘仪

摩擦力 f 的方向指向圆心。

实验3：

乒乓球在倒置的玻璃杯中快速转动（如图5）。

同样要求学生对其进行受力分析，得出重力和支持力的合力使乒乓球做圆周运动，合力的方向指向圆心。呼应前面设置的疑问"做圆周运动的乒乓球为什么不会掉下来？"回首课堂导入游戏，再次激发学生的探究学习欲望。

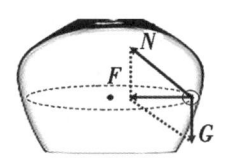

图5 乒乓球在倒置的玻璃杯中运动

老师将三个实验列表（如表1），指出做圆周运动的物体都要受到一个指向圆心的力，进而归纳得出向心力的定义：做圆周运动的物体一定要受到一个始终指向圆心等效力的作用，这个力叫做向心力。方向：始终指向圆心。

表1

物体	运动状态	实验	指向圆心的力
小球	圆周运动		弹力
木块			静摩擦力
乒乓球			G 和 N 的合力
结论	做圆周运动的物体一定要受到一个始终指向圆心等效力的作用，这个力叫做向心力。		

213

向心力的定义：做圆周运动的物体一定受到一个始终指向圆心等效力的作用，这个力叫做向心力。

方向：始终指向圆心。与 v 垂直，方向时刻在变，是变力。

注意事项：（1）做圆周运动的物体要受到向心力，不是会产生向心力。

（2）向心力只改变速度的方向，不改变速度的大小。

（3）向心力按力的作用效果命名，不要当作一个特殊性质的力。

设计意图：上述三个典型实例，符合学生的学习心理特点，既能启发学生思维，又能培养和提高学生分析问题和解决问题的能力。通过分析三个问题情境，学生很直观地总结出向心力的定义及方向，老师再以此总结归纳出知识框架。向心力定义的得出过程体现了从特殊到一般，从具体到抽象的物理研究方法。该过程突出了学生的主体地位，学生不是被动地接受知识，而是参与知识的获得过程。

三、科学探究：向心力的大小

1. **提出问题**：向心力的大小可能与哪些因素有关？
2. **科学猜想**：

引出学生探究实验：学生使用自制学具向心力笔（如图6，向心力笔可以通过改变伸出细线的长度来改变半径，通过增减钥匙数量来改变质量，通过手控制转动快慢来改变角速度），把数量不等的钥匙系在笔筒里伸出来的细线环上，用手控制让钥匙尽量在水平面做圆周运动，学生感受向心力的大小。

先体验得出定性的认识，即得出向心力的大小可能与质量、半径、角速度、线速度、周期、转速等因素有关。

老师引导分析，线速度、周期、角速度以及转速都是描述圆周运动转动快慢的物理量，从而归结为：向心力的大小可能与质量、半径、角速度有关。

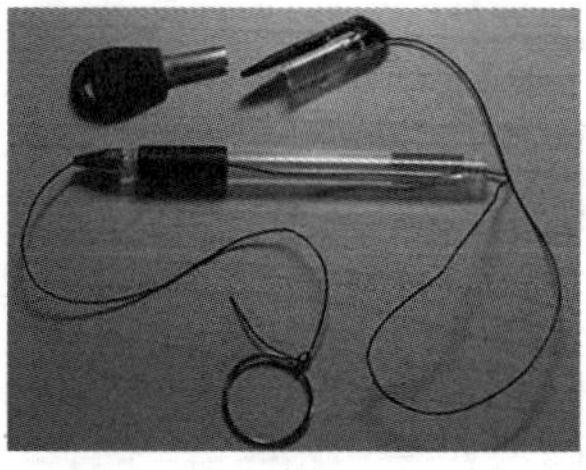

图6 自制向心力笔

3. 探索原理

要研究它们的关系，首先要解决如何测出向心力的大小。向心力的大小与 m、r、ω 的关系是本节的重点知识。为了突破重点，老师运用问题讨论的方法进行教学。

因此老师先出示向心力演示器，然后演示：将小球放在固定在转盘上的小槽中（如图 7），转动圆盘，因为摩擦力太小，不足以提供向心力，小球远离圆心。

图 7 小球远离圆心

然后提出问题 1：如何让小球做圆周运动？

学生想到可以在小球运动的方向上固定一硬挡板（如图 8），挡板对小球的弹力提供向心力，小球就可以做圆周运动了。

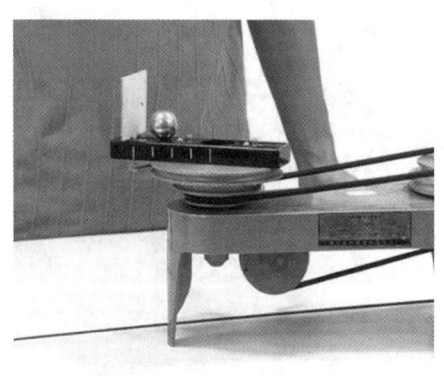

图 8 运动方向加硬挡板

接着提出问题 2：如何测出小球所需的向心力大小？

学生根据牛顿第三定律，得出：可以用弹簧秤测出小球对挡板的压力（如图 9），就可间接知道小球所需的向心力大小。

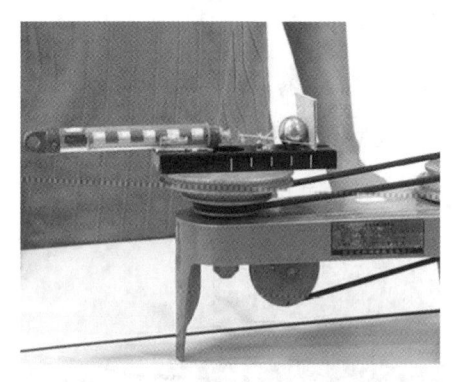

图 9　弹簧秤测向心力

再提出问题 3：弹簧秤随着转盘转动，无法准确读数。如何解决？

学生悟出在圆周运动中只有圆心处是不转动的。可以把水平放置的弹簧秤换成竖直放置，并固定在圆心处，装上弹簧，加上刻度，套上套筒，并用铁片代替挡板，铁片一端通过杠杆与套筒相连。转盘转动时，就可通过套筒里露出刻度的多少测出小球所需向心力的大小。

图 10　完整的向心力演示器

设计意图：这种分步引导了解实验原理的方式，符合高一学生的认知水平，容易取得良好的教学效果。向心力演示器的内部构造对学生来说较为抽象难懂，老师将一台仪器拆解，在课堂中带领学生利用已有知识，逐步构建出完整的向心力演示器，加深学生对知识的理解，提高学生解决问题的能力。

此时，学生已基本了解向心力演示器构造原理——向心力的大小就是对应套筒上露出的刻度的大小。从而知道向心力演示器的应用，如何测出物体做圆周运动所需的向心力大小，为下面自主探究向心力大小与质量、半径、角速度的关系做好知识准备。

4. 实验探究

实验原理明了后，老师再引导学生如何利用仪器控制变量。学生发现可以通过质量不同的钢球和铝球改变质量。将球放置在长槽和短槽的不同位置，改变半径。通过皮带连接两个塔轮，就可以改变角速度。引导学生讨论实验方法——控制变量法，从而设计实验方案、步骤并进行实验操作。指导学生完成表2。

表2

探究	控制	改变	结论
$F_{向}$与m的关系	r，ω一定	m不同	$F_{向} \propto m$
$F_{向}$与r的关系	m，ω一定	r不同	$F_{向} \propto r$
$F_{向}$与ω的关系	m，r一定	ω不同	$F_{向} \propto \omega^2$

学生理解如何控制变量后，进行科学探究。

5. 实验结论

学生通过分组实验，能发现$F_{向} \propto m$，$F_{向} \propto r$，$F_{向} \propto \omega^2$。最后老师总结全班实验结果，得出结论：$F \propto mr\omega^2$。科学家们用更精确的实验也得到相同的结果。精确的研究表明：$F = kmr\omega^2$

当公式中各物理量的单位都用国际单位制的单位时，$k=1$，公式简化为$F = mr\omega^2$。从而可以推得向心力的表达式$F = mr\omega^2 = m\dfrac{v^2}{r}$。

设计意图：这部分教学老师采用"问题"的形式组织课堂，条理清晰，逻辑性强。通过有效的师生互动，培养学生科学的态度，提高学生实验设计能力、数据分析处理能力。

四、理论推导：向心加速度

老师指出问题：如何推导向心加速度的大小和方向？

学生不难理解力是产生加速度的原因，向心力对应的加速度为向心加速度。

所以可以利用牛顿第二定律推导得到向心加速度的大小表达式：

$$a=\frac{F}{m}=\omega^2 r=\frac{v^2}{r}$$

又根据向心力的方向推得向心加速度的方向：始终指向圆心。

最后老师强调：①对于某一确定的匀速圆周运动，向心力和向心加速度的大小恒定不变，但方向时刻在变，是变加速运动。②向心力和向心加速度的公式不仅适用于匀速圆周运动，也适用于一般的圆周运动。

设计意图：这部分教学，从教材编排上，先讲向心力，后讲向心加速度，回避了用矢量推导向心加速度这个难点，又培养了学生理论推导能力。

教学设计的创新之处

1. 教法创新

向心力对学生来说是新的概念，且概念本身较难，但学生已具备必要的知识基础。因此，老师可以依据思维的逻辑，通过不同类型的实验，设置循序渐进的问题情境，组织学生对一个个问题进行充分的分析、讨论后获得新的知识，即根据问题教学的有关理论展开教学，使整个教学过程成为提出问题、讨论问题、解决问题的过程。学生通过对问题的主动探究及相互交流，获得概念，进而得出规律，从而培养学生自主学习能力、实验能力和交流、讨论的习惯。

2. **实验创新**

学生对向心力演示器的构造及原理的理解存在困难。老师采取逆向思维，将完好的、成套的仪器进行拆解，从而引导学生利用已知知识，"从无到有"逐步构建出仪器。这样的设计不仅能帮助学生深入理解复杂仪器的构造，且"从无到有"的物理研究方法进一步提升学生利用已有知识同化和顺应新知识的能力。

电学　磁学

案例 17　滑动变阻器

教材分析

本节课是初中九年级《物理》(沪科版)第十五章第 1 节的内容。《义务教育初中物理课程标准》要求"知道电压、电流和电阻。探究电流与电压、电阻的关系"。本节课的滑动变阻器作为调节电流和电压大小的重要工具,既可以加深学生对影响电阻大小因素的理解,同时也为后面欧姆定律的实验探究、伏安法测电阻等知识做好铺垫,起到承上启下的作用。滑动变阻器的阻值与电阻丝接入电路的长度关系一直都是教学中的难点。学生由于无法明显、直观地观察滑动变阻器阻值大小与接入电路电阻丝的显性关系,从而存在认知加工负荷。教学设计的重大突破点,可以将滑动变阻器拆解,或者引导学生"从无到有",逐步组装,亲身构建出滑动变阻器,这样的设计不仅能够对滑动变阻器的结构进行显性教育,同时在实验设计和解决问题的过程中提升学生的创造能力。

学情分析

在知识方面,学生在原有的基础上,已经知道了电流、电压和电阻的相关知识,这就为这节课的学习奠定知识基础。在能力方面,九年级学生已经具备一定的实验探究和运用数学知识解决物理问题的能力,在老师的引导下可以自主探究。但是滑动变阻器的结构和连接方法比较复杂,学生往往难以掌握。老师在教学设计过程中,必须为学生提供显性化的图片、实验过程、拆解的放大仪器构造，帮助学生在脑中形成具象的加工素材，从而完成对新知识的顺利整合。

教学目标

根据课程标准要求和学生学习的实际情况制定如下教学目标：

1. 知道滑动变阻器的构造和原理，掌握使用滑动变阻器的方法及其注意事项。

2. 通过自主设计滑动变阻器，提高分析解决问题的能力和创造性思维。

3. 通过对电路的故障分析，养成正确使用滑动变阻器的良好习惯，养成严谨的科学态度。

教学重点和教学难点分析

重点：理解滑动变阻器的原理。
难点：（1）滑动变阻器的设计。
（2）掌握滑动变阻器的变阻规律。

教学设计理念

滑动变阻器对于中学生而言比较陌生，但它又贯穿于整个电学教学，是一个重要的电路元件。老师没有直接介绍滑动变阻器的现成仪器，而是将滑动变阻器的教学"复杂化"，巧设四层提问，逐渐让学生主动参与到滑动变阻器的设计和制作过程，既可以帮助学生深刻认识滑动变阻器的原理、构造和使用注意事项，也是一次对学生进行创造性思维训练的良好机会，体现了"提倡教学方式多样化，注重科学探究"的新课标理念。

器材及媒体

滑动变阻器自制教具、示教板、自制小舞台、多媒体课件。

教学过程

一、新课引入

【演示情景】小舞台的灯光随剧情的发展而变化

老师展示一个小舞台，让学生观察：在电源电压不变的情况下，根据剧情的变化，舞台的灯光可以由暗变亮，也可以由亮变暗。

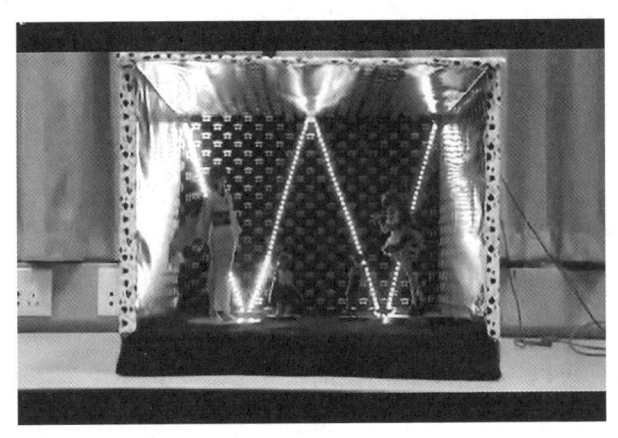

图1 灯光可变小舞台

老师提问：电源电压不变，为什么舞台的灯光亮度会发生改变？激发学生的好奇心，从而引入新课。

设计意图：本环节老师通过生动的实验，创设物理情景，激发学生探究的欲望，培养学生从生活走向物理的意识。

二、滑动变阻器的构造

学生从电源电压不变，而舞台灯光亮度又会发生变化想到，应改变电路中电阻的大小。

老师演示：将电阻线接入如图2所示的电路中，移动右侧的夹子，发现电路中电灯的亮度会发生变化，但是变化很不明显。

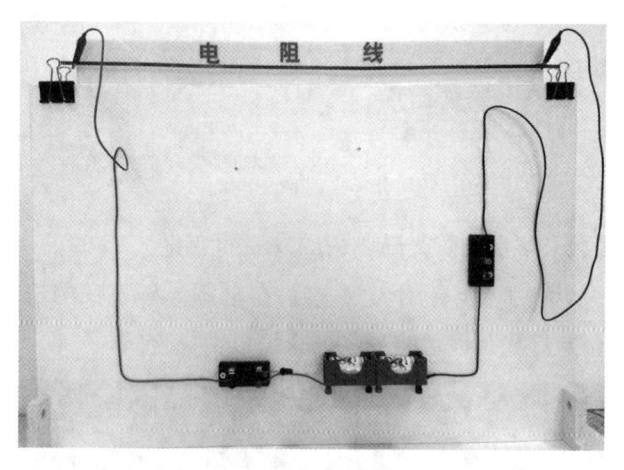

图 2　自制示教板

老师进一步提问：怎样将一根电阻线和一个夹子改装成一个具有使用价值的滑动变阻器。

老师与学生共同分析：在设计滑动变阻器过程中遇到的四个问题，在共同的讨论之下逐一得到了解决。

学生思考：可以通过增大电阻线的长度来改变电阻。

老师引导：当电阻线足够长时，移动夹子会出现操作不方便的问题，怎样解决？

学生回答：可以将电阻线绕起来。

老师展示：可以将电阻线绕在绝缘的瓷筒上，如图 3，但是不能绕在金属圆筒上。为了接线的方便，老师在电阻线的一端装上一个接线柱，成为下接线柱。

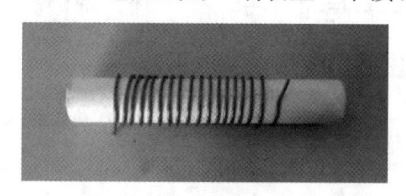

图 3　自制绕线瓷筒

老师演示：当很长电阻线绕在这么短的瓷筒上，就需要绕得很密，怎么解决问题？

学生思考：可以先在电阻线表面涂上绝缘漆，再将它绕在瓷筒上。

老师提问：当用手抓着夹子移动时，放开手后夹子会掉下来，如何解决？

学生思考：可以用架子将装置架起来。

老师演示：可以用如图4的金属棒、支架等将装置固定在瓷筒上，并在金属棒的一端装上一个接线柱，于是这个装置就有了上、下两个接线柱。

图4 夹子的安装部件

老师提问：现在这个装置可以使用了吗？

学生回答：不能，因为线圈表面是绝缘的，滑片与线圈不导通，形成断路。（由于问题比较难，学生想不出解决的办法）

老师展示：可以将滑片与线圈接触部分的绝缘漆刮掉，并通过课件将刮漆的部分线圈放大，如图5，发现相邻的线圈还是相互绝缘的，以此说明此方法可行。

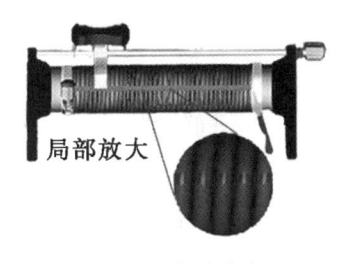

图5 线圈部分放大

老师演示：将改装后的装置接入如图6示教板中，移动滑片，发现电路中电灯的亮度果然发生了明显的变化，以此说明了滑动变阻器改装成功！

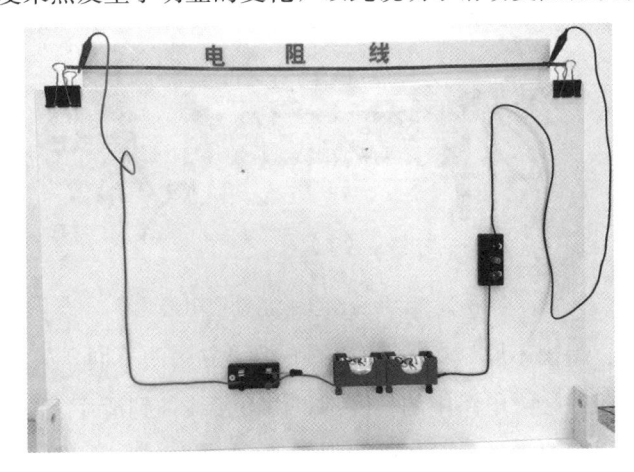

图6 改装成功后示意图

设计意图：在滑动变阻器的教学过程中，老师回避直接介绍现成仪器的做法，而是采取"从无到有"的构建方式，以"问题串"的形式展开教学，注重引导学生利用已有知识解决未知问题，不仅能帮助学生真正认识复杂的滑动变阻器的内部构造，同时在仪器的设计和问题解决过程中能够激发学生的发明、创造的欲望。

三、滑动变阻器的工作原理

老师提问：在如图 7 所示电路中，移动滑片时，接入电路中的电阻是变大，还是变小？

学生进行分组实验，根据电流表示数的变化，得出两种不同的结论：

一组学生说：当滑片向左移动时，电阻变小，向右移动时，电阻变大，如图 8（1）；

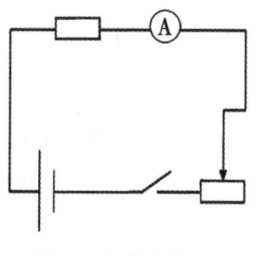

图 7　实验电路

另一组学生说，他们的情况恰好相反，如图 8（2）。

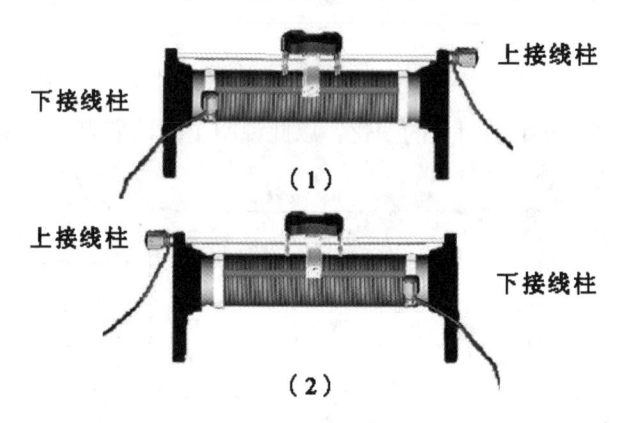

图 8　学生分组实验滑动变阻器

老师分析：得出不同结论的原因在于接线方法的不同。虽然两种接线方法不同，但电阻线接入电路中的长度都是由下接线柱到滑片之间的部分。

老师总结：通过课件显示，老师引导学生总结出滑动变阻器的变阻规律：只要滑片移近下接线柱，接入电路中的电阻线都变短，电阻变小；只要滑片远离下接线柱，接入电路中的电阻线都变长，电阻变大。

设计意图： 该设计方案不仅注重实验探究，同时非常注重实验归纳能力。在实验事实的基础上，引导学生利用课件中放大的图片，自主归纳出滑动变阻器阻值变化的判断依据，不仅能够帮助学生深刻理解滑动变阻器的工作原理，更重要的是可以加强学生理论分析和发现规律的能力，提高其科学素养。

四、滑动变阻器使用注意事项

老师出示如图9所示电路，将滑动变阻器的滑片置于阻值最小的地方。闭合开关，电灯闪了一下，灯丝被烧断了。让学生讨论其原因。

老师总结：①为了保护用电器，在开关闭合之前，应将滑动变阻器的滑片置于阻值最大的地方；②还应注意滑动变阻器的铭牌，保证通过它的电流不超过其允许最大值。

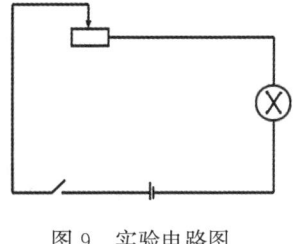

图9　实验电路图

设计意图： 本环节老师特别设置一次灯泡烧坏的现象，给学生留下深刻的印象。学生有了亲身的体验，更能体会在实验操作过程中秉持科学、严谨态度的必要性。

教学设计的创新之处

1. 教法创新

本节课突破传统教法，将滑动变阻器的直接讲授变为实验探究，引导学生从一根电阻线和一个夹子出发，遵循"从无到有"的构建思想，将其改造成滑动变阻器。学生在逐步发现并解决问题的过程中，最终设计出一个具有实用价值的滑动变阻器，深刻理解了滑动变阻器的构造和工作原理。

2. 滑动变阻器规律的引入

滑动变阻器的变阻规律对于中学生来说是一个比较抽象、容易混淆的问题。在本节课中，老师结合演示文稿中的动画演示，总结、归纳出一个简单、精炼的结论：只要滑片移近下接线柱，接入电路中的电阻线都变短，电阻变小；只要滑片远离下接线柱，接入电路中的电阻线都变长，电阻变大，有效地帮助学生理解滑动变阻器的变阻规律。实际教学中，往往一味注重实验探究，容易忽略实验的理论推理和实验归纳，因此推理和归纳等科学思维的培养是本节课的又一重点。

教具 24　灯光可变小舞台

【教具实物图】

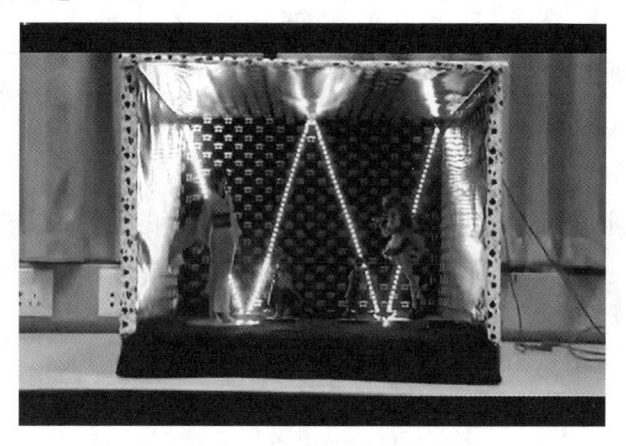

图 1　灯光可变小舞台

【制作目的】

创设可变灯光舞台物理情境，激发学生探究的欲望，从而引入新课。

【制作原理】

在电源电压不变的情况下，滑动变阻器通过改变接入电路的电阻值来改变电路中的电流，从而改变串联灯带的亮暗。

【制作材料】

电源、开关、滑动变阻器、彩色灯带、导线若干、木板、钉子、包装纸、透明胶。

【制作过程】

1. 切割木板并用钉子钉成一个无盖长方体，用包装纸将长方体内外表面进行包装（如图1）。

2. 在长方体底部两个角处钻两个孔，将彩色灯带摆成W形并用透明胶粘贴在长方体底部，两边延伸出来的灯带从两个孔穿出长方体。

3. 在长方体外部将电源、开关、滑动变阻器、灯带用导线串联起来。

4. 侧放长方体，使之成为一个小舞台，并将线路隐藏在长方体后方。

5. 在舞台上粘贴一些玩具舞者。

【使用方法】

闭合开关，调节滑动变阻器，让学生观察舞台上的灯光亮暗变化。

【注意事项】

在开关闭合之前，应将滑动变阻器的滑片置于阻值最大的地方，避免因电路电流过大烧坏灯带。

【仪器特色】

该仪器通过生动的灯光亮暗变化吸引学生注意力，激发学生探究的欲望，培养学生从生活走向物理的意识。

教具25　滑动变阻器演示仪

【教具实物图】

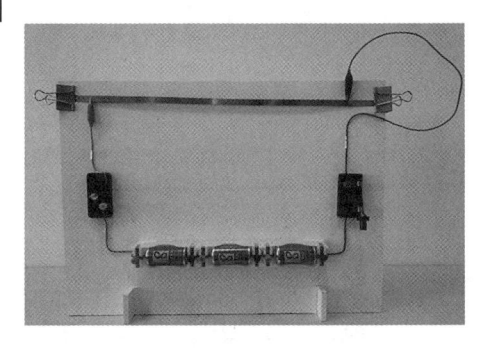

图1　原始的自制示教板

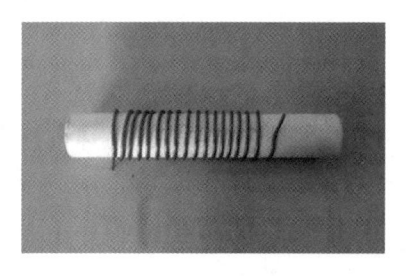

图2 自制绕线瓷筒　　　　图3 滑动变阻器的安装部件

图4 改装电阻后的示教板

【制作目的】

引导学生一步步设计出滑动变阻器，让学生深刻理解滑动变阻器的构造和工作原理。

【制作原理】

在电源电压不变的情况下，滑动变阻器通过改变接入电路的电阻线的长度来改变电阻值，从而改变电路中的电流，使得串联灯泡有亮暗变化。

【制作材料】

PVC板、电源、开关、小灯泡、导线若干、燕尾夹2个、电阻线、磁筒、滑动变阻器、双面胶、透明胶。

【制作过程】

1. 制作面板：将PVC板切割成长宽合适的面板，并制作两个脚使面板站立。

2. 原始示教板的组装：将电源、开关、小灯泡、电阻线用导线串联起来并固定在面板上，电源、开关、小灯泡用双面胶固定，导线用透明胶固定，电阻线用燕尾夹固定（如图1）。

3. 准备演示所需部件

（1）一根电阻线、一个磁筒。

（2）将滑动变阻器拆卸出各个部件：绕好线的瓷筒（含接线柱）、2个支架、夹子、金属棒、绝缘漆、两个接线柱。

【使用方法】

1. 闭合原始示教板上的开关，改变夹子在电阻线上的位置，即改变接入电路中的电阻线的长度（如图1），可以观察到小灯泡的亮度会发生细微变化，但变化不明显。

2. 只有电阻线足够长时，才能增大变阻器的阻值变化范围，为了操作方便，把长电阻线绕在绝缘的瓷筒上（如图2）。

3. 电阻线紧密地绕在绝缘瓷筒上会发生短路，因此在电阻线的表面涂上绝缘漆，再将它绕在圆筒上，展示绕好线的磁筒。

4. 为了使夹子能够在磁筒上自如地移动且不会掉下来，用两个支架把金属棒和磁筒架起来，夹子穿过金属板，就可以在磁筒上的线圈上自由移动。

5. 线圈表面是绝缘的，滑片与线圈不导通，要刮掉滑片与电阻线相接触部分的绝缘漆，完成滑动变阻器的改装。

6. 用组装好的滑动变阻器替代电阻线，接入刚才的电路中（如图4），移动滑片，灯泡的亮度发生了明显的变化。

【注意事项】

在开关闭合之前，应将电阻线/滑动变阻器的滑片置于阻值最大的地方，避免因电路电流过大烧坏灯泡。

【仪器特色】

该仪器从一根电阻线和一个夹子出发，将其改造成滑动变阻器，步步深入，层层推进，在发现设计过程中出现的问题时，马上改进设计方案，最后解决所有问题。相比于直接讲授滑动变阻器的构造和作用，该仪器能让学生更为主动地接受知识，培养学生发现问题，分析和解决问题的能力，增强学生的创新意识。

案例 18　电阻的串并联

教材分析

"电阻的串联和并联"是初中九年级《物理》（沪科版）第十五章第 4 节的内容。《义务教育初中物理课程标准》要求"会看、会画简单的电路图。能连接简单的串联电路和并联电路。能说出生活、生产中采用简单串联或并联的实例"。本节课是对串联、并联电路的电压、电流特点以及欧姆定律进一步加深理解的过程，同时还为后面学习家庭用电、电功、电功率等知识做好准备，起到承上启下的作用。教材中利用等效替代的思想方法定义了总电阻。但是纯理论的讲解方式学生理解起来较为抽象、难懂。教学中应充分遵循初中生以形象思维为主的特点，可以自制演示仪器，将总电阻和分电阻分别置于电路中，通过数显表显示电路中的电压和电流读数，从而深刻理解"电流状态不变"的等效思想。关于串、并联电阻规律的探究，充分体现了猜想、论证、理论推理、实验探究在科学研究中的重要作用，在该部分充分培养学生的问题意识、证据意识、推理、分析、归纳的能力和素养。

学情分析

学生已经知道了电压、电流、电阻的关系，掌握了串、并联电路的电压、电流特点，具备独立连接简单电路的能力和一定的分析、科学猜想能力，主动探究意识以及实验设计能力较强。但电阻的串联和并联较为抽象，学生在理解总电阻和分电阻的关系上可能出现困难，思维的灵活性有待提高。

教学目标

根据课程标准要求和学生学习的实际情况制定如下教学目标：

1. 知道串、并联电路总电阻的定义，掌握等效代替的研究方法。

2. 通过实验探究和理论推导，掌握串、并联电路总电阻和分电阻之间的定量关系，提升分析、推理、归纳等科学思维能力，养成严谨的科学态度。

教学重点和教学难点分析

重点：掌握串、并联电路的总电阻和分电阻之间的关系。

难点：学会用"等效代替"的方法设计实验。

教学设计理念

由于电阻的串联和并联距离学生的生活经验比较遥远，老师以一玩具游戏作为新课的引入，既体现了问题意识，也体现了"从生活走向物理，从物理走向社会"的新课改理念。物理学是一门以实验为基础的科学，本节课中教材用"等效替代法"定义了总电阻，但考虑到学生的抽象思维能力较弱，我们充分发挥实验的教育功能。通过自制"电阻串并联演示仪"，帮助学生体会电路状态保持不变的思想。关于"串联和并联电路中分电阻和总电阻定量关系"的猜想和理论推导环节，老师巧设层层的提问，在猜想、论据、分析、实验探究、理论推理等过程中，切实发展学生的思维能力，充分体现了"以学为中心"的教学理念。

器材及媒体

自制电阻的串、并联演示仪、模拟电阻（2个）、多媒体课件。

教学过程

一、新课引入

老师提问：电动玩具车（如图1）内的一个9Ω的电阻坏了，有阻值分别为3 Ω、4 Ω、5 Ω（比9 Ω小的）或2个18 Ω和一个20 Ω（比9 Ω大的）的电阻，怎样才能利用这些电阻来得到一个9 Ω的电阻使玩具车可以正常启动呢？从而引入新课。

设计意图：该环节老师通过实际需要来创设问题情境，激发学生强烈的求知欲，让学生带着问题意识进入新课学习。这种"前置问题"的做法，可以集中学生的注意力，调动学生进行主动的认知加工。

图1　电动玩具车

二、总电阻和分电阻

老师指出：要弄清楚这个问题，就要先知道什么是串联电路的总电阻。

老师用课件演示：

描述：这有两个电阻R_1、R_2串联在一起接入电路中，此时通过它们的电流$I=1$ A，它们两端的总电压为$U=10$ V。

操作1：这时老师将它们都拿走，用一个电阻R去代替R_1、R_2。

现象1：发现通过R的电流还是1 A，R两端的电压还是10 V，也就是电路的状态不变。

结论1：R是R_1、R_2的总电阻，而R_1、R_2就叫做R的分电阻。这种方法叫做等效代替法。

操作2：如果用另一个电阻R'去代替R_1、R_2。

现象2：发现电路的状态变了。

结论2：这种情况下，R'不是R_1，R_2的总电阻，且R_1、R_2不是R'的分电阻。

老师总结：串联电路总电阻的定义为：如果用一个电阻R代替两个串联着的电阻R_1、R_2接入电路后，电路的状态不变，即R两端的电压和通过它的电流都与原来的相同，那么R就叫做这两个串联电阻的总电阻。这种方法称为等效替代法。又因为电阻的实质是导体对电流的阻碍作用，用等效替代法定义的总电阻代替分电阻时，电路的状态会保持不变，即R对电流的阻碍作用与R_1、R_2是相同的。因此，用等效替代法来定义总电阻是科学的！

设计意图： 为了帮助学生深刻认识等效替代法在定义总电阻中的重要作用，老师介绍：用"伏安法"测量电阻时，无论电流表是外接还是内接，测得的总电压存在误差，从而使总电阻的得出会存在误差。而用等效替代法定义的总电阻R代替分电阻R_1、R_2时，电路的状态会保持不变，即R对电流的阻碍作用与R_1、R_2是相同的，这就是教材中采用等效替代法来定义总电阻的原因。通过将物理思想方法进行显性教育，让学生感受思想方法的重要作用。

三、电阻的串联

老师提问：串联后的总电阻跟每一个分电阻比较，阻值是变大了还是变小了？学生猜想：两个电阻串联后，相当于增加了电阻的长度，总电阻比每个分电阻都长，所以总电阻比每一个分电阻都大。

老师进一步引导：让学生猜想它们之间存在怎样的数量关系。

学生猜想：可能存在最简单的加、减、乘、除关系：

$R = R_1 + R_2$。

$R = R_1 - R_2$。

$R = R_1 \times R_2$。

$R = \dfrac{R_1}{R_2}$。

师生共同分析：由数学知识推理，R_1、R_2的和肯定比R_1、R_2都大，这个猜想合理。两电阻相减总电阻变小了，肯定不合理。对于$R = R_1 \times R_2$，如果R_1、R_2中任意一个小于1，那总电阻就变小。并且，从单位上看，$\Omega \times \Omega$等于Ω^2，这也说明相乘的猜想不合理。那除呢？如果R_2大于1，总电阻就变小，而单位方面，两电阻相除之后，单位约掉了，也不对！可见只有相加的猜想是合理的。

老师指出：合理是不是就一定正确呢？必须通过实验进行探究。

实验探究：老师引导学生利用等效替代法设计实验。（实验所用教具为自制教具）

老师介绍自制教具：自制教具由电源、开关、滑动变阻器、电阻（2 Ω、4 Ω、6 Ω）、导线、数字电压表、数字电流表组成。

老师演示：分别用数字电压表和数字电流表先测出 $R_1=2$ Ω 与 $R_2=4$ Ω 串联时电路两端的电压为 3.0 V 和通过的电流为 0.5 A（如图2）。

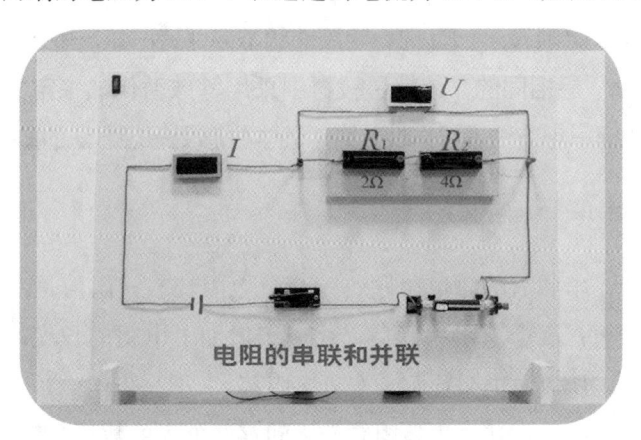

图2 电阻的串联（1）

然后用阻值为 $R=R_1+R_2=6$ Ω 的电阻代替它们接入电路（如图3），发现 R 两端的电压及通过的电流都与原来相同。

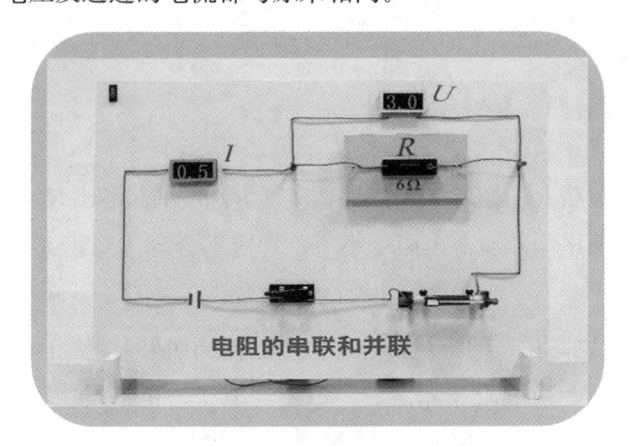

图3 电阻的串联（2）

从而得出：串联电路 $R=R_1+R_2$，老师通过多次实验后发现均满足上述关系，从而验证了上述猜想。

理论推导： 为了验证上述实验结论的普遍性，进行理论推导，（如图4）利用欧姆定律：$I=\dfrac{U}{R}$，$I_1=\dfrac{U_1}{R_1}$，$I_2=\dfrac{U_2}{R_2}$，和串联电路的特点 $U=U_1+U_2$；$I=I_1=I_2$。得出了 $R=R_1+R_2$ 的定量关系。

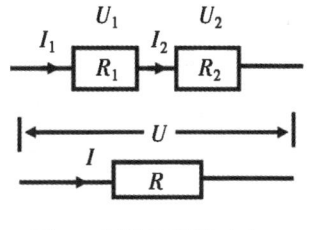

图4 电阻的串联（3）

老师总结： 实验探究和理论推导的结果是吻合的，即证明了 $R=R_1+R_2$ 结论的普遍性。

设计意图： 猜想环节使学生从感性认识上升为理性思索，培养学生科学分析、推理的能力。通过实验探究和理论推导，都得出相同结论的过程，提高学生运用理论和实验两种探究问题的能力，培养学生严谨的科学态度。

四、电阻的并联

老师提问： 并联后的总电阻跟每一个分电阻比较，阻值如何变化呢？

学生回答： 两个电阻并联起来后，它的横截面积比每个分电阻都大，所以总电阻的阻值就比每一个分电阻都小。

老师首先肯定学生回答，进而提问：如果一个 10000 Ω 和一个 0.01 Ω 的电阻并联，则总电阻就应当小于 0.01 Ω，老师问同学们是否相信。

学生回答： 不信。

老师引导： 必须找出总电阻与分电阻之间的定量关系。老师引导学生思考并联电路总电阻和分电阻之间是否也存在像串联电路那样简单的定量关系呢？

学生回答： 通过前面的学习知道——相加变大了，乘和除有可能变大也有可能变小，均不合理！相减变小了，合理。

老师针对学生的错误回答举例：如果一个电阻是 10 Ω，另一个是 1 Ω，那相减后就是 9 Ω，9 Ω 虽然比 10 Ω 小，但是比 1 Ω 大，并不会比每一个分电阻都小，所以这个猜想也不合理。

老师提问： 既然并联电路总电阻与分电阻之间不存在简单的定量关系，

239

那么它们之间到底存在什么样的关系呢？又该如何着手研究呢？

学生回答：可以利用等效替代法通过实验测出总电阻。

老师举例：老师课前通过等效替代的实验测得 2 Ω 和 3 Ω 的电阻并联后总电阻为 1.2 Ω，1 Ω 和 0.25 Ω 的电阻并联后总电阻为 0.2 Ω，提问同学们是否可以从实验数据看出 R 与 R_1、R_2 之间有什么定量关系。

学生一时难以看出来。

老师进一步提问：同学们，讨论到这里发现，并联电路总电阻和分电阻之间不仅不存在简单的加、减、乘、除的关系，而且通过等效替代的实验方法仍然难以发现它们之间的定量关系，那该采用什么样的方法才能得出结论呢？

学生回答：可以打破思维的定势，尝试先理论推导，后实验验证的方法！

老师肯定学生的回答：这位同学回答的非常好。接着老师引导学生进行理论推导。

【理论推导】

老师讲解：如图（图 5），电阻 R_1、R_2 并联后接入电路，并联电路两端的电压为 U，通过 R_1、R_2 的电流分别为 I_1、I_2，它们两端的电压分别为 U_1 和 U_2，干路电流为 I。当用一个电阻 R 代替 R_1、R_2 接入电路后，若电路的状态保持不变，则 R 就是 R_1、R_2 的总电阻，这时 R 两端电压必为

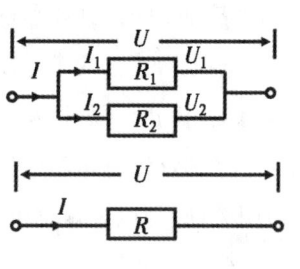

图 5 电阻的并联（1）

U，通过它的电流必为 I。根据欧姆定律：$I=\dfrac{U}{R}$，$I_1=\dfrac{U_1}{R_1}$，$I_2=\dfrac{U_2}{R_2}$，和并联电路的特点：$U=U_1=U_2$；$I=I_1+I_2$。可以得出 $\dfrac{1}{R}=\dfrac{1}{R_1}+\dfrac{1}{R_2}$ 的定量关系。即并联电路总电阻的倒数等于各分电阻的倒数之和。

老师进而提问：那理论推导出的公式：$\dfrac{1}{R}=\dfrac{1}{R_1}+\dfrac{1}{R_2}$ 是否符合实际呢？

【实验验证】

实验验证利用自制教具——自制电阻的串、并联演示仪

老师讲解实验思路：把阻值分别为 $R_1=10\ \Omega$、$R_2=15\ \Omega$ 的电阻并联后接入电路，数字电压表和电流表测的分别是它们两端的总电压和总电流。为了保护电路，并方便读数，再串联一个滑动变阻器。接通电路，用数字电压表和数字电流表分别测出两端的总电压和通过它们的总电流（如图6）。

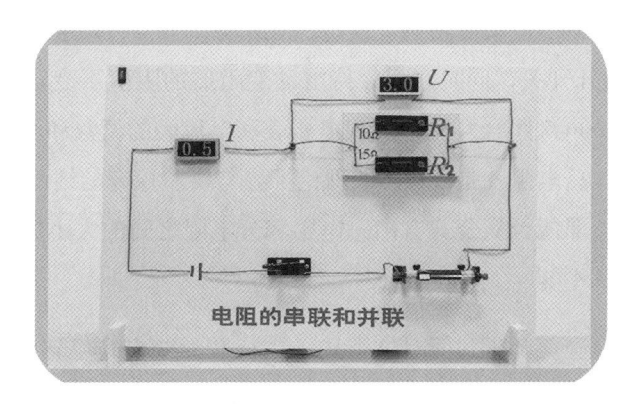

图6 电阻的并联（2）

接着，根据理论推导出的公式：$\dfrac{1}{R}=\dfrac{1}{R_1}+\dfrac{1}{R_2}$ 算出两电阻并联后的总电阻 $R=6\ \Omega$，代替 R_1、R_2 接入电路（如图7），认真观察数字电流表、数字电压表的示数会不会和原来的相同？

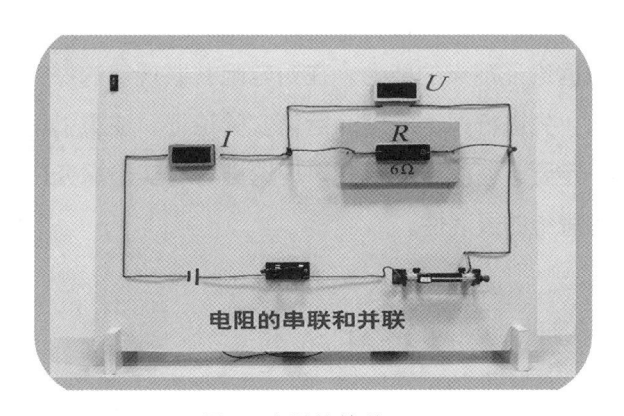

图7 电阻的并联（3）

实验演示：开始实验，并将实验数据记入表格中（表1）。

表1　电阻的并联实验数据记录

R_1/Ω	R_2/Ω	R/Ω	U/V	I/A
10	15		3.0	0.5
		6	3.0	0.5

闭合开关，调节滑动变阻器，使电流表示数为 0.5 A，这时电压表示数为 3.0 V。现在断开开关，同时注意保持滑动变阻器的阻值不变，将 R_1、R_2 换成 6 Ω 的电阻，再次闭合开关，发现电压表和电流表的读数和原来一样。

得出结论：总电阻就是 6 Ω。即理论推导与实验探究的结论是相符的。

老师提问：那能否从公式看出总电阻和分电阻之间的大小关系呢？

学生回答：不能。

老师继续引导：师生共同对这个式子进行数学变形，得到 $R=\dfrac{R_1\times R_2}{R_1+R_2}=R_1\times\dfrac{R_2}{R_1+R_2}$。因为 R_2 小于（R_1+R_2）所以 $\dfrac{R_2}{R_1+R_2}$ 比 1 小，明显看出 $R<R_1$，同理，$R<R_2$。现在同学们应该相信 10000 Ω 和 0.01 Ω 的电阻并联，总电阻确实小于 0.01 Ω 了吧。

设计意图：该环节首先通过严谨的理论分析，帮助学生对猜想进行合理的分析、推理与判断，在该过程中学生的思维能力得到极大的锻炼，帮助学生养成用事实依据论证观点的能力。在对电阻并联规律的探究中，教会学生打破思维的定势，先进行理论推理而后再实验论证。注重引导学生体会寻找物理规律并不一定要遵循固定的模式，理论推导与实验探究具有同样重要的地位，提高学生思维的灵活性。

教学设计的创新之处

1. 自制"电阻的串、并联演示仪"

教材中利用等效替代法直接定义串、并联电路的总电阻。本教学设计弥补教材空缺，自制了"电阻的串、并联演示仪"。自制教具美观、大方，竖直放置的演示仪可以让同学们都清楚地看到电路图。自制教具中的电压表和电流表采用的是数字表，方便同学们在课堂上读取电压值、电流值。学生从电压表和电流表的读数中，直观感受到"电路状态保持不变"的含义，深刻理解等效替代法的内涵。

2. **并联电路总电阻与分电阻之间的数量关系**

在着重强调实验对于物理的重要性而对理论推导有所弱化的现状下，对于并联电路总电阻与分电阻之间的定量关系的设计，打破了学生学习物理总是先通过实验得出结论后再理论推导验证的思维定势。当老师引导学生发现并联电路总电阻和分电阻之间不存在简单的加、减、乘、除关系后，让学生主动发现即使利用等效替代法，通过实验测出总电阻的大小，也难以发现它们之间的定量关系。从而启发学生想出必须采用先理论推导，后实验验证的方法才能得出结论。使学生明白寻找物理规律并不一定总要遵循从实验得出结论的固定模式，理论推导与实验探究具有同样重要的地位，从而提高了学生思维的灵活性！

教具 26　电阻串联和并联演示仪

【教具实物图】

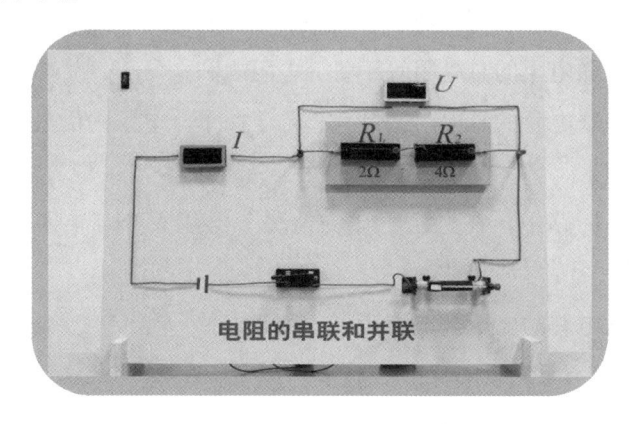

(a)

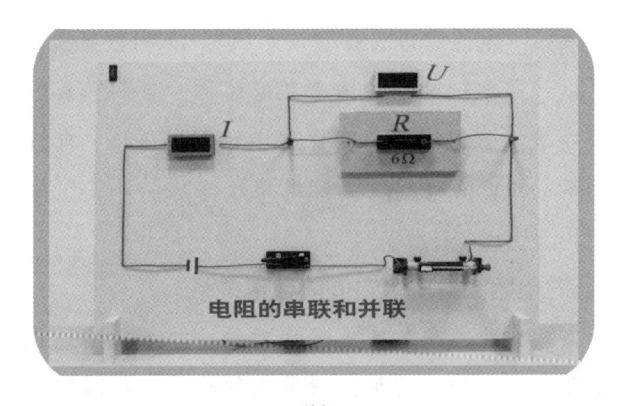

(b)

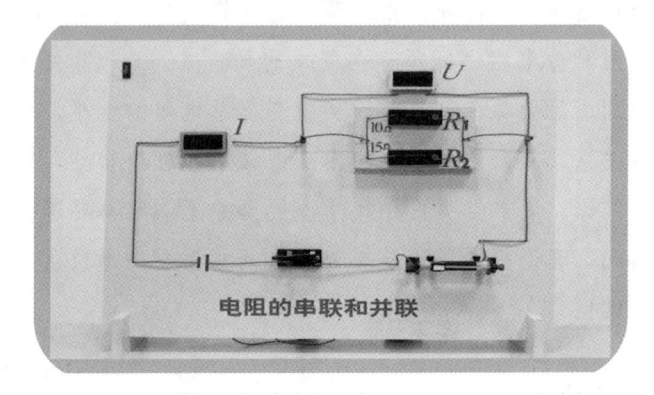

(c)

图1　电阻串联和并联演示仪

【制作目的】

验证串、并联电路的总电阻和分电阻之间的关系：

1. 两个串联电阻的总电阻等于各分电阻之和；

2. 两个并联电阻的总电阻的倒数，等于两个分电阻的倒数之和。

【制作原理】

1. 在同一回路中，在电压不变的情况下电流大小与电阻大小成反比关系：$I=U/R$。

2. 串并联电路的电压、电流特点。

【制作材料】

木板、变压电源2个、闸刀开关、按键开关、滑动变阻器（电阻最大值约在20Ω左右)、电阻（2Ω、4Ω、6Ω、10Ω、15Ω各一个)、导线若干条、导线固定卡扣、数字电压表、数字电流表、接线端子若干个、黄色割字纸、白色割字纸、红色割字纸。

【制作过程】

1. 制作面板：切割一块木板（50 cm×35 cm）作为面板，将面板用白色割字纸包装好。

2. 制作面板底座：取两块木板作为底座，在底座长边的中间切开一个凹槽，凹槽的宽度略微小于木板厚度（让面板正好可以卡在凹槽里面），将底座用白色割字纸包装好。

3. 制作电阻底座：如图1（a）、(b)、(c)所示，切割3个合适大小木板作为电阻底座并用黄色割字纸包装好，按照图1（a）、(b)、(c)所示将不同阻值和连接方式的电阻固定在三个电阻底座上备用。

4. 示教板的组装：如图1所示，在面板中间位置将电源符号、闸刀开关、滑动变阻器、数字电压表、数字电流表用导线连接成一个回路，在左上角安装按键开关控制数字电流表和数字电压表。

面板上需要钻洞的地方：（1）在电源符号的正负极两边分别钻一个导线恰好可以穿过的小洞用于连接电源；（2）在数字电压表、数字电流表、电阻面板、按键开关后方的面板上钻洞，用于固定仪器和接线；（3）分别在数字电压表、数字电流表两边各钻一个导线可以通过的小洞；（4）在电阻示教板与电路连接的地方打出用于安装接线端子的洞并装上接线端子。

5. 电源符号的小孔后面与一个变压电源相连，用于给回路通电；数字电流表、数字电压表、按键开关与一个变压电源相连，用于给数字电流表、数字电压表通电。

6. 用红色割字纸裁剪仪器符号并粘贴在面板上对应的仪器旁边，在面板底下粘贴教具名称。

【使用方法】

1. 电阻的串联

（1）将R_1（2Ω）与R_2（4Ω）串联的电阻示教板接入电路中［如图1

(a)]，闭合闸刀开关接通电路。

（2）打开按键开关，分别用数字电压表和数字电流表先测出 R_1 与 R_2 串联时电路两端的电压和通过的电流。

（3）更换电阻示教板，用阻值为 $R=R_1+R_2=6\ \Omega$ 的电阻代替 R_1、R_2 接入电路［如图 1（b）］，观察数字电流表、数字电压表的示数，发现 R 两端的电压及通过的电流都与原来相同，从而验证串联电路中 $R=R_1+R_2$。

2. 电阻的并联

（1）将 R_1（10 Ω）与 R_2（15 Ω）并联的电阻示教板接入电路中［如图 1（c）］，闭合闸刀开关接通电路。

（2）用数字电压表和数字电流表分别测出 R_1 与 R_2 并联时电路两端的总电压和通过的总电流。

（3）根据理论推导出的公式：$\dfrac{1}{R}=\dfrac{1}{R_1}+\dfrac{1}{R_2}$ 算出两电阻并联后的总电阻 $R=6\ \Omega$，将阻值为 $R=6\ \Omega$ 的电阻代替 R_1、R_2 接入电路［如图 1（b）］，观察数字电流表、数字电压表的示数，发现 R 两端的电压和通过的电流都与原来相同，从而验证理论推导 $\dfrac{1}{R}=\dfrac{1}{R_1}+\dfrac{1}{R_2}$。

【注意事项】

1. 为了保护电路，需串联一个滑动变阻器且滑动变阻器的滑片置于阻值最大的地方。

2. 电路安装注意点：（1）导线转角处用导线固定卡扣固定好；（2）导线与闸刀开关、滑动变阻器直接相连，不用穿到示教板后面。

【仪器特色】

该仪器操作方便、现象明显，竖直放置的演示仪可以让学生都清楚地看到电路图，同时自制教具中的电压表和电流表采用的是数字表，更加方便学生在课堂上读取电压值、电流值，深刻理解"电路状态不变"的含义。

案例 19　电流做功

教材分析

本节课是初中九年级《物理》（沪科版）第十六章第 1 节的内容。《义务教育初中物理课程标准》要求"结合实例，了解电功。通过实验，探究并了解焦耳定律，用焦耳定律说明生产、生活中的一些现象"。关于电功和电热的知识，教材在呈现顺序上是分立的两节内容。但由于初中阶段，大多研究的电路都为纯电阻电路，电热等于电功。因此，根据在纯电阻电路中，二者的等量关系，本教学设计将二者内容融通，通过"实验＋理论"的方式，廓清二者区别，并将二者知识联立，进行实验设计。

本节课是对功、机械能、内能的知识的进一步理解以及对电学基础知识的巩固，同时为后面学习电功率及电能的产生和输送奠定基础，是初中电学十分重要的一节。教材中利用等效替代法，将电流做功转化为煤油吸收的热能，但并没阐明电功与电热的区别，易导致学生混淆电功与电热的概念，影响今后电学知识的学习。可以将教材上的探究实验分析得更为细致化。例如，本设计利用自制教具——"电功电热区分仪"，在电风扇不转时和电风扇转动时让学生观察电流表和电压表示数，通过计算分析，区分电功与电热的概念。

而影响电流做功因素的探究充分体现控制变量、间接测量的思想和方法在物理实验中的重要作用，同时通过本章的学习，学生的计算分析、动手操作、实验设计的能力将得到进一步的提升，学生的逻辑思维、创造性思维将得到进一步发展。

学情分析

学生已经具备电学基础和能量观念，已掌握一定的科学探究方法，具备一定的观察分析能力。本节课是对学生的电学知识以及能量观念的综合应用。学生在利用所学知识解决电功基本问题上难度不大，但对电功以及电热的概念的区分上可能存在困难，且学生设计实验的能力较薄弱，观察、实验等方法需要老师明确的指导。

教学目标

根据课程标准和学生学习的实际情况制定如下教学目标：

1. 从能量转化的角度认识电功，知道做功与能量转化的关系；
2. 通过实验探究，掌握电功与电压、电流、通电时间的关系，以及电功和电热的区别；
3. 加深对控制变量法、间接测量法的理解，提高实验设计能力和创造性思维。

教学重点和难点分析

重点：掌握电功与电压、电流、通电时间的关系。
难点：(1) 探究"电功与哪些因素有关"的实验设计；
　　　(2) 电功与电热的区别。

教学设计理念

初中物理新课标提出："面向全体学生，提高学生科学素养；提倡教学方式多样化，注重科学探究。"以学生发展为本是本研究的设计初衷。物理教学不仅应教会学生知识，更重要的是渗透和传授物理研究的思想方法。控制变量法、间接测量法、理论推理结合实验论证等研究方法，对学生日后的生活、工作、不同学科的学习都有重要的作用。本节课注重将教学方法显性化教育，帮助学生灵活运用物理学的方法去解决实际问题。

本节课充分体现了教学方式多样化与注重科学探究的理念，引导学生用自制教具进行实验探究，引导学生分析实验数据，得出影响电流做功大小的因素是 U、I、t，并总结出电流做功的计算公式。一步步引导学生完成实验，让学生充分体验物理学是实验科学，同时培养学生的物理直觉和洞察力。为帮助学生分辨清楚电功和电热，利用教具测量电风扇扇叶不转时和扇叶转动时电流表及电压表的示数，再结合欧姆定律进行分析，帮助学生理清电功和电热的区别。

器材及媒体

起重机（包括重物、滑轮、电动机、支架、学生电源等）、自制电功探究仪（包括煤油、电阻丝、数字热敏温度计、数字电压表、数字电流表、变压器、导线及开关）、自制电功电热区分仪（电动机、数字电压表、数字电流表、电池、导线及开关）、多媒体课件。

教学过程

一、新课引入

老师提问：如何判断物体是否做功，以及做功过程中能量是否转化？

为了让学生自主得出结论，老师演示两个实验。

实验一：老师用手将一重物匀速提高，让学生判断人是否做功，并说出该过程中能量如何转化。

图1　手提重物

学生分析：由于重物受到人对它的拉力，并在拉力的方向上有距离，所以人有做功，人体的化学能转化为重物的机械能。

老师提问：电流会做功吗？

实验二：老师把重物挂在电动机上，通电后，重物被举高。

图2　起重机提重物

学生分析：电流也会做功，该过程电能转化为机械能。

接着让学生讨论以上两个实验，总结出判断物体是否做功的两种方法：

可以根据力和距离来判断。

可以根据能量转化来判断。

实验三：老师将一段电阻丝通电。

实验现象：电阻丝变红变热。

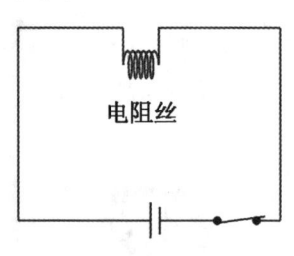

图3　电阻丝变热

老师提问：电流通过电阻丝，是否做功？

学生分析：虽然看不到力和距离，但电阻丝通电后变热，内能增加，电能转化成了内能，电流有做功。

老师给出电功定义：在物理学中把电流做的功称为电功。

设计意图：该环节着重指出做功和能量转化的关系，让学生明晰：即使看不到力和距离，但是可以通过判断能量是否发生转化从而判断做功的有无。该理论知识为后面测定电功的实验设计奠定重要基础。

二、实验探究

老师让学生猜想影响电功的因素，学生猜想影响因素有三个：电压 U、电流 I 和通电时间 t，所以要研究电功与它们三者的关系，必须采用控制变量法。

老师提出选用电阻丝为研究对象，电压、电流、通电时间在实验室中可以用仪器直接测量，唯独电功在实验室中无法直接测量。所以对电功的测量，用到两次间接测量法。首先把测电功转化为测电阻丝内能的增加量，接着又转化为测煤油吸收的热量。在此老师强调：由于实验中电阻丝的温度并不高，向外散热也就不多，所以可以不计热量损失，即 $W=Q=cm(T-T_0)$。只要测出煤油吸收的热量 Q 就可近似测量 W。实验中让煤油的比热容 c、质量 m、初温 T_0 都相同，所以要比较 W 只要比较煤油末温 T 即可，从而把难以直接测量的电功 W 转化为可直接观察的煤油末温 T，使实验得以顺利进行。

老师指出：若只用一段电阻丝，虽然可以用来研究 W 与 t 的关系，却无法用来研究 W 与 U、I 的关系。因为两端的电压改变，电流肯定变，无法控制变量。因此还需要另一段电阻丝，进行巧妙的设计从而解决控制变量的问题。

老师提问：如何使得两段电阻丝的 I 相同而 U 不同？

学生思考得出：将两段阻值不同的电阻丝串联来实现电流 I 相同，电压 U 不同，以此来研究 W 与 U 的关系。

老师再次提问：如何使得两段电阻丝的 U 相同而 I 不同？

学生类比得出：并联两段阻值不同的电阻丝实现电压 U 相同，电流 I 不同，以此来研究 W 与 I 的关系。

老师指出：为了让通电时间 t 相同，只要用开关进行控制。

师生共同设计出完整的实验方案。

图4 探究W与U关系　　　　　图5 探究W与I关系

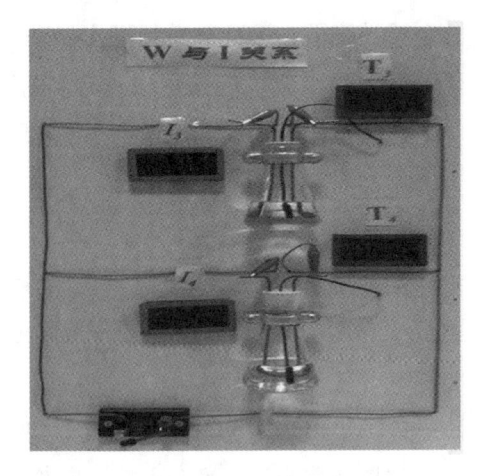

老师在与学生讨论实验方案的过程中出示自制电功探究仪。

通过老师演示实验，采集数据，完成表格1和表格2。

表1 W与U关系

W～U	R_1	R_2	比较
电压	U_1	U_2	$U_1>U_2$
煤油末温	T_1	T_2	$T_1>T_2$
电功	W_1	W_2	$W_1>W_2$
结论	\multicolumn{3}{c}{W与U有关，U越大，W越大}

表2 W与I关系

W～I	R_3	R_4	比较
电流	I_3	I_4	$I_3>I_4$
煤油末温	T_3	T_4	$T_3>T_4$
电功	W_3	W_4	$W_3>W_4$
结论	\multicolumn{3}{c}{W与I有关，I越大，W也越大}

师生共同分析表格得出：

①W与U有关，U越大，W越大。

②W与I也有关，I越大，W也越大。

老师提示：整个实验过程中，每段电阻丝的U和I都保持不变，随着通电时间t的增加，煤油的温度不断升高，即t越大，W就越大。

整个实验说明W与U、I、t都有关。

老师提出：上面的实验我们研究出了W与U、I、t的定性关系，科学家通过更精确的实验发现 $W=UIt$。

设计意图：在分析了多个版本教材的实验方案后，本设计综合各个版本教材的优势，在此基础上进行改进和创新。利用热敏温度计与数显表来显示温度，并将电路中的所有线路规整地排列在竖直白板上，突出研究重点，同时实现了教具最大程度的可视化。在反复的实验研究中，发现煤油的成本较高，有刺激性气味，微毒，不利于人体健康。换用水进行实验，尽管使用了热敏温度计，温度的变化仍然不明显。经过对花生油、葵花籽油、蓖麻油等多种油类进行综合对比，最终发现，蓖麻油虽然温度上升得快，但是预热时间需要很长，不适宜课堂教学，而花生油的效果是最佳的！花生油加热 1 分钟后，温度即有明显的变化，且同一电路中的两个烧杯中，花生油的温度是有明显差别的，即实验对比效果明显。用花生油代替煤油是本研究的一个重大突破，其取材方便，且更加环保与健康。

三、电功与电热的区别

老师提问：能不能根据欧姆定律 $\left(I=\dfrac{U}{R}\right)$ 把电功 $W=UIt$ 改写成 $W=I^2Rt=\left(\dfrac{U^2}{R}\right)t$？

大部分学生认为可以。

老师说明：在物理学中把 $W=I^2Rt=\left(\dfrac{U^2}{R}\right)t$ 这两种形式称为电热。

关于电功与电热区别的概念教学，老师制作了如下的小教具（图 6）。将一台电枢电阻为 3.4 Ω 的电动机串联在电路中，可分别用电压表和电流表测出其电压与电流。

（1）探究纯电阻电路中电功与电热的关系

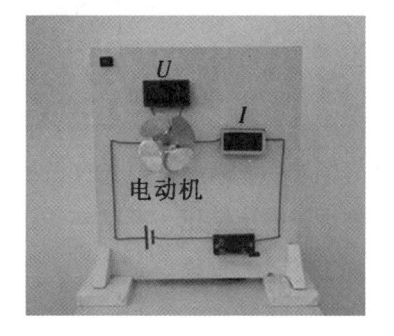

图 6 电功与电热区分仪

①闭合开关K，并用手抓住小电动机的转轴，使之不转动，读出此时电压为3.4 V、电流为1.0 A，将其记录下来（图7左图）；

②计算出$\frac{U}{I}$的值，发现$\frac{U}{I}=3.4\ \Omega$，即$\frac{U}{I}$的值为电动机的阻值R，即$R=\frac{U}{I}$，欧姆定律成立，从而根据欧姆定律可推理得出$UIt=I^2Rt$。因此，在纯电阻电路中，欧姆定律适用，此时电功等于电热。

（2）探究非纯电阻电路中电功与电热的关系

①闭合开关K，将电流表开关先断开，让电动机转轴转动起来，叶片也转动起来。此时有一部分电能转化为了机械能，因此电路不是纯电阻电路。实验发现，电路中的电压较之前变大了，为4.2 V。

②由于电动机的阻值在两次实验中几乎不变，按照常规思维，学生推理此时电路中的电流应该也会变大。打开电流表开关，却发现电流不仅没有增大，反而还减小了，为0.3 A！可见，在非纯电阻电路中，欧姆定律已经不适用，电功也就不能改写为电热，即电功不等于电热（图7右图）。

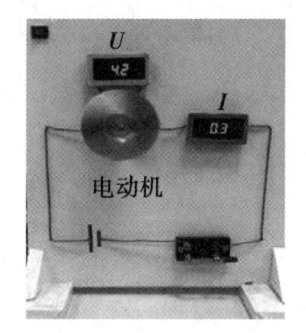

图7　实验数据图

设计意图：关于"电功并不总是与电热相等"，有效地规避了枯燥的讲解，借助自制教具，以显化的实验研究结合理论的逻辑推理，最终让学生自主发现并得出结论。实验与理论相结合的研究方式，契合初中学生以形象思维为主的认知规律。

教学设计的创新之处

1. 概念辨析教学创新

在此次教学中创新性引进电功与电热区别的教学片段，分别让电动机的转轴转与不转，让学生通过观察电压表和电流表示数的变化，直观地看到电功与电热的区别。老师再加以能量观点进行分析，让学生在一开始就意识到电功和电热是两个不同的概念，以免先入为主的错误认知对将来高中的学习产生负面影响。

2. 教具创新

为了帮助学生探究电功与哪些因素有关，老师对教材上给出的实验进行改进，教材上的实验线路杂乱繁琐，电路类型不明显，指针式电表、水银温度计读数不稳定且不易于学生观察。老师按照教材要求，针对实验的不足，对实验进行数字化改进，自制电功探究仪，将串、并联电路整合到一块展示板上，使得电路类型清楚，线路简洁，便于学生观察分析；利用数字电压表、电流表和热敏温度计代替传统的指针式电表和水银温度计，使得读数方便，且变化更加明显。数字化显示更能激发全体学生的兴趣，便于引导学生进行实验思考。

3. 教学环节和方法的创新

老师首先通过提问和实验，层层递进，步步深入，帮助学生掌握判断物体做功的两种方法，并进一步引导学生认识电流也会做功，为后面设计实验奠定理论基础。进而，通过设问与小组讨论，让学生理解探究影响电功因素的实验所用到的物理方法的精髓，即间接测量法和控制变量法。通过数字化显示的自制教具帮助学生更好更快地掌握电功与电压、电流、通电时间的定性关系，为以后学习定量关系打好基础。最后，利用自制的"电功与电热区分仪"，帮助学生利用实验数据和理论分析相结合的方法，辨析二者概念的区别。

教具 27　电功探究仪

【教具实物图】

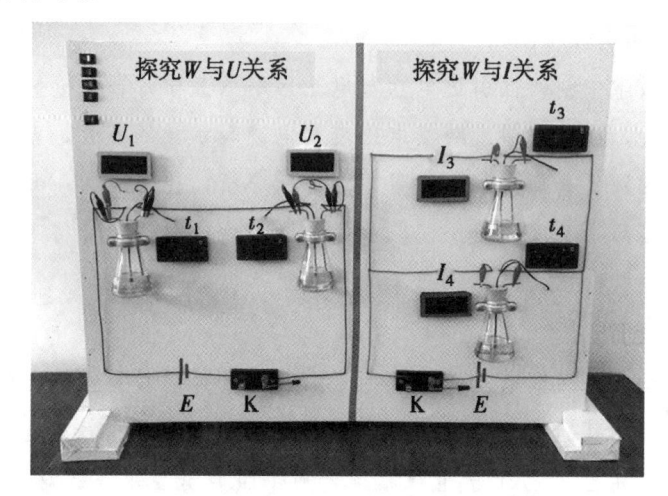

图 1　电功探究仪

【制作目的】

探究电功与电压、电流、通电时间的定性关系。

【制作原理】

1. 电功与电压、电流、通电时间成正比，即 $W=UIt$；

2. 电阻丝通电后内能增加，温度升高，煤油就会从电阻丝吸热，若不计热量损失，只要知道煤油吸收的热量，就可以间接知道电阻丝内能的增加量，也就知道了电功的多少，即 $W=\Delta E=Q$；

3. 煤油吸收的热量可通过公式 $Q=cm(T-T_0)$ 测得，比热容 c 可以直接查表，质量 m 可以用天平测，温度差 $(T-T_0)$ 可以用温度计测。

【制作材料】

木板、变压电源 7 个、闸刀开关 2 个、按键开关 5 个、导线若干条、导线固定卡扣若干、数字电压表 2 个、数字电流表 2 个、数字热敏温度计 4 个、煤油、玻璃瓶、橡胶塞、电阻丝、铜线、金属固定架、白色割字纸、红色割字纸、蓝色割字纸。

【制作过程】

1. 制作面板

切割一块木板（70 cm×50 cm）作为面板，将面板用白色割字纸包装好，在面板的中间偏右位置粘贴一条蓝色割字纸将面板分为左右两边。

2. 制作面板底座

取两块木板作为底座，在底座长边的中间切开一个凹槽，凹槽的宽度略微小于木板厚度（让面板正好可以卡住在凹槽里面），将底座用白色割字纸包装好。

3. 制作电阻丝装置

（1）准备4个相同的带橡胶塞的玻璃瓶，在每个橡胶塞上均匀地打三个洞。

（2）取8根铜线（用于接通电路和固定电阻丝），从每个橡胶塞的左右两个洞插入玻璃瓶，将规格不同的电阻丝缠绕在铜线的下端，并将露在玻璃瓶外部的铜线弯曲以便与电路连接。

（3）向玻璃瓶里分别加入等量的煤油（约四分之一瓶），使电阻丝浸没在煤油中。

4. 示教板的组装

（1）在左侧面板上将两个电阻丝串联：将电源符号、闸刀开关、装有电阻丝的煤油玻璃瓶用导线连接成一个回路，将煤油瓶用金属固定架固定在面板上，并在两个煤油瓶铜线上接上两个数字电压表，往橡胶塞上的另外一个孔放入热敏温度计测煤油温度，在左上角安装按键开关控制两个数字电压表和两个热敏温度计。

（2）在右侧面板上将两个电阻丝并联：将两个装有电阻丝的煤油玻璃瓶、数字电流表并联在电路中，并与电源符号、闸刀开关用导线连接成一个回路，煤油瓶用金属固定架固定在面板上，往橡胶塞上的另外一个孔放入热敏温度计测煤油温度，在左上角安装按键开关控制两个数字电流表和两个热敏温度计。

面板上需要钻洞的地方：①在电源符号的正负极两边分别钻一个导线恰好可以穿过的小洞用于连接电源；②在数字电压表、数字电流表、热敏温度计、按键开关后方的面板上钻洞，用于固定仪器和接线；③分别在数字电压表、数字电流表两边、热敏温度计上方各钻一个导线可以通过的小洞。

5. 两个电源符号的小孔后面与一个变压电源相连，用于给回路通电；左侧的两个数字电压表、一个按键开关与一个变压电源相连，两个热敏温度计、一个按键开关与一个变压电源相连；右侧的两个数字电流表、一个按键开关与一个变压电源相连，两个热敏温度计、一个按键开关与一个变压电源相连。

6. 用红色割字纸裁剪仪器符号并粘贴在面板上对应的仪器旁边，在面板左右两侧上方分别粘贴教具探究的内容。

【使用方法】

1. 探究 W 与 U 关系

（1）闭合左侧面板的闸刀开关，对浸没在煤油中的电阻丝进行加热。

（2）打开与两个数字电压表连接的按键开关，可以看到两个电阻丝两端电压不同。

（3）打开与两个热敏温度计连接的按键开关，可以观察到加热过程中随着通电时间的增加，每瓶煤油的温度都在不断地升高。

（4）断开闸刀开关，当煤油的温度不再升高时，读出末温，可以发现两端电压 U 大的电阻丝，煤油的末温 T 更高，即电功 W 更大。

2. 探究 W 与 I 的关系

（1）闭合右侧面板的闸刀开关，对浸没在煤油中的电阻丝进行加热。

（2）打开与两个数字电流表连接的按键开关，可以看到两个电阻丝两端电流不同。

（3）打开与两个热敏温度计连接的按键开关，可以观察到加热过程中随着通电时间的增加，每瓶煤油的温度都在不断地升高。

（4）断开闸刀开关，当煤油的温度不再升高时，读出末温，可以发现通过的电流 I 大的电阻丝，煤油的末温 T 更高，即电功 W 更大。

4. 探究 W 与 t 的关系

整个实验过程中，每段电阻丝的 U 和 I 都保持不变，随着通电时间 t 的增加，煤油的温度不断升高，即 t 越大，W 就越大。

【注意事项】

1. 电路安装注意点：①导线转角处用导线固定卡扣固定好；②导线与闸刀开关、铜线直接相连，不用穿到示教板后面。

2. 注意玻璃瓶中的电阻丝和温度感应器应浸泡在煤油中且不触碰玻璃瓶底。

3. 不要长时间通电，避免因为煤油温度过高导致玻璃瓶炸裂。

【仪器特色】

1. 对电功的测量，用到两次间接测量法：把测电功转化为测电阻丝内能的增加量，接着又转化为测煤油吸收的热量。实验设计充分调动学生思维的积极性，让学生灵活地将未知的问题转化为已知的知识加以解决，有效地培养了学生实验设计能力和创造性思维。

2. 将串、并联电路整合到一块展示板上，使得电路类型清楚，线路简洁，便于学生观察分析；利用数字电压表、电流表和热敏温度计代替传统的指针式电表和水银温度计，使得读数方便，且变化更加明显。数字化显示更能激发学生的兴趣，便于引导学生进行实验思考。

教具 28　电功电热区分仪

【教具实物图】

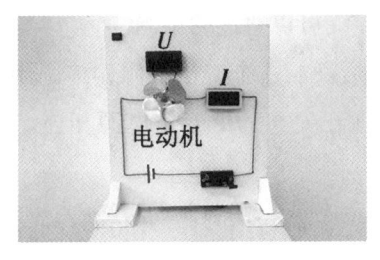

图 1　电功与电热区分仪

【制作目的】

让学生明确电功和电热是两个不同的概念。

【制作原理】

电机做功，电能可以转化为内能或机械能。

【制作材料】

木板、变压电源、闸刀开关、按键开关、直流电机（电枢电阻为 3.5 Ω）、数字电压表、数字电流表、导线若干条、导线固定卡扣若干、铁片、白色割字纸、红色割字纸、白乳胶。

【制作过程】

1. 制作面板：切割一块木板（35 cm×25 cm）作为面板，将面板用白色割字纸包装好。

2. 制作面板底座：取两块木板作为底座，在底座长边的中间切开一个凹槽，凹槽的宽度略微小于木板厚度（让面板正好可以卡在凹槽里面），并用四块三角形木块粘贴加固，将底座用白色割字纸包装好。

3. 制作电机扇叶：将铁片切割成风扇状，安装在电机上。

4. 示教板的组装：如图 1 所示，在面板中间位置将电源符号、闸刀开关、电机、数字电流表用导线连接成一个回路，将电压表并联在电机两端，在左上角安装按键开关控制数字电流表和数字电压表。

面板上需要钻洞的地方：①在电源符号的正负极两边分别钻一个导线恰好可以穿过的小洞用于连接电源；②在数字电压表、数字电流表、电机、按键开关后方的面板上钻洞，用于固定仪器和接线；③分别在数字电压表、数字电流表两边各钻一个导线可以通过的小洞。

5. 电源符号的小孔后面与一个变压电源相连，用于给回路供电；数字电流表、数字电压表、按键开关与一个变压电源相连，用于给数字电流表、数字电压表供电。

6. 用红色割字纸裁剪仪器名称/符号并粘贴在面板上对应的仪器旁边。

【使用方法】

1. 探究纯电阻电路电功与电热的关系

（1）用手抓住电机的扇叶，闭合闸刀开关。

（2）打开与数字电流表、数字电压表连接的按键开关，读出此时电压、电流值，将其记录下来。

（3）计算 $\frac{U}{I}$ 的值，发现等于电机的阻值 R，欧姆定律适用，电功 $W=UIt$ 可以改写成 $W=I^2Rt=\frac{U^2}{R}t$，电功等于电热。

2. 探究非纯电阻电路电功与电热的关系

（1）闭合闸刀开关，让电机转动起来。

（2）打开与数字电流表、数字电压表连接的按键开关，观察到电压表示数比之前变大了，如果欧姆定律成立，电流表示数也会变大。

（3）观察电流表示数，发现示数减小了，说明在非纯电阻电路中，欧姆定律不适用，电功不等于电热。

【注意事项】

只能在短时间内用手抓住电机的扇叶，否则容易因为电流过大烧坏电机。

【仪器特色】

该仪器突破了电功与电热的区别这一难点，实验现象直观，前后对比明显，让学生意识到电功和电热是两个不同的概念，了解欧姆定律的适用范围，以免先入为主的错误认知对将来高中的学习产生负面影响。

案例 20　电功率

教材分析

本节课是初中九年级《物理》（沪科版）第十六章第 2 节的内容。《义务教育初中物理课程标准》要求"结合实例，了解电功和电功率。知道用电器的额定功率和实际功率"。电功率是在学习了电流、电压、电阻、电功等知识后的又一个电学量，它是生活中各类电器铭牌上的重要指标，在生活和生产中有着重要的实际应用。通过电功率的学习，一方面可以加强学生安全使用电器的意识，另一方面让学生感知物理知识对生活的重要指导作用，加深学生"信物理、用物理、爱物理"的科学信仰。

本节课既是对电能、电功知识的进一步深化，又是测量小灯泡电功率知识的理论基础。通过本节课的学习可以加深学生对电学知识的理解和实际应用。

学情分析

在知识方面，学生已经学习了机械功率以及电功的知识，这为学习电功率打下重要的理论基础。初三的学生具有较强的观察能力，并且对实验有较大的兴趣，教学中应充分考虑学生的能力和心理特点，设计演示实验调动学生学习物理的积极性。

教材对于电功率的知识，采用的是从电功公式直接推导得出电功率的计算公式。但是考虑到初中学生的抽象思维比较薄弱，对于实际功率和额定功率、纯电阻电路等知识的认识存在较大的困难，因此本教学设计弥补教材的缺失，利用自制教具设置对比实验，通过实验证据突破知识难点。

教学目标

根据课程标准要求和学生学习的实际情况制定如下教学目标：

1. 利用已有知识，通过类比和推导，理解电功率，知道实际功率与额定功率的区别与联系；

2. 经历理论推导和实验验证，感受"理论＋实验"的研究方法对建构新知的重要作用，并体会物理知识对生活的指导作用。

教学重点和教学难点分析

重点：（1）电功率的概念。
　　　（2）探究电灯亮度的决定性因素。
难点：（1）实际功率、额定功率的区别与联系。
　　　（2）电功率变形公式 $P=U^2/R=I^2R$ 的适用范围。

教学设计理念

物理演示实验教学既是物理课程教学的基本方式和手段，也是初中物理教学的重要内容和主要环节。一方面，通过"电流做功快慢"和"电功率"的演示实验，帮助学生建立"电功率"的物理概念，培养学生的观察能力和思维能力；另一方面，通过"探究电功率变形公式"的实验装置，引发学生的认知冲突，帮助学生理解电功率计算公式的适用范围。电动机在本节课教学中的引入，体现了"物理来源于生活，又服务于生活"的课标理念。

器材及媒体

自制电流做功快慢演示仪、自制电功率演示仪、自制探究电功率变形公式实验装置、多媒体课件。

教学过程

一、电功率

老师演示实验：

描述：用两个转速不同的电动机将等重的钩码匀速提高到相同的高度 H。

操作：同时闭合开关。

要求学生注意观察实验现象。

老师提问：大家观察到什么现象？

现象：两个重物上升到相同高度 H 所用时间不同。

老师分析：两次实验的电功是相同的，但是重物上升到相同高度所用的时间不同，可见电流做功是有快有慢的。

图1　电流做功快慢演示仪

老师提问：如何描述电流做功的快慢？

学生进行讨论。

老师启发：我们可以类比机械功率，用做功的多少与所用时间的比值即 W/t 来描述电流做功的快慢。

老师指出：我们将做功的多少与时间的比值定义为电功率，用符号 P 来表示。单位是瓦，其意义就是用来描述电流做功的快慢。

老师演示实验：

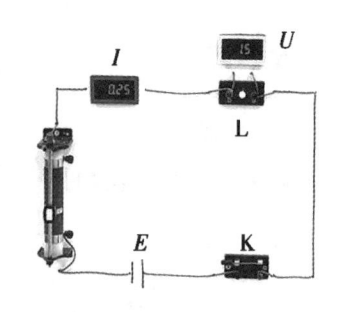

描述：一个小灯泡和滑动变阻器、开关、电源、电流表组成一个闭合电路，灯泡的两端接上电压表。

操作：闭合开关。

现象：小灯泡亮了。

老师提问：电灯亮了说明电流做功了吗？

图2　电功率演示仪

264

学生分析：这时虽然没有观察到力和力方向上距离，但是有能量的转化，电能转化为灯丝的内能和光能，所以电流是有做功的。

老师提问：能否根据电路中的电压表和电流表的示数计算出电灯的电功率呢？

学生思考并回答：可以将公式：$P=\dfrac{W}{t}$ 变形为 $\dfrac{UIt}{t}=UI$，即可算出电功率。

老师总结：上述两个式子，都可算出电功率；但前者是电功率定义式，后者是决定式。

设计意图：该环节通过实验创设问题情境，激发学生的求知欲，引导学生利用已有的知识，即类比机械功率求得电功率的定义式，充分发挥原有知识对建构新知识的积极作用，促进知识的顺利迁移。

二、电灯亮度与电功率

老师提问：同一盏电灯的亮度由什么决定的？

老师继续引导学生先理论分析发现是由电功率决定的。

依据：电功率的值等于单位时间内电流做功的多少，电功率越大，单位时间内电流所做的功就越多，就有越多的电能转化为光能，因此电灯就越亮。

接着通过实验验证：

描述：将电源、开关、滑动变阻器、电灯组合成一个回路，电灯两端接上电压表。

操作：调节滑动变阻器，改变电压和电流，进而改变电功率。

现象：电功率变大时，电灯随之变亮，电功率变小时，电灯随之变暗，电功率不变，电灯的亮度也不变。

结论：同一盏电灯的亮度是由电功率决定的。

老师总结：电灯两端的电压称为实际电压，流过电灯的电流称为实际电流，二者的乘积称为实际功率。并将刚才的结论改写为：同一盏电灯的亮度是由实际功率决定的。

老师提问：那么实际电压、实际电流、实际功率各有多少个值呢？

演示实验：缓慢移动滑动变阻器滑片，要求学生注意观察，发现实际电压、实际电流、实际功率都在变化。

老师提问：根据实验现象大家能回答一下实际电压、实际电流、实际功率各有多少个值呢？

学生回答：很多个值。

老师补充：从理论上说，实际电压、实际电流、实际功率都有无数个值。

老师请学生观察电灯的铭牌，发现铭牌上只标有一个电压值和一个功率值。

学生提问：既然实际电压、实际电流、实际功率有无数个值，为什么电灯的铭牌上只标有一个值，这是不是有什么特殊的含义？

老师演示：调节滑动变阻器，使电灯两端的电压分别为小于铭牌上所标值、大于铭牌上所标值、等于铭牌上所标值。

学生观察到：当电灯的实际电压小于铭牌上所标值时，亮度较暗（图3）。当小电灯实际电压大于铭牌上所标值时（图4），比较刺眼，感觉灯丝都快要烧断了。当电灯的实际电压恰好等于铭牌上标的值时，亮度适中（图5）。

让学生根据电路中电压表与电流表的示数（图5）计算电灯实际电压与铭牌值一致时的实际功率，发现实际功率的值与铭牌上所标的值是一致的。

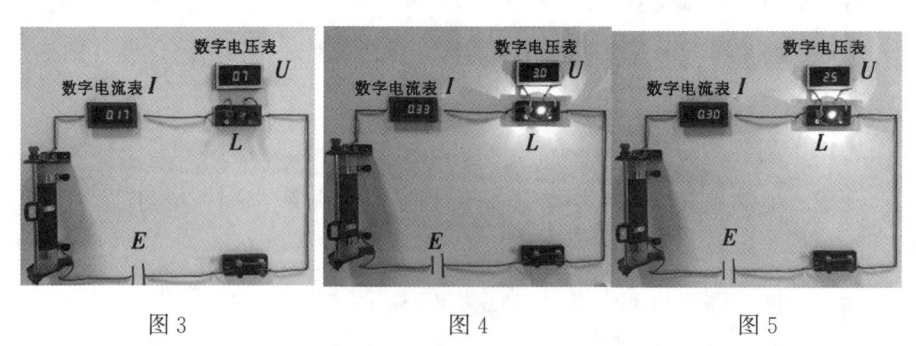

图3　　　　　　　图4　　　　　　　图5

老师指出：我们将电灯的这种状态称为正常发光。电灯正常发光时的实际电压称为额定电压，与额定电压对应的实际电流称为额定电流，与额定电压或额定电流对应的实际功率叫做额定功率。

老师提问：刚才已经讨论过实际电压、实际电流、实际功率都有无数个值，那么额定电压、额定电流、额定功率各有多少个值呢？

学生思考讨论。

老师说明：因为正常发光时的实际电压、实际电流、实际功率才被称为额定电压、额定电流、额定功率，由于正常发光的状态只有一个，因此额定电压、额定电流、额定功率的值也都只有一个。

老师总结：电灯铭牌上标的值就是它的额定电压和额定功率，工厂制造时按用电器正常工作的指标制造，并且在铭牌上标上额定电压、额定功率的值。

设计意图：该环节先引导学生进行理论分析，从能量转换的角度，结合公式的物理意义，经历理论分析发现小灯泡的亮度是由实际电功率决定的。其次，设置3个典型对比实验，帮助学生进一步厘清实际功率与额定功率的区别与联系。该环节的设置充分体现"以生为本"的理念，让学生在分析、对比、推理等过程中建构新知，提升思维能力。

三、电功率变形公式的适用范围

老师提问：根据欧姆定律推导的电功率变形公式 $P=U^2/R=I^2R$，是否在各种电路中都适用？

演示实验：

描述：将电动机、开关、电源、电流表组成一个闭合电路，电动机两端接上电压表，电动机内部线圈电阻约为3 Ω。

操作1：按住转叶，接通电路，测出此时的电压值和电流值。（图7）

分析：利用欧姆定律进行计算，得出电阻值也是约为3 Ω。

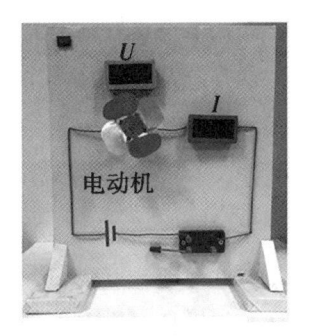

图6 探究电功率变形公式实验装置

结论：可见欧姆定律及变形公式在电动机不

转动时是适用的。

操作 2：将电流表熄灭，让电动机转动。

老师提问：大家猜猜看，电动机转动起来后电压表的示数会发生变化吗？

学生回答：不会。

老师演示：让电动机转动。

现象：电压表示数变大了，从原来的 3.4 V 变为 4.2 V。

老师提问：如果此时欧姆定律依然成立，那么电流表示数应该如何变化？

学生回答：随之变大。

老师演示：让电流表再次工作。

现象：电流表示数变小。（图 8）

图 7　　　　　　图 8

老师指出：电流表的示数不但没有增大，反而减小，可见欧姆定律及变形公式在电动机转动时是不适用的。

老师总结：那么两个电路的区别在哪里呢？电动机不转动时，电能全部转化成内能，这种电路称为纯电阻电路；而电动机转动时，电能一部分转化为内能，一部分转化为其他形式的能，这种电路称为非纯电阻电路。根据实验现象，欧姆定律和变形公式都只适用于纯电阻电路。

设计意图：学生对于纯电阻电路和非纯电阻电路的知识感到抽象难懂。该环节依据初中生以形象思维为主的特点，规避抽象的纯讲授方式，而是采用实验对比，通过数显表记录电压电流数据，并当场进行公式推演，利用数据事实促发学生强烈的认知冲突，进一步明晰与接受欧姆定律及电功率变形公式的适用范围，对纯电阻电路和非纯电阻电路有了初步而又深刻的认识，避免潜在的错误认知对高中的学习产生负面的影响，实现初、高中知识的有效衔接。

教学设计的创新之处

1. 实际功率与额定功率的物理意义

本教学没有采用直接灌输知识点的教学方法，而是先引导学生进行理论分析，从能量转化的角度推理出实际功率反映了灯泡的亮暗程度，且实际功率有无数个值。进而设置3个对比实验，帮助学生理解额定功率的意义。

本教学中对于演示实验均采用美观、大方，竖直放置的自制演示仪，一方面充分实现可视化，全班学生都可以清晰地看到电路图。且自制教具中的电压表和电流表采用的是数字表，更加方便同学们在课堂上读取电压值、电流值。

2. 电功率变形公式的适用范围

电功率变形公式是利用欧姆定律推导得出的，要探究变形公式的适用范围也就是要讨论欧姆定律是否在各种电路中都成立。老师充分尊重学生以形象思维为主的认知特点，规避纯讲授的抽象推理，通过对比实验与实验证据，一方面促发学生强烈的认知冲突，另一方面让学生进行自主推演，从而真正了解公式的适用范围，避免潜在的错误认知对高中的学习产生负面的影响。

教具29 电流做功快慢演示仪

【教具实物图】

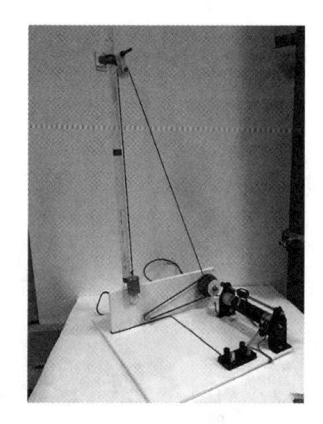

图1 电流做功快慢演示仪

【制作目的】

将看不见的电流做功转化并类比为看得见的机械做功，引出电功率的概念。

【制作原理】

电功率表示电流做功的快慢。

【制作材料】

木板、滑轮、塑料水管及其支架、皮带、细绳、变压电源、开关、滑动变阻器、导线、电机、螺丝钉、砝码、AB胶、白色割字纸、红色割字纸。

【制作过程】

1. 制作面板

切割一块小木板（30 cm×10 cm）和一块大木板（25 cm×25 cm），将两块木板用白色割字纸进行包装，将大面板平放，小木板垂直放置并用AB胶粘贴在大木板上。

2. 制作传动轮

用厚木板切割成一个小圆，在小圆中心钻一个孔，在小圆侧边挖两个凹槽，一个用来装皮带带动传动轮转动，一个用来装提砝码的细绳。

3. 示教板的组装

小面板：①将塑料管用塑料支架竖直固定在小面板后方，在塑料管上选取两个间隔为 H 的位置，用红色割字纸做好标记；②在小面板上左右两侧各钻一个洞，将电机固定在左侧的洞前面，将螺丝钉插在右边的洞里，将传动轮插入螺丝钉，锁上螺丝（不用锁紧），使传动轮可以自由转动；③用皮带将电机和传动轮连接。

大面板：将闸刀开关、滑动变阻器用 AB 胶固定在面板上，并与变压电源、电机用导线连接形成一个回路。

4. 滑轮的组装：①将滑轮用螺丝钉固定在塑料管顶端；②将细绳的一端挂上砝码，穿过滑轮，另一端固定在传动轮的凹槽上。

【使用方法】

1. 闭合闸刀开关，电流做功将砝码提升了 H 高度。

2. 断开闸刀开关，将砝码还原到塑料管下端标记处，通过调节滑动变阻器的阻值来改变电机转速。

3. 再次闭合闸刀开关，电流做功同样将砝码提升了 H 高度，可以明显观察到两次砝码上升到相同高度 H 所用时间不同。

4. 两次实验电流做的功是相同的，都使砝码上升 H 高度，但两次电流做功所用的时间不同，可见电流做功是有快有慢的。

【注意事项】

注意将导线粘贴固定在面板上，避免因导线缠绕影响电机运转。

【仪器特色】

该仪器能够激发学生的求知欲，将看不见的电流做功转化为看得见的机械做功，引导学生利用已有的知识，通过类比机械功率得到电功率的定义式，加深学生对电功率概念的理解。

教具 30　电功率演示仪

【教具实物图】

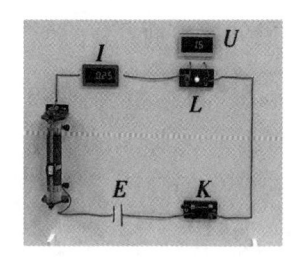

图1　电功率演示仪

【制作目的】

1. 了解同一盏电灯的亮度由实际功率决定。
2. 了解实际功率与额定功率的区别和联系。

【制作原理】

同一盏电灯的亮度由实际功率决定，电灯的实际功率有无数个，额定功率是电灯正常发光状态下的功率，额定功率只有一个。

【制作材料】

变压电源、闸刀开关、滑动变阻器、小灯泡、数字电压表、数字电流表、导线若干。

【制作过程】

1. 制作面板：切割一块木板（50 cm×35 cm）作为面板，将面板用白色割字纸包装好。

2. 制作面板底座：取两块木板作为底座，在底座长边的中间切开一个凹槽，凹槽的宽度略微小于木板厚度（让面板正好可以卡在凹槽里面），将底座用白色割字纸包装好。

3. 示教板的组装：如图1所示，在面板中间位置将电源符号、闸刀开关、小灯泡、数字电流表用导线连接成一个回路，将电压表并联在小灯泡两端。

4. 面板上需要钻洞的地方：①在电源符号的正负极两边分别钻一个导线恰好可以穿过的小洞用于连接电源；②在数字电压表、数字电流表后方的面板上钻洞，用于固定仪器和接线；③分别在数字电压表、数字电流表两边各钻一个导线可以通过的小洞。

5. 将导线与闸刀开关、滑动变阻器、小灯泡直接相连，不用穿到示教板后面，将闸刀开关、滑动变阻器、小灯泡和导线粘贴在面板上，导线转角处用导线固定卡扣固定好。

6. 电源符号的小孔后面与一个变压电源相连，用于给回路通电。

【使用方法】

1. 闭合闸刀开关，调节滑动变阻器，改变电压和电流，进而改变电功率，可以观察到电功率变大时，电灯变亮，电功率变小时，电灯变暗，说明同一盏电灯的亮度是由实际功率决定的。

2. 缓慢移动滑动变阻器滑片，发现实际电压、实际电流、实际功率都在变化。

3. 观察电灯的铭牌，铭牌上只标有一个电压值和一个功率值。

4. 调节滑动变阻器，使电灯两端的电压分别小于铭牌上所标值、大于铭牌上所标值、等于铭牌上所标值。可以观察到当电灯的实际电压小于铭牌上所标值时，亮度较暗；当小电灯实际电压大于铭牌上所标值时，比较刺眼，感觉灯丝快要烧断了；当电灯的实际电压恰好等于铭牌上标的值时，亮度适中，此时电灯正常发光，我们把电灯正常发光时对应的功率称为额定功率，额定功率只有一个。

【注意事项】

应选择阻值范围合适的滑动变阻器，使演示效果达到最佳状态。

【仪器特色】

该仪器通过简单的操作演示让学生深刻理解同一盏电灯亮度的决定因素是实际功率，充分认识实际功率与额定功率的区别与联系。

案例 21 磁是什么

教材分析

本节课是初中九年级《物理》(沪科版)第十七章第 1 节 "磁是什么" 的内容。《义务教育初中物理课程标准》要求 "通过实验,认识磁场"。本节课是初中学生首次系统地接触磁学知识,同时本节课是后面学习电流的磁场、电磁感应以及高中磁学内容的基础,因此本节课的内容十分重要。

教材中小实验说明磁体周围有磁场,不利于学生理解"场"这一抽象概念。老师在教学过程中可以先通过小实验介绍"场"的概念,继而再介绍"磁场"。除此之外,课本在介绍完磁场概念后,直接说明如何用铁屑研究磁场方向,这样不利于学生理解磁场、对磁场有全面的认知。

应当在介绍完磁场的概念后,与学生共同探究磁场是否具有大小和方向的属性,而后再按照教材通过铁屑探究磁场方向。这样更加符合学生的逻辑思维顺序与认知体系,易于学生理解和接受。在探究磁场方向的实验中,老师可以引导学生从确定实验目标、设定实验方案开始一步步完成实验,让学生经历完整的实验过程,感受科研过程,培养科研兴趣,锻炼学生实验设计、思考分析、归纳总结的能力。研究磁感线方向的实验深刻体现了转换法在物理实验中的重要作用,利于培养学生分析、观察的能力,锻炼学生的逻辑思维。

学情分析

对于磁(性)现象,学生在日常生活中有所接触,有感性经验,易于理解。但对于场的概念、磁场这种特殊物质的存在,学生在生活中难以感受,在理解上存在困难。初中学生实验设计能力、思维灵活性还有待提升,且抽象思维仍处于发展阶段,用磁感线描述磁场,以及其中应用的研究方法会是教学的难点。

教学目标

根据课程标准要求和学生学习的实际情况制定如下教学目标:

1. 感知磁体周围存在磁场,知道磁场有大小和方向,能够用磁感线描述磁场的分布规律。

2. 经历应用转换法研究磁场大小和方向的过程,提升观察能力、实验设计能力和分析与论证的意识。

教学重点和教学难点分析

重点:磁场的存在、磁场的方向、用磁感线描述磁场的分布规律。

难点:磁场的概念、用磁感线描述磁场。

教学设计理念

新课程倡导将学习的重心从过分强调知识的传承和积累转向知识的探究过程,让学生经历科学探究的过程,学习科学的研究方法,受到科学精神的熏陶,同时理解和掌握科学的内容。根据这一理念,本节磁场的概念、磁场的大小的教学注重渗透形成概念所采用的研究物理问题的重要思想和方法——转换和间接测量法。

该部分主要采用老师演示实验的教学方式。磁场方向的教学突出从获得实验证据到得出结论的过程。磁感线的教学设计突出了物理学中为什么要引入磁感线,并关注学生通过活动获得直接经验的作用。这部分主要采用老师引导下学生实验探究的教学方法。整个设计旨在突出知识形成的过程,让学生经历科学探究的过程,促进学生科学探究能力、逻辑思维能力的发展和对科学探究本身的理解。

器材及媒体

外形相同的两个纸筒、磁针、自制教具（探究磁场大小）、泡沫板、玻璃板、条形磁体、细铁屑、马克笔、教学用演示文稿。

教学过程

一、新课引入

演示实验：讲台上有两个物体甲和乙，它们的外形完全相同。

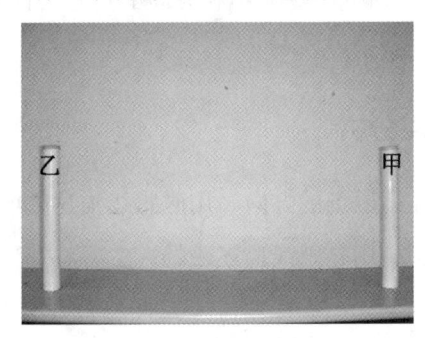

图1 探究磁场的存在

师：大家能不能看出两物体的周围空间有没有不同呢？

生：用眼睛是看不出来的。

师：如果给你一枚小磁针，借助这枚小磁针，你能否判断出它们的周围空间有没有不同？

生：把小磁针分别放到它们的周围空间里。

现象：在甲物体周围小磁针不偏转，在乙物体周围小磁针发生偏转。

老师归纳：甲物体的周围空间对小磁针没有力的作用，而乙物体的周围空间对小磁针会产生力的作用。

师：科学研究发现，在乙物体的周围空间里存在一种看不见，摸不着的特殊物质，叫做场！这个场是由什么产生的呢？打开乙物体的盖子，发现是磁体！由磁体产生的场我们把它叫做磁场！甲里面是泡沫，不是磁体，非磁体的周围没有磁场。

老师归纳：磁体周围存在一种特殊物质，这种物质叫做磁场。磁场对放入其中的磁体会产生力的作用，这就是磁场的基本性质。

设计意图：创设这样的问题情境激发了学生探究的欲望、学习的热情，有利于磁场概念的获得和磁场基本性质的学习。同时，渗透了研究物理问题的重要思想——看不到、摸不着的特殊物质可以通过它的外在表现，即转换的方法来研究。

二、实验探究：磁场大小和方向

【提出问题】

师：小磁针在磁场中会受到磁场力的作用，而力是有大小和方向的，那磁场有没有大小和方向呢？

（1）磁场大小

【猜想】

生：可能有！

生：可能没有！

师：下面我们首先用实验来验证一下磁场有没有大小。

【实验设计】

图2 探究磁场有无大小

这是一根条形磁体，它的周围有磁场；这是一块白板，上面画着一条黑线；用细线把回形针挂起来，让细线和黑线相重合。如果把回形针放到条形磁体周围的磁场中，回形针就会被磁化，变成一个小磁体。

①把回形针放在磁场中的这个位置，大家观察到小磁体发生了偏离，而且偏离的角度很小，说明磁体受到的磁场力较小。

②再把回形针放到磁场中的另外一个位置，这次大家观察到偏离角度变大了，说明磁体受到的磁场力较大。

老师归纳：同一枚回形针在磁场中的位置不同，偏转的角度不同，说明回形针受到磁场力的大小是不同的，间接反映出磁场是有大小的！

设计意图： 该设计将磁场的大小转化为小磁针偏角的大小，这里老师利用间接测量法进行实验，潜移默化地培养学生实验设计能力，加深学生对物理研究思想方法的理解与掌握。

(4) 磁场方向

实验设计

老师通过用实物投影仪放大的演示实验和讲解让学生确认磁场有方向。

图3 探究磁场有无方向

①在磁场中同一点先后放上三枚不同的小磁针，用红箭头记录小磁针静止时N极的指向，发现指向是相同的！

②接着，把同一枚小磁针放到磁场中三个不同的点，也记录小磁针静止时N极的指向，发现指向是不同的！

老师归纳：综合以上两点说明磁场是有方向的。物理学上规定小磁针静止时N极的指向为该点磁场方向。

设计意图： 该步教学设计突出从获得实验证据到得出结论的过程，使学生了解实验结论的得出必须根据实验证据通过逻辑思维来完成，从而培养学生科学探究中的证据意识和逻辑思维能力。

三、通过实验探究条形磁体周围磁场的分布规律

师：要想知道条形磁体磁场中任意一点如 A 点的磁场方向该怎么办呢？

生：在这一点放上小磁针！

师：如果不给你小磁针，你还能判断出这一点的磁场方向吗？

老师提示：如果我们可以找出条形磁体周围磁场的分布规律，根据这个规律，不用小磁针就可以知道磁场中每一点的磁场方向，也就可以知道 A 点的磁场方向。

师：那如何才能找出条形磁体周围磁场的分布规律呢？我们有两种方法！

①用一枚小磁针逐点放，放到磁场中的每一点上，记下每一点的磁场方向，经过分析，从中找出条形磁体周围磁场的分布规律！

②把很多的小磁针同时放入到条形磁体周围磁场中的不同点，同样记下每一点的磁场方向，经过分析，从中找出磁场的分布规律！

师：那这两种方法比较，哪一种方法更容易找出磁场的分布规律呢？

生：显然是第二种。

师：我们知道磁场是由无穷多点组成的，所以放入磁场中的小磁针越多越小就越容易找到规律。

老师提示：如果小磁针能小到像细铁屑那么小就好了，但是细铁屑不是磁体，它没有磁性，这个问题怎么解决？

生：磁化！

师：对了，磁化！只要把细铁屑洒到条形磁体周围的磁场中，它就会被磁化，磁化后每一粒细铁屑就相当于一枚小磁针。

实验演示：把很多的细铁屑均匀地洒在条形磁体的周围，这就相当于把非常多的小磁针同时放入到磁场中的不同点。

师：但是小磁针是可以自由转动的，而洒在平板上的细铁屑能自由转动吗？

生：不行！

师：想想看为什么不行。要怎么让细铁屑也能自由转动呢？

生：与玻璃板之间存在摩擦，所以不能够自由转动，可以敲击玻璃板！

现象：细铁屑有序地排列成了一系列曲线，形象地显示出了条形磁体周围磁场的分布情况。

图 4 磁场方向的确定

师：仿照细铁屑的排列，画出一系列曲线。对其中一条曲线进行分析：这条曲线经过了很多点，你能知道其中一点 A 点的磁场方向吗？

生：就根据该点细铁屑的排列情况加以判定。

师：但细铁屑没标出哪端是 N 极哪端是 S 极，怎么办？

生：借助一枚小磁针加以判定。

师：发现小磁针的指向正好与曲线相切，并且小磁针 N 极指向这边，可见该点磁场方向是沿切线的这个方向。曲线上其他点的磁场也可以用同样的方法加以判定，这样就要在每一点都放上小磁针。是不是很麻烦？有没有更简单的方法呢？（老师提示可以沿着曲线逐点移动）

师：我们只需要把这一枚小磁针沿着这条曲线逐点移动。大家观察小磁针 N 极指向，发现曲线是有方向的，从 N 极指向 S 极。这条也是从 N 极指向 S 极。那磁体下方曲线方向如何呢？大家猜想一下。有同学说是从 N 极指向 S 极，还有同学说是反过来的，S 极指向 N 极。那谁对谁错呢？我们来验证一下。发现也是从 N 极指向 S 极。那磁极两端的曲线方向呢？咱们再来看看。都是从 N 极出发，回到 S 极。

老师归纳：我们可以用一系列有方向的曲线把条形磁体周围磁场的分布情况形象地描述出来，我们把这样的曲线叫做磁感线。在磁体外部，磁感线从 N 极出发回到 S 极。

设计意图：该步设计突出、还原了为什么要引入磁感线，让学生深刻体会磁感线在描述磁场分布规律中具有不可替代的作用。在设计实验过程中，层层递进，步步深入，不断地克服实验中遇到的难题，改进实验，最终达到实验目的。这样的设计让学生经历了知识形成的过程，加深学生对磁感线可以描述磁场方向这一知识的理解，同时有利于促进学生科学探究能力、逻辑思维能力的发展。

四、课堂小结

通过本堂课的学习，学生知道了磁场的概念及其基本性质，正确理解磁感线在描述磁场分布规律中的作用，经历探究条形磁铁周围磁场的分布规律过程，运用转换法、间接测量法，从特殊到一般，由简单到复杂的研究方法，这些知识与方法都是很重要的，大家要认真地加以掌握。

教学设计的创新之处

1. 实验创新

本设计的四组实验取材简单，效果明显，这就是自制教具的最高境界。1. 演示磁体周围存在看不见、摸不着的场；2. 演示磁场有大小；3. 演示磁场有方向；4. 细铁屑实验引入磁感线。在课堂中让学生参与四组实验过程，为学生提供可视化的素材，提升学生利用证据建立物理规律的推理能力。

2. 对物理模型——磁感线的引入必要性的充分解读

本教学设计将教材上利用小铁屑探究磁场方向的实验进行得更为细致化，老师从实验设计开始就有意识的引导学生独立思考，让学生参与到实验的每一个过程中来，自主完成对实验每一个步骤的思考与反思，体现了学生是教学的主体，而老师是教学的引导者与推动者，将教学效率最大化。

老师在引导学生进行实验的过程中不断对学生进行提问，引导学生思考，在提问的问题中有意突出磁感线的重要作用，最后自然而然的引出磁感线的概念，教学过程顺畅完整，符合学生认知规律，在帮助学生全面理解磁感线概念、学会判断磁场方向的同时，又在实验过程中让学生理解转换法这一重要的实验方法，培养学生的实验设计、推理思考、归纳总结的能力及思维的灵活性。

教具 31　磁感线演示仪

【教具实物图】

图 1　磁感线演示仪

【制作目的】

探究条形磁体周围磁场的分布规律。

【制作原理】

细铁屑在磁场中会受到磁场力的作用。

【制作材料】

泡沫板、玻璃板、条形磁体、细铁屑、小磁针、有机玻璃板、大头针。

【制作过程】

1. 将玻璃板切割成合适大小的长方形作为面板，并切割四块小泡沫板粘贴在玻璃板的四个角充当底座。

2. 将条形磁铁放置于玻璃板下方，将细铁屑洒在玻璃板上。

3. 将有机玻璃板切割成一个小长方形底座，将一枚大头针从下往上穿过底座（用于放置小磁针）。

【使用方法】

1. 敲击玻璃板，细铁屑有序地排列成了一系列曲线，形象地显示出了条形磁体周围磁场的分布情况。

2. 仿照细铁屑的排列，用马克笔画出一系列曲线。

3. 将小磁针放在长方形透明底座上，整体移动透明底座，使小磁针沿着所画的黑色曲线移动，即让小磁针沿着曲线逐点移动，发现小磁针 N 极的指向都是从条形磁铁 N 极出发，回到 S 极。

【注意事项】

使用仪器时应注意不要剧烈晃动，防止细铁屑散落。

【仪器特色】

该实验层层递进，步步深入，不断地克服遇到的难题，改进实验，最终达到实验目的。让学生经历了知识形成的过程，加深学生对磁感线可以描述磁场方向这一知识的理解，同时有利于促进学生科学探究能力、逻辑思维能力的发展。

案例 22　电动机为什么会转动

教材分析

本节课是沪科版初中物理九年级第十七章第 3 节"科学探究：电动机为什么会转动"的内容。《义务教育初中物理课程标准》要求："通过实验，了解通电导线在磁场中会受到力的作用，知道力的方向与哪些因素有关。"可见，实验教学在本节内容中起到重要的作用。

本节课是在学生已经学习了电流的磁场、奥斯特实验的基础上进行的。因此，关于磁场对电流的作用力，可以充分发挥原有知识结构的作用，启发学生能够根据牛顿第三定律，自主提出科学问题：磁场对电流是否有力的作用？从而体现物理知识的统一美与对称美。本节课的重难点是电动机的工作原理。其复杂的仪器构造对学生来说，认知负荷可能出现超载。因此，应充分挖掘实验的具物和具象功能，通过自制教具和多媒体课件相结合的方式，与学生共同设计电动机的结构，详细剖析电流换向器的工作原理。在学生充分建立完备的知识观念以后，再介绍电动机可以将电能转化为机械能，引领学生对电动机的效用进行学习。

学情分析

学生对图形图像的感知能力还不够，另外本节对学生立体思维——空间想象能力的要求较高，而初中生抽象思维能力较弱、空间想象能力还不够完备，故本节内容对学生来说难度较大。虽然学生具备一定的分析推理能力，但实验设计能力还比较薄弱。结合学生实际，通过对奥斯特实验的重现和改进，培养学生自主设计实验以验证猜想的科学意识，同时提高学生的实验设计能力。在教学中，通过问题讨论法，让学生亲身经历设计电动机的过程，在实验探究过程中体验电动机转动的原理。

教学目标

根据课程标准要求和学生学习的实际情况制定如下教学目标：

1. 知道磁场会对电流产生力的作用。会判断磁场对电流的作用力方向。

2. 参与设计电动机的过程，理解电动机的工作原理。在观察的基础上分析推理，改进实验方案，提高分析、推理和实验设计能力，感受科学探究的艰辛。

3. 了解物理知识对生产力发展的推动作用，初步提升发明创造的意识。通过分组讨论，体验成功的喜悦和讨论交流与合作的重要性。

教学重点和教学难点分析

重点：理解磁场会对电流产生力的作用并能判断其方向，知道电动机的工作原理。

难点：电动机的工作原理。

教学设计理念

探究性学习的目的既包括获得知识技能、建立相应的物理观，又包括关注情感与态度等非智力因素的培养。探究性学习的载体是一个物理问题，只有恰当的问题才能激发学生的探究欲望，使学生乐于探究、真实探究，探究性学习才会成为硬核，最终促进学生核心素养的发展。

老师从温习奥斯特实验出发，从旧的知识中提出新问题，设置循序渐进的问题情境，让学生亲身经历设计电动机的过程，问题层层递进，让学生思考步步深入，使整个教学过程成为提出问题、讨论问题、解决问题的过程。制作简易的电动机，让学生成为学习的主人，促进学生科学探究能力、逻辑思维能力的发展，使学生感受到科学探究的艰辛。

器材及媒体

小磁针、导体、电源、开关、导线、光滑金属导轨、蹄形磁铁、多媒体课件、自制可拆装电动机。

教学设计

一、新课引入

让学生重新观察通电导体使小磁针发生偏转的现象：讲台上有一枚小磁针，它静止时是南北指向。在小磁针上方与磁针平行的方向上放置一根金属导体，磁场指向仍为南北。但是如果给金属导体通电，小磁针会发生偏转。（即图1）

老师引导：重新观察奥斯特实验，通电导体会对小磁针产生力的作用，小磁针因此发生偏转。

老师启发：从力的概念出发，力的作用是相互的。

学生推理：小磁针对通电导体也应该有力的作用。

启发思考：但为什么只有小磁针发生偏转，而通电导线虽然受到力的作用却没有发生运动呢？

学生讨论分析得出：可能有以下两个原因：1. 导线被固定了；2. 小磁针的磁性太弱。

实验改进：将导体放在平直光滑的金属轨道上，导轨连接进电路中，将小磁针换成磁性较强的蹄形磁体，再次接通电源。导体由静止开始沿着水平方向运动。

图1 奥斯特实验　　图2 装置改进图

验证学生猜想：这说明磁场确实会对通电导体产生力的作用。

设计意图：该环节让学生重新温习奥斯特实验，在观察的基础上，根据牛顿第三定律，提出可逆问题：磁场对电流也应该会有力的作用。从而逐步改进实验方案，得到磁场确实会对电流产生力的作用。该设计过程体现了运用已有知识来建立新知识的重要逻辑，注重培养学生的可逆思维与分析、解决问题的能力。

二、磁场对电流的作用力

力是矢量，既有大小又有方向。磁场对电流会产生力的作用，对于其大小，只要求学生知道：当磁场方向与电流方向平行时，力为零；垂直时，力最大。对于其方向，引导学生从概念出发，进行思考。

学生猜想：可能与磁场方向和电流方向有关，并可以通过控制变量法来验证猜想。

老师根据学生的设计方案，进行实验操作。

实验演示：导体棒通电后由静止向右运动，说明此时磁场对它的作用力向右。单独改变电流的方向，导体棒朝相反方向运动；单独改变磁场方向，导体棒朝相反方向运动。

实验结论：磁场对电流的作用力的方向跟磁场的方向和电流的方向都有关。

学生通过表格的方式记录磁场对电流作用力方向、磁场方向和电流方向，通过对比归纳，学生得出：磁场对电流作用力方向与磁场方向和电流方向都有关。验证了学生的猜想。

老师介绍并总结："左手定则"。伸出左手，拇指和其余四指垂直且在同一平面上，磁感线垂直穿过手心，四指指向电流方向，拇指的指向便是该处磁场对电流作用力的方向，这就是"左手定则"。

设计意图：关于磁场对电流作用力的方向，引导学生先从定义出发，提出影响力的方向的可能因素，再依据控制变量法进行实验探究，培养学生进行有依据的猜想的科学习惯。在整个实验环节中，学生扮演的是实验的策划者，老师扮演的是执行者，使学生充分获得学习的成就感。

关于力的方向，教材并没有明确点出左手定则，但是该知识是电动机转动原理的核心依据。因此本环节，在学生可接受的认知范围内，弥补教材空缺，引入高中的左手定则内容，让学生能够明晰知识的本质，做到笃定从容地依据科学原理进行推理学习。

二、科学探究：电动机为什么会转动

解决问题1. 如何让通电直导线沿着水平方向的运动变成线圈的转动？

将导线折成线圈，放在与磁场平行的平面内，使线圈的两条边与磁感线平行，另外两条边与磁感线垂直。通以逆时针方向的电流。

引导思考：根据左手定则，通电后磁场对四条边的作用力的方向如何？

学生分析：根据左手定则可知线圈与磁场平行的两条边不受磁场对它的作用力；与磁场垂直的两条边一个受到向上的力，另一个受向下的力（图3）。

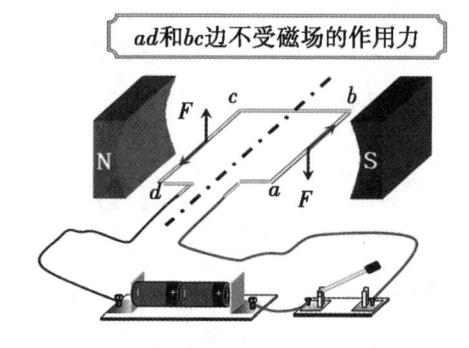

图3 线圈在与磁场平行的平面内的受力分析图

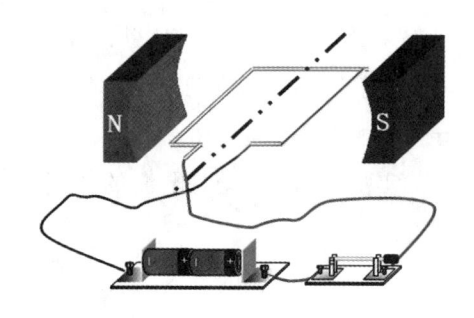

图4 导线缠绕图

引导思考：如果给线圈加上一根轴，线圈会怎样运动？

学生分析：线圈会绕着轴顺时针转动。

线圈绕着轴转动，但是导线会缠绕在一起，这时线圈转动不下去了（图4）。

解决问题2：如何解决线圈转动引起的导线缠绕问题？

引导思考：导线缠绕是因为导线和线圈连接在一起，线圈动导线也跟着动。如果能让线圈动，但是导线固定不动，问题就解决了。

学生设计方案：将导线固定在接线柱上。

课件演示：导线固定在接线柱上。

引导思考：怎么保证导线和线圈保持接触良好？

老师提示：可以在线圈的两端各接上一个金属圆环，并在两边的接线柱上都装上一片电刷。这样就能保证导线和线圈时刻保持良好接触。

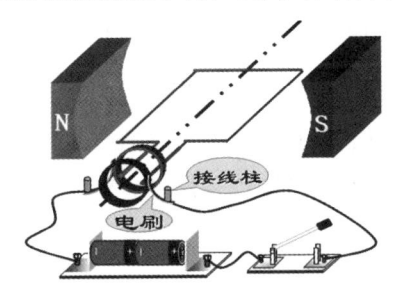

图 5　双环电路图

实物演示：将设计做成实物，介绍自制教具的各个部分名称（主要包括：磁体、线圈、圆环、电刷），特别强调蓝色电刷和蓝色圆环接触，红色电刷和红色圆环接触。人工拨动线圈，让学生观察。

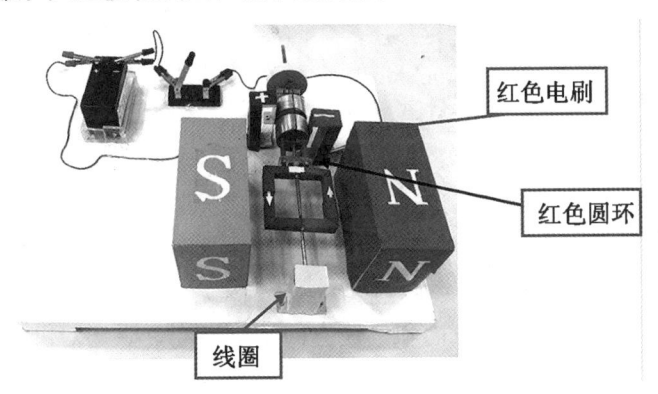

图 6　双环模型

老师提问：假如线圈会成功转动起来，导线会不会缠绕？

学生回答：不会。

老师提问：那导线缠绕的问题就解决了。通电后，线圈会转动起来吗？

老师操作：接通电源，线圈就转动起来了，成功地解决了导线缠绕的问题。（学生很容易观察到线圈左右摆动几下后，就停下来，不能实现持续转动）

老师提问：线圈转动起来了，但是出现了什么问题？很显然，线圈不能持续转动，而是左右摆动几下后，就停下来。停在哪里呢？

实物演示：演示2次，让学生观察到，线圈停在竖直面附近。

老师引导：分析线圈在竖直面内的受力情况。

讨论与交流：根据左手定则，判断出此时线圈受力 F_1 与 F_2（如图7所示）大小相等、方向相反、并且在同一直线上，此时二力平衡。

老师介绍定义：把这个特殊的位置定义为平衡位置。

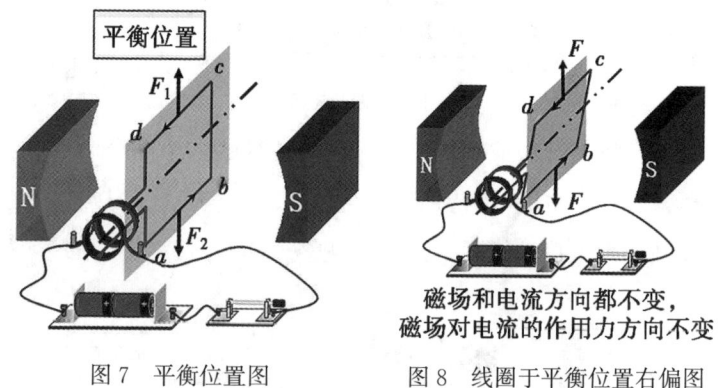

图7　平衡位置图　　　　图8　线圈于平衡位置右偏图

老师提问：线圈为什么会转过平衡位置呢？

学生回答：由于惯性。

老师提问：那为什么线圈又会左右摆动呢？

老师引导：因为磁场方向和电流方向始终不变，磁场对电流的作用力方向就不变，所以线圈无论是在平衡位置偏左还是偏右（老师用手势进行引导），ab 边总是受到向下的力，cd 边总是受到向上的力，在这两个力的作用下，并且由于惯性，线圈就会在平衡位置左右来回摇摆，最后在阻力的作用下停下来。怎么做才能使线圈持续地转动下去呢？这是问题的关键，请同学们分组认真讨论。

学生回答：在线圈刚转过平衡位置时，立即改变线圈所受磁场对它的作用力方向，使得 ab 边受到的力向上，cd 边受到的力向下，问题就解决了。

引导思考：改变磁场对电流作用力有哪些方法？

学生回答：有两种，一种是改变磁场方向，一种是改变电流方向。

老师提示：由于在实物中，磁体是被固定住的，自动变换磁场方向做不到，只能选择改变电流方向的方案。进一步提示，在装置中，蓝色电刷和电源正极相连、红色电刷和电源负极相连，由于电刷、接线柱、电源、磁体、开关都是被固定住的，只有圆环随着线圈的转动而转动，所以要改变电流方向，要从改进圆环入手。

解决问题 3：如何让线圈转到平衡位置时自动变换电流的方向，从而实现持续转动？

学生讨论：如果让线圈刚转过平衡位置时，蓝色圆环和红色电刷接触，红色圆环和蓝色电刷接触，电流方向就能自动改变了。

老师提示：装置中蓝色圆环始终和蓝色电刷接触，红色圆环始终和红色电刷接触，即电流方向无法改变。要自动改变电流方向，只能在原来两个圆环的基础上各拆去一半，将各自剩下的半环拼接在一起组成一个圆环。

老师强调：为了避免短路，两个半环中间还应留有一定缝隙。

图 9　单环实物

课件演示：随着线圈转动，每转过一次中性面，两个半环交替着和两个电刷接触，电流的方向自动改变一次。

　　模型操作：接通电源，线圈转动起来。

　　老师介绍：线圈转动起来了，电能成功地转化成了机械能，这样的装置叫做电动机，并在电动机的轴上装上小风叶，发现电动机可以带动小风叶转动，电动机可以提供动力，推动生产力的发展，给人类生产生活带来极大的便利！

　　设计意图：关于电动机转动原理的讲解，又一次体现了化繁为简的物理思想。电动机作为一个复杂的仪器成品，学生对其构造的理解存在困难。老师应具有拆解仪器的主动意识：带领学生从无到有逐步设计、构建出完整的电动机。通过三个核心问题的解决：①如何让导线沿水平方向的运动，变成线圈的转动；②如何解决线圈转动引起的导线缠绕问题；③如何使线圈转到中性面时能自动改变电流方向而实现持续转动。让学生亲身经历设计电动机的整个过程，在设计实验过程中，步步深入，不断地克服实验中遇到的难题，改进设计方案，最终达到实验目的。这样的设计加深了学生对电动机转动原理的理解，对换向器的本质及由来有了更为深刻的理解。同时有利于促进学生科学探究能力、逻辑思维能力的发展，使学生感受到科学探究的艰辛，激发学生发明创造的愿望。

教学设计的创新之处

1. 教法创新

　　新课程倡导将学习的重心从过分强调知识的传承和积累转向知识的探究过程，让学生经历科学探究的过程，学习科学的研究方法，受到科学精神的熏陶，同时理解和掌握科学的内容。根据这一理念，本节磁场对电流作用力的概念注重利用已学知识来构建新知识。老师从温习奥斯特实验出发，从旧的知识中提出新的问题，设置循序渐进的问题情境，通过实验改进，得出磁场对电流同样有力的作用。

2. **实验创新**

电动机的设计思想对学生来说是非常陌生的，且工作原理本身较难，但学生已具备必要的知识基础。因此，结合实物以及模拟课件，组织学生对一个个出现的新难题，进行充分的分析、讨论后提出新的设计方案，在必要的时候加以启发，即根据问题教学的有关理论展开教学，使整个教学过程成为提出问题、讨论问题、解决问题的过程，从而培养学生实验设计能力和交流、讨论的习惯。

教具 32　电动机演示仪

【教具实物图】

图1　电动机演示仪

【制作目的】

让学生参与电动机的设计过程，了解电动机的运转原理。

【制作原理】

磁场对电流有作用力，大小和方向与磁场、电流的大小、方向有关。

【制作材料】

木板、蓄电池、闸刀开关、2块长方体磁体、8块小磁铁、金属棒、线圈、薄铝片、薄铜片、有机玻璃、红色硬纸片、蓝色硬纸片、白色割字纸、红色割字纸、蓝色割字纸、轴承、小铁块、绝缘纸、AB胶、导线若干、导线夹若干、螺丝若干。

【制作过程】

1. 制作面板：切割一块木板（40 cm×50 cm）作为面板，在其四个角位置上分别粘上长宽高约为5 cm×5 cm×3 cm的小木块用于垫高面板，将面板用白色割字纸包装好。

2. 制作蓄电池盒：用有机玻璃制作适合存放蓄电池的方形槽备用。

3. 包装长方体磁体：将两块长方体磁体分别用红色硬纸片、蓝色硬纸片包起来（为了演示实验时便于学生观察，硬纸盒应略大于磁体，但磁体的磁场必须覆盖中间的线圈），用白色割字纸标好南北极。

4. 制作圆环：①用木块制作出两个直径约5 cm，厚度约3 cm的圆柱体木块，将两个圆柱体底面分别刷上红色和蓝色，将两个圆柱体木块平均切成两个半圆柱体；②在四个半圆柱体切面位置各挖一个小槽，将小磁铁固定在里面（通过小磁铁之间的吸力使得切开的半圆柱体固定在一起）；③将半圆柱体的切面中间位置沿着垂直于半圆面方向打出一个深度约为1.5 cm的凹槽（用于将半圆柱体卡在金属棒上），在凹槽的中间打出一个与圆面相通的小孔，装入小铁块。用薄铝片将四个半圆柱体的圆面包起来，保证放入小孔的铁块和圆柱体外的薄铝片接触良好，同时在半圆柱体中间贴上绝缘纸，确保两个半圆柱体拼成一个圆柱体后切面位置互相绝缘。

5. 制作电刷：用木板制作两个凹形支架，分别用红色割字纸、蓝色割字纸包好，并贴上用白色割字纸剪裁好的正负极标识；裁剪大小合适的薄铜片固定在凹形口一侧（电刷的宽度与圆环的高相吻合，保证电刷与圆环接触良好）。

6. 制作转子：截取一根长度合适的金属棒（约35 cm，按实际需要截取），在金属棒上依次装上木圆盘、圆环、线圈。安装圆环时，取两根短金属棒，用有机玻璃将其平行地固定在长金属棒上，两根短金属棒与长金属棒距离约1 cm。将其中两个半圆环（一红一蓝）一左一右错开分别固定在金属棒上，另外两个半圆环做成可拆卸的也装在金属棒上（四个半圆环凹槽中装的小铁块必须确保与短金属棒接触良好），两根短金属棒与线圈相接保持通路，安装线圈时将长金属棒从方形线圈中间穿过，但与长金属棒保持绝缘。

7. 制作转子支架：制作2个支架用于放置转子。①前支架：用木块制作一个高度适合的前支架，该支架上面中心位置挖一个直径与小轴承一样的半圆凹槽，用于放置转子前端的轴承；②后支架：用木块制作一个合适大小的长方体木块，在木块中心挖一个圆槽，用于放置小轴承，该小轴承用于放置金属棒的另一端（注意前支架和后支架放置轴承的位置必须处于同一高度，且这个高度必须超过方形线圈边长的一半，确保线圈旋转时候不会与木板碰撞）。

8. 示教板的组装：将蓄电池盒、闸刀开关、长方体磁体、圆环、转子、转子支架按照图1用螺丝依次固定在木板上，组成电动机。

9. 进行通电调试。

【使用方法】

1. 如图2所示，闭合闸刀开关接通电路，可以观察到线圈不能持续转动，而是左右摆动几下后就停在竖直面附近。

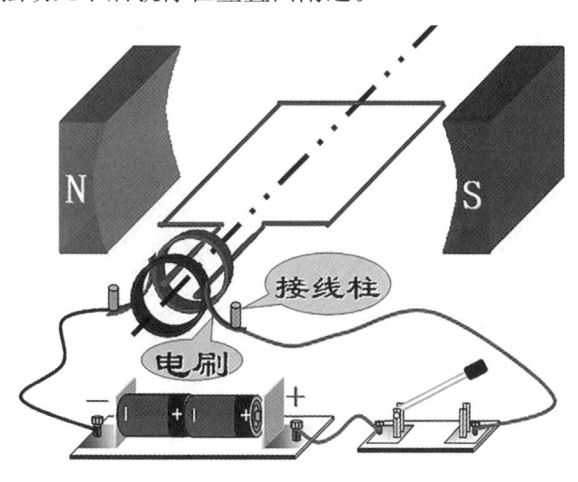

图2 双圆环连接示意图

2. 将蓝色圆环、红色圆环各去掉可拆卸的半环，并且把各自剩下的半环拼在一起组成一个圆环，中间贴有绝缘纸，避免短路（这种装置是换向器，它的作用是使得线圈每转过平衡位置时，电流方向就自动改变一次），可以观察到闭合闸刀开关后，线圈持续转动起来了。

【注意事项】

1. 电刷上的薄铜片容易被空气氧化，应用保鲜袋密封保存，使用前用磨砂纸磨去氧化层。

2. 注意检查换向器两个半环之间的绝缘纸是否损坏，如有损坏将导致短路，引起电动机无法转动。

【仪器特色】

该仪器有利于引导学生探究电动机转动的工作原理，让学生亲身经历设计电动机的整个过程，加深学生对电动机转动原理的理解，同时有利于促进学生科学探究能力、逻辑思维能力的发展，使学生感受到科学探究的艰辛，激发学生发明创造的愿望。

案例 23 安培力

教材分析

本节课节选自高中《物理》（司南版）（必修 2）中第一章第 1 节《安培力及其应用》的内容。《高中物理课程标准》要求"通过实验，认识安培力。能判断安培力的方向，会计算安培力的大小"。即要求学生在实验基础上得出安培力的公式，理解公式中各物理量的意义，并能计算安培力。

本节课是在学习磁场性质的基础上来学习磁场对电流的作用力，进一步探究电学知识与力学知识之间的联系，同时为学习洛伦兹力等知识做准备，起到承上启下的作用。

定量测量安培力是高中物理教学的难点，《高中物理课程标准》给教材的编写者和老师的教学留有较大的空间，在定量探究方面无硬性要求，老师可按照教学的实际情况灵活处理。可采取自制教具或者其他方法帮助学生亲历实验过程，这不仅有利于学生对知识的理解，更是从实验中培养科学探究精神的良好途径。

本节内容安排 2 课时进行教学，本课注重安培力大小的定量探究，而安培力方向探究安排在第二课时进行。

学情分析

在知识方面，学生在初中时已经知道通电导线在磁场中受力的事实，还知道力的方向与电流方向和磁场方向有关，这就为这节课的学习奠定知识基础。在能力方面，高中学生已经具备一定的实验探究和运用数学知识解决物理问题的能力，在老师的引导下可以自主探究。对于安培力的定义采用实验演示法、对于安培力的大小则采用科学探究的教学方法以充分发挥学生的主体地位。

教学目标

根据课程标准要求和学生学习的实际情况制定如下教学目标：

1. **物理观念**

（1）通过实验，认识安培力。

（2）知道影响安培力大小的因素，掌握安培力大小的计算公式。

2. **科学思维**

经历科学探究的过程，培养分析、模型建构、推理的思维能力。

3. **科学探究**

通过自制教具研究安培力 F 与 B、I、L 之间的定量关系，进一步学习控制变量法、间接测量法等科学方法在研究物理问题中的作用。

4. **科学态度与责任**

通过对电磁关系的学习领略物质世界的奇妙与和谐。

教学重点和教学难点分析

重点：通过实验，探究当 B 与 I 垂直时，安培力 F 的大小与 B、I、L 之间的定量关系。

难点：设计定量探究影响安培力大小的自制教具。

教学设计理念

教学的最终目的是为了学生的发展，高中阶段的教学应给学生更多的自主探究、自主学习的空间，以培养学生自主学习的能力和创造能力。对于安培力大小，教材中没有定量的探究实验，本研究利用老师精心制作的教具实现该方案，得出安培力大小与其影响因素的定量关系。最后将实验探究与理论推导相结合，使实验结论从特殊推广到一般。

该教学设计符合学生建立物理规律的认知过程，不仅有学生自主思考、动手实验的直接经验的学习，培养了学生的自主学习能力和实践能力，而且，老师通过介绍教具制作的过程和方法让学生间接地学到科学的研究方法（间接法等），使学生在创造性思维和实践精神方面受到激励和感染，老师的行为和热情对学生的创造性起到有力的榜样示范作用。

器材及媒体

奥斯特实验仪、自制安培力演示器、自制安培力大小演示器、多媒体课件。

教学过程

一、结合实验，引入新课

演示实验1：奥斯特实验

在两端固定在板上的导线下方放置一枚小磁针，并调节小磁针与导线平行。给导线通电后，发现小磁针发生了偏转。

这说明通电导线周围的磁场会对小磁针产生力的作用。根据牛顿第三定律得出：小磁针的磁场也会对通电导线产生力的作用。

图1　奥斯特实验仪

老师提问：但是只看到小磁针的转动，却没有看到导线的运动。引导学生分析原因：1. 导线被固定了；2. 小磁针磁性太弱。

演示实验2：安培力实验

改进实验装置：用铜棒代替被固定的导线，并放于水平的导轨上，再用磁性更强的U型磁铁代替小磁针。给导轨通电后，发现

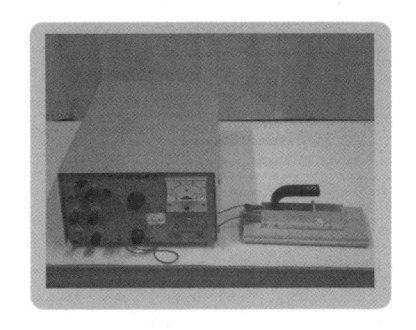

图2　安培力演示器

铜棒运动了。

老师归纳：该实验说明磁场也会对电流产生力的作用，把这种力称为安培力。

设计意图：由于安培力本身比较抽象，学生虽然在初中有接触过，但是认识比较模糊，让学生从直观的实验现象中归纳，他们更易于接受。因此老师通过奥斯特实验启发学生进行联想与推理，根据牛顿第三定律，预见有安培力的存在，培养学生的可逆互通的逻辑思维。

二、实验探究：安培力大小与哪些因素有关

老师引导学生：大家做一个大胆的设想：如果安培力足够大，就可以为我们提供动力，在生产生活中得到重要的应用。因此我们有必要探究安培力的大小与哪些因素有关。

1. **学生猜想**

从安培力定义出发：安培力是磁场对电流的作用力。学生猜想：F 可能与磁感应强度 B 和电流 I 都有关。老师进一步补充：由于电流的载体是导线，所以还可能与导线的长度 L 有关，并且这里的 L 指的是通电导线在磁场中与磁感应强度 B 垂直的长度。

图 3　自制安培力测定仪

2. **设计实验**

实验方法：控制变量法。

实验思路：1. 测出安培力 F 的大小。

2. 必须能改变 B、I、L，并测出它们的大小。

自制教具：为了测出安培力 F 的大小，老师特地制作了如下教具。仪器介绍：一细弹簧上端固定一调零螺丝，下端有一指针，指针后面有一刻度板。弹簧下端挂一矩形线圈，在线圈的两端接上电源后就可以给线圈通电，使矩形线圈的下边处在 U 型磁铁的匀强磁场中。通电前，由于线圈自身有重力，

弹簧被拉伸,有一定的示数,可通过调零螺丝进行调零以排除重力的影响。通电后,线圈的下边就会受到竖直向下的安培力作用。当线圈静止时,安培力和弹力平衡,这样的设计巧妙地利用了弹簧的形变来间接测出安培力的大小。

3. 进行实验

演示实验3:探究 F 与 B 的关系。

提问学生:如何改变 B?

学生不难想出换用一个更大的磁性更强的 U 型磁铁。

引导学生:现在 B 是变大了,但是不知道 B 比原来大几倍,并且磁体宽度的改变也导致 L 变了,因此这个方案不可行。

老师提示学生:不仅永磁体可以产生磁场,电流也可以产生磁场。启发学生想出用电磁铁来代替永磁体。

实验分析:将两个同型号的带方形铁芯的电磁铁串联,当它们靠得很近时,通以电流,它们中间的磁场就可近似为匀强磁场。这个电流是用来产生磁场的,把它称为励磁电流。

图 4 电磁铁代替永久磁铁

相关资料证实磁感应强度 B 正比于励磁电流的大小,励磁电流又是可测的,所以可以通过改变励磁电流来定量改变匀强磁场中 B 的大小。这个方案就可以做到既改变了 B 又使 L 保持不变,这样就突破了实验的难点。

图 5 探究 F 与 B 的关系

实验操作：

1. 使矩形线圈的下边处于两个电磁铁之间的匀强磁场中。

2. 用左边的仪器来给电磁铁通电，它是把电源、滑动变阻器和电流表串联起来的。用滑动变阻器来改变励磁电流，用电流表来记录励磁电流，就可以间接知道 B 的大小。

3. 右边的仪器和左边一样，它是用来给矩形线圈通电的。把右边的滑动变阻器的阻值调为某一定值，不再动滑动变阻器，以保持电流表的示数不变，即通过矩形线圈的电流不变。

实验数据：

表1 F 与 B 的关系（I、L 不变）

B(励磁电流 I/A)	$\triangle x$/(格数)	F/N
0.10	1.0	1.0
0.20	2.0	2.0
0.30	3.0	3.0

实验小结：在 I、L 不变的情况下，安培力 F 与励磁电流的比值是不变的，所以 F 与 B 成正比关系。

设计意图：该环节突破教材局限，巧妙地利用电磁铁替代永久磁铁，启发学生灵活改变实验条件解决困难，将大学物理的教学内容适当下移到高中。在学生可接受的范围内，为学生普及更多的科学知识，提升学生的创造性思维。

演示实验4：探究 F 与 I 的关系。

提问学生：如何控制 B 和 L 不变？

引导学生得出：用同一块 U 型磁铁就保证了 B 不变，实验中 L 都是等于磁体的宽度，也保持不变。

实验操作：通过滑动变阻器来改变

图6 探究 F 与 I 关系

通过线圈的电流 I，通过弹簧示数读出对应的安培力 F 的大小。

实验数据：

表2 F 与 I 的关系（B、L 不变）

I/(A)	$\triangle x$/(格数)	F/N
0.10	1.0	1.0
0.20	2.0	2.0
0.30	3.0	3.0

实验小结：在 B 和 L 不变的情况下，F 与 I 的比值不变，所以 F 与 I 成正比关系。

演示实验3：探究 F 与 L 的关系。

研究 F 与 L 的关系，应控制 B 和 I 不变。调节滑动变阻器的阻值为某一定值，不再动滑动变阻器，通过线圈的电流 I 就不变了。

提问学生：那如何保持 B 不变而改变 L 呢？

老师通过再提供两个同型号的 U 型磁铁，引导学生想出将两个 U 型磁铁并在一起，在磁场中的长度 L 就增大为原来的两倍，三块 U 型磁铁并在一起，L 就变为原来的三倍。学生可能想到，多用了一块 U 型磁铁，磁感应强度 B 会不会增大呢？

通过课件分析：当只有一块 U 型磁铁时，磁感线的疏密如图左侧；再并上另一块时，磁感线的疏密如图右侧，并没有发生变化，所以 B 是不变的。

实验操作：通过并上个数不同的 U 型磁铁来改变 L，并通过弹簧示数读出对应的安培力 F 的大小。

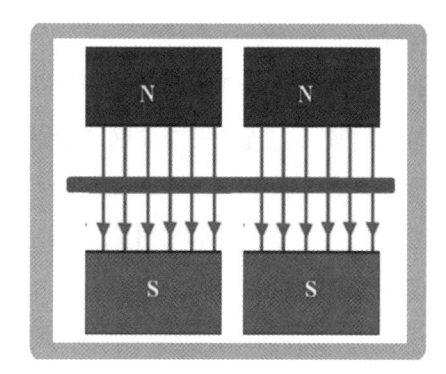

图7 磁感线的疏密图

实验数据：

表3　F 与 L 的关系（B、I 不变）

L	$\triangle x/$（格数）	F/N
L	1.1	1.1
$2L$	2.0	2.0
$3L$	2.9	2.9

实验小结：在 B 和 I 不变的情况下，F 与 L 的比值几乎是不变的，所以在误差允许的范围内，F 与 L 成正比关系。

设计意图：学生对于如何改变 L 这个问题，存在一定困难。他们虽然会想到增加并接的 U 型磁铁的个数，但是同时会误认为：磁感应强度 B 也随之增强了。老师利用可视化图形分析：磁铁并接之后，磁感线的疏密程度并没有改变，因此磁感应强度是不变的。

4. 总结

$F\propto B$、$F\propto I$、$F\propto L$，即 F 与 B、I、L 的乘积成正比，写作 $F=kBIL$。如果各物理量都采用国际单位制，比例系数 k 就等于 1，所以安培力大小的公式为：$F=BIL$。上面的实验都是在 B 与 I 垂直的情况下进行的，因此这个公式也只适用于 B 与 I 垂直的情况。

老师指出：一次实验不足以说明问题，科学家们通过大量的、更精确的实验得出了同样的结论。

设计意图：老师利用精心设计的自制教具将课本上的定性实验进一步深化为定量探究，通过较为准确地测量和分析得出 F 与 B、I、L 之间的定量关系，更符合学生的认知规律，而且老师通过对教具制作的过程和方法的介绍也让学生学习了科学的研究方法，使他们在创造思维和实践精神方面受到激励和感染。

教学设计的创新之处

1. 教具创新

安培力由于其抽象性和难测性一直是高中物理教学中的难点，本教学设计针对这一难点利用创新型自制教具将安培力的大小进行可视化探究，改变以往的隐性教学方式，让学生在实验中经历物理现象的观察、物理数据的测量、物理模型的抽象、物理概念的形成、物理理论的建立等过程，在不断地提出问题、讨论问题、解决问题中突破了难点，促进学生对物理知识的发现和建构。

2. 实验创新

本节课在设计探究安培力大小的定量实验中有三个创新之处：

（1）要探究安培力的大小与什么因素有关，首先要能测出安培力，为了使学生能直观看到实验现象，我们特地制作了一个教具——利用弹簧间接测量安培力的大小。本实验最关键之处在于弹簧的选取，我们经过反复地寻找、尝试，最后选择了将两条量程为 0.5 N 的弹簧秤中的弹簧串接，从而获得较为理想的实验效果。

（2）对于改变 B 的方法，学生容易想到换用磁性更强的 U 型磁铁，但问题在于无法确定磁铁的磁性比原来强多少倍，并可能随之带来 L 的改变的问题，显然不可行。老师启发学生可以选用电磁铁，从而把磁场强弱转化为励磁电流的大小，达到既可以改变 B 又可以定量测出 B 的目的。这样巧妙地利用电磁铁替代永久磁铁，实现大学物理和高中物理的顺畅衔接。

（3）学生对于如何改变 L 这个问题，存在一定困难。他们虽然会想到增加并接的 U 型磁铁的个数，但是同时会误认为：磁感应强度 B 也随之增强了。老师利用可视化图片引导学生分析发现：磁铁并接之后，磁感线的疏密程度并没有改变，因此磁感应强度是不变的。

教具 33　安培力演示仪

【教具实物图】

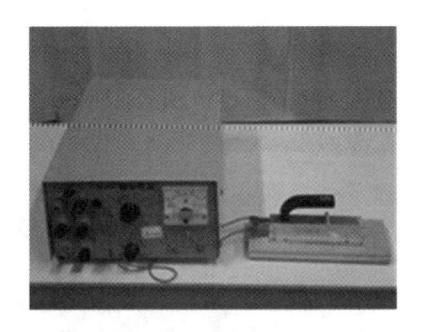

图 1　安培力演示仪

【制作目的】

引出安培力的概念。

【制作原理】

磁场对电流会产生力的作用。

【制作材料】

木板、长角铝、细铜棒、U 型磁铁、导线、螺丝钉、教学电源、砂纸。

【制作过程】

1. 将木板切割成 15 cm×10 cm 的长方形。

2. 将长角铝切割成长 11 cm 的两段，并在一个直角边的左右两侧各打一个孔。

3. 用螺丝钉从角铝的孔内旋到木板上，将两个角铝导轨固定在木板上（两个角铝之间的距离约为 1 cm）。

4. 将 U 型磁铁放置于两个角铝导轨之间。

5. 将细铜棒切割成 1.5 cm 的一小段。

6. 如图 1 所示连接电路，用教学电源给角铝通电。

【使用方法】

1. 用砂纸擦拭角铝和铜棒表面，消除氧化膜。
2. 将铜棒放置于角铝导轨上。
3. 接通电路，可以观察到铜棒滚动起来了。

【注意事项】

1. 每次使用前都要用砂纸擦拭角铝和铜棒表面，避免因氧化膜导致电路接触不良。
2. 将木板水平放置，确保角铝导轨水平。

【仪器特色】

该仪器通过奥斯特实验启发学生进行联想与推理，将奥斯特实验仪进行改进，把较为抽象的"安培力"通过直观的实验现象呈现给学生，让学生从直观的实验现象中归纳更易于接受，培养学生的创造性思维。

教具 34　安培力测定仪

【教具实物图】

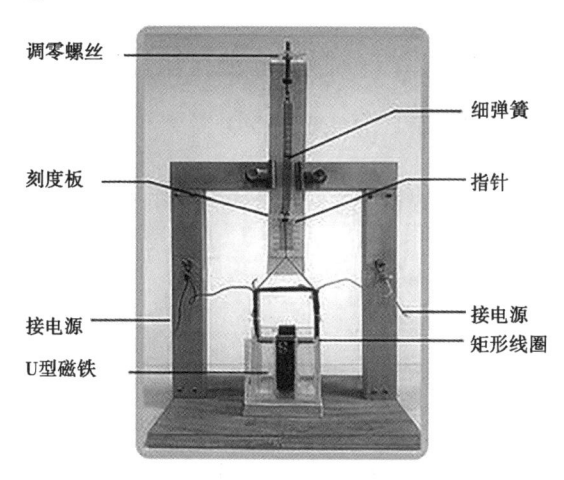

图 1　安培力测定仪

图2 定量探究 F 与 B 关系装置　　图3 定量探究 F 与 I、L 关系装置

【制作目的】

定量探究安培力大小的影响因素。

【制作原理】

1. 通电导体在磁场中会受到安培力的作用。

2. 安培力 $F=BIL$。

【制作材料】

木板、有机玻璃板、不锈钢方管、弹簧秤（量程为 1 N）2 个、线圈、细线、电流表 2 个、教学电源 2 个、滑动变阻器 2 个、U 型磁铁 3 个、带方形铁芯的电磁铁 2 个、夹子 2 个、带挂钩的螺钉、螺母、钉子、亚克力胶水、导线若干。

【制作过程】

1. 框架制作

（1）将木板切割成 20 cm×15 cm 的长方形底座。

（2）将铝合金方管裁成长分别为 20 cm、30 cm、30 cm 三段。

（3）将铝合金方管组装成长方形框架并用钉子钉紧，固定在底座上。

2. 刻度板制作

（1）将有机玻璃板切割成 20 cm×2 cm 的长方形和 2 cm×2 cm 的正方形。

（2）将正方形有机玻璃板用亚克力胶水垂直粘贴在长方形有机玻璃板上方，并在正方形有机玻璃板上打孔。

（3）在正方形玻璃板小孔上装上带挂钩的螺丝，上方用螺母旋住，作为调零螺丝。

（4）将两个量程为 0.5 N 的弹簧秤拆开并取出弹簧，将两个弹簧串联并挂在螺丝挂钩上。

（5）打印刻度表，用已知力对刻度表定标，将刻度表粘贴在有机玻璃板下端，制成刻度板。

3. 通电线圈制作

（1）将通电线圈用细线悬挂在弹簧挂钩上。

（2）将通电线圈的两个接线头用螺丝钉分别固定在铝合金框架两侧。

（3）将教学电源、滑动变阻器、电流表与线圈串联给线圈通电（放测定仪右侧）。

4. 用有机玻璃板切割制作 U 型磁铁盒用于放 U 型磁铁。

5. 将两个带铁芯的电磁铁串联，并与电源、滑动变阻器、电流表串联（放测定仪左侧）备用。

【使用方法】

1. 探究 F 与 I 的关系：①通过调零螺丝进行调零，使得弹簧上的指针指在零刻线处；②在通电线圈下方放一块 U 型磁铁，使矩形线圈的下边处在 U 型磁铁的匀强磁场中；③用同一块 U 型磁铁就保证了 B 不变，实验中 L 都是等于磁体的宽度，也保持不变；④通过滑动变阻器来改变通过线圈的电流 I，通过弹簧示数读出对应的安培力 F 的大小；⑤通过实验可以得出：在 B 和 L 不变的情况下，F 与 I 成正比关系。

2. 探究 F 与 L 的关系：①调节滑动变阻器的阻值为某一定值，不再动滑动变阻器，保持通过线圈的电流 I 不变；②通过将 U 型磁铁并在一起来改变通电线圈在磁场中的长度 L，U 型磁铁并在一起后磁感线的疏密并没有发生变化，可以控制 B 不变；③通过实验可以得出：在 B 和 I 不变的情况下，F 与 L 成正比关系。

3. 探究 F 与 B 的关系：①使矩形线圈的下边处于两个相同的电磁铁（方形铁芯）之间的匀强磁场中，这样就能保持 L 不变；②调节右侧滑动变阻器的阻值为某一定值，不再动滑动变阻器，就可以保持通过线圈的电流 I 不变；③用左侧的仪器给电磁铁通电，用左侧滑动变阻器来改变励磁电流，用电流表来记录励磁电流，可以间接知道 B 的大小；④通过实验可以得出：在 I 和 L 不变的情况下，F 与 B 成正比关系。

【注意事项】

1. 为了排除线圈自身重力的影响，每次通电前必须进行调零。

2. 在弹簧的选择上应选择将两条量程为 0.5 N 的弹簧秤中的弹簧串接进行实验，才能获得较为理想的实验效果。

【仪器特色】

此教具将课本上的定性实验进一步深化为定量探究，通过较为准确地测量和分析得出 F 与 B、I、L 之间的定量关系，更符合学生的认知规律。老师通过对教具制作的过程和方法的介绍也让学生学习科学的研究方法，使他们在创造性思维和实践精神方面受到激励和感染。

案例 24　磁生电的探索

教材分析

本节课是节选自高中《物理》（必修3）（司南版）第五章第2节"磁场及其描述"的内容。《高中物理课程标准》要求："通过实验，了解电磁感应现象，了解产生感应电流的条件"。实验在本节课教学中起到至关重要的作用。本节课包含有丰富的物理学史，从奥斯特发现的电生磁现象出发，科学家逆向思维，自然想到磁能否生电。这一可逆互通的思想迸发，符合物理知识对统一美和简洁美的高度追求。以此核心问题为出发点，可以向学生展示历史上，磁生电探索的典型科学家案例，通过物理学史的介绍，落实立德树人根本任务。

学生在初中阶段对磁生电已有一定程度的了解，但是仅仅限于切割磁感线的情况。对于不切割磁感线，能否产生感应电流，本教学设计花了很大笔墨进行探索。其目的，一是追根究底。探索不切割磁感线是由于电流变化还是磁场变化引起的，在该过程中利用"双向绕法"的巧妙实验得到完美解决。二是让学生将切割和不切割都能产生感应电流，这两种情况进行综合与统一，想出仅用一种方法即可高度概括磁生电的本质。

因此，本节课包含物理思想、物理学史，是对学生思想方法教育的良好素材。

学情分析

知识方面：学生在初中就曾经接触过电磁感应现象这部分知识，因此学起来不会感到陌生，会更有信心。但本节课内容抽象难懂，对学生的逻辑思维要求极高。因此老师应循循善诱，在有条理讲解的基础上，结合实验探究、多媒体动画辅助等方式，逐步引导学生学习。

能力方面：高二学生已经具备了一定的实验设计及探究能力，能够较好地设计并完成对感应电流产生条件的探究。

教学目标

根据课程标准和学生学习的实际情况制定如下教学目标。

1. 物理观念

（1）了解电磁感应现象及电磁感应现象的发现过程。

（2）了解感应电流产生的条件。

2. 科学思维

（1）通过寻找产生感应电流普遍条件的过程，提升抽象思维，并提高观察、分析及综合的能力。

（2）能对磁生电的相关问题进行分析，通过推理，形成结论。

3. 科学与探究

（1）通过感应电流的产生条件的探究，提升实验设计和理论分析的能力。

（2）能根据实验现象形成结论，并主动与他人交流实验过程与结果。

4. 科学态度与责任

通过对磁生电的探索历程的学习，体会统一美、简洁美、可逆对称的物理思想方法，并学习科学家持之以恒的探索精神。

教学重点和难点分析

重点：探究感应电流产生的条件。

难点：（1）探究不切割磁感线产生感应电流的真正原因。

（2）寻找产生感应电流的普遍条件。

教学设计理念

维果斯基认为："教学应着眼于学生的最近发展区，为学生提供带有难度的内容，调动学生的积极性，发挥其潜能，超越其最近发展区而达到下一发展阶段的水平，然后在此基础上进行下一个发展区的发展。"基于此，本教学设计注重知识的衔接，旨在让学生从原有的知识经验中不断生长出新的知识经验，首先，演示导体棒切割磁感线的运动，为初高中知识的连接构建桥梁；其次，从已有的知识中不断提问："不切割磁感线能否产生感应电流?"再次，通过"双向绕法"的简便实验，探索出磁场变化也会产生感应电流；最后，引导学生总结归纳，从特殊到一般得出结论：感应电流的产生只与穿过闭合回路的磁通量有关。整个教学设计来源于教材而不拘泥于教材，具有创新价值和实践意义。

器材及媒体

感应电流产生条件的实验探究装置、多媒体课件。

教学过程

一、结合磁生电的探索历程，引入新课

老师介绍：1820年4月，丹麦物理学家奥斯特发现了电流的磁效应，即通电导体周围存在磁场。从此电学与磁学彼此隔绝的状况有了突破，电磁学发展的新阶段开始了。

引发学生思考：既然电能生磁，反过来能用磁生电吗？

老师介绍：许多物理学家对此问题进行了深入的思考与探究。接着介绍，历史上物理学家安培为何"坐"失良机、科拉顿"跑"失良机以及法拉第十年探索的艰辛历程。

引导学生体会：事物的本质和规律隐藏在无数的现象之中，不仅需要坚强的意志力和不倦的探索精神，还需要知识的积累、丰富的实践经验以及敏锐的洞察力。

设计意图：该环节老师有意识地、自然地渗透和体现科学思想、科学态度的教育。让学生体会到人们探索自然规律的艰辛，同时培养学生不畏艰

难、持之以恒的科学态度和精神。

二、切割磁感线运动

学生回顾：演示初中由磁生电的实验：闭合电路的部分导体做切割磁感线运动，会产生感应电流。

老师提问：如果不让线圈运动，仍用上述仪器，还能产生感应电流吗？

学生发现：让磁铁运动，也可以产生感应电流。

图1 感应电流产生条件探究装置1

老师指出：切割磁感线运动应正确理解为：导体与磁场发生切割磁感线的相对运动。这是第一种由磁生电的方法。

设计意图：该环节注重初高中物理知识的衔接，让学生深入理解切割磁感线运动的内涵。

三、实验探究：不切割磁感线能否产生感应电流

【实验探究1】

老师提问：如果不切割磁感线，还会产生感应电流吗？

学生猜想：会/不会。

老师引导：前面的实验都是用永久磁铁来产生磁场的，可以换用电磁铁再试试。

实验目的：探究不切割磁感线能否产生感应电流。

实验装置：1. 线圈和灵敏电流计构成回路，回路中没有接电源。

2. 中间插有铁芯的电磁铁，它与电源、开关、滑动变阻器构成回路。

3. 把电磁铁插在线圈中。

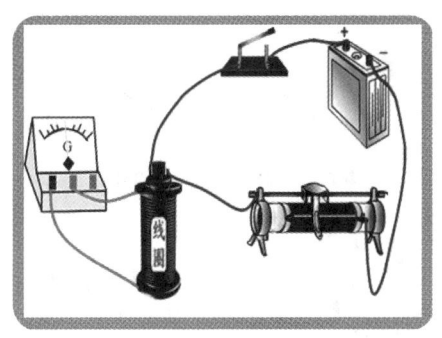

图2　实验探究1和实验探究2电路图 　　图3　感应电流产生条件探究装置2

实验条件：不能切割磁感线，所以不能动电磁铁和线圈。

学生动手实验、发现：

1. 将开关闭合，闭合开关瞬间会产生感应电流。

2. 将开关断开，断开开关瞬间会产生感应电流。

3. 将开关闭合后，等指针稳定回零后，移动滑动变阻器的滑片，移动滑片过程中也会产生感应电流。

实验结论：不切割磁感线也可以产生感应电流。

老师提问：不切割磁感线产生感应电流的原因是什么？

学生猜想：

1. 可能是由电磁铁的电流变化引起的。

2. 可能是由电磁铁的磁场变化引起的。

老师提问：究竟是由哪种原因引起的呢？

学生疑问：大部分学生无法设计实验进行解决。

老师解释：变化的电流必定会引起变化的磁场，所以不能控制电流不变而磁场改变，或磁场不变，电流改变，即不可以再采用控制变量法进行实验探究了。

老师引导：将线圈缠绕方法改为"双线绕法"试试看。

【实验探究 2】

老师指出：探究第一个因素：电流的变化。

老师提问：将电磁铁线圈缠绕方法改为双线绕法。什么是双线绕法？

老师指出：双线绕法即将一根长直导线对折后，密绕起来。

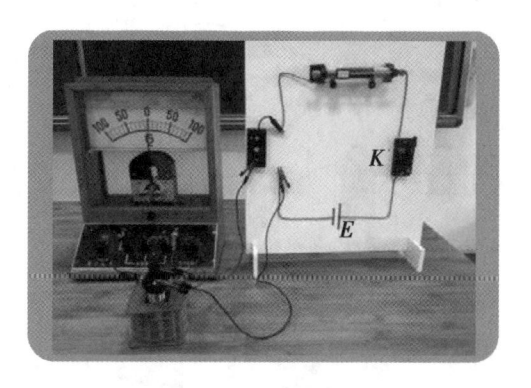

图 4　感应电流产生条件探究装置 3

实验原理：采用双线绕法的线圈通电后任意时刻流过相邻导线的电流总是：等大、反向的。它们产生的磁场也总是等大反向，相互抵消。这样磁场就始终为零，没有变化。因此就可以探究在磁场不变的情况下，电流的变化是否会产生感应电流。

老师提问：如何观察流过这个装置的电流是否变化？

学生指出：可以在回路中串联一个小灯泡。

实验现象：①小灯泡的亮度在不断地变化，说明流过这个装置的电流也在不断地变化。

②电流计的指针没有偏转，说明没有产生感应电流。

实验结论：不切割磁感线产生感应电流的原因不是电流的变化。

【实验探究 3】

老师指出：探究另一个因素：磁场的变化。

老师引导：电磁铁的铁芯起到什么作用？

学生思考：当电磁铁电流变化时，有铁芯的磁场变化比没有铁芯的大得多！起到增强磁场变化的作用。

图 5　实验探究 4 实物装置

实验原理：控制电磁铁电流变化一样，比较磁场变化不同时（即有无铁芯时），看看产生的感应电流是否一样。若不一样，则说明是电磁铁磁场变化引起的感应电流。

老师提问：如何控制电磁铁电流变化一样?

学生想出：固定滑动变阻器滑片不动，将开关闭合、断开，流过电磁铁的电流变化就能保证基本相同。

实验现象：当电磁铁电流变化一样时，有铁芯产生的感应电流比无铁芯大得多。即电磁铁电流变化一样，磁场变化不同，产生的感应电流也不同。

实验结论：不切割磁感线产生感应电流的原因是磁场变化。

老师总结：两种由磁生电的方法：

①闭合回路中的部分导体做切割磁感线运动。

②穿过闭合电路的磁场发生变化。

设计意图：该环节的设计突破传统教法，引导学生从"切割磁感线能产生感应电流到不切割磁感线能否产生感应电流"等问题进行层层递进的探讨。在教学中通过创设一系列问题情境，在已有的问题上不断深入展开研究，整个教学过程结合实验探究，充分调动学生思维的积极性，让学生亲身深刻体会科学家发现物理规律的过程中所经历的艰辛，并能充分体会到科学思维的严谨和精妙。此外，设计中采取的"双线绕法"，较好地解决了电流改变同时引起磁场改变的问题，使学生能够更直观观察到不切割磁感线产生感应电流的真正原因。

四、寻找产生感应电流的普遍条件

老师提问：产生感应电流的方法有两种，这样的结论还不够简洁。能否把二者综合成一个普遍条件呢？

课件演示：两种产生感应电流的方法的过程。

引导学生思考：两种方法有什么

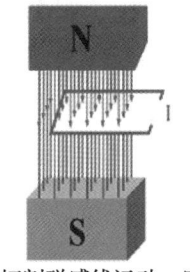

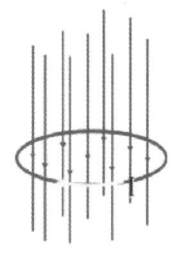

切割磁感线运动　穿过闭合回路的磁通量变化

图 6　产生感应电流的两种方法演示

共同点？

学生观察、对比发现：两种方法都使得穿过线圈的磁感线条数发生了变化。

再次让学生观察、并思考：磁感线条数变化分别是由什么引起的？

学生分析得出：左图是磁感应强度 B 不变，而线圈在磁场的面积 S 变化。右图则是磁感应强度 B 变化，而线圈在磁场中的面积 S 不变。

老师引导下，学生主动发现：由于磁通量 $\varphi=BS$，所以两种方法都是使得穿过线圈的磁通量发生变化。

老师总结：只要穿过闭合回路的磁通量发生变化，闭合回路中就会产生感应电流！此即为产生感应电流的普遍条件。

设计意图： 该环节充分树立了学生的主体地位，让学生通过自己的观察思考，主动发现总结产生感应电流的普遍条件，同时感受到物理规律的简洁美。

教学设计的创新之处

《磁生电的探索》是培养学生创新能力的极好教材，新课教学不应该把重点放在对结论的"翻炒"上，一定要敢于展开研究过程，让学生感受到科学思维的精妙，让学生在探索、讨论中，培养学生创新的能力和勇气。因此，本节课的教学设计，为了更好地完成上述要求，在以下几个方面进行创新：

1. 整节课思维层次分明，有助于学生理解

不切割磁感线产生感应电流的原因是电生电，还是磁生电，学生往往会混淆。针对这一问题，本节课第三环节的设计，创设了一系列问题情境：

（1）不切割磁感线能否产生感应电流？

（2）不切割磁感线产生感应电流的原因是电磁铁电流变化引起的，还是它产生的磁场变化引起的？

（3）能产生感应电流的磁场变化都必须由电流变化引起吗？其它原因引

起的磁场变化也能产生感应电流吗？

(4) 磁场变化都会产生感应电流吗？

再进一步巧妙地结合设计实验，步步深入地挖掘现象后的本质，对上述问题予以突破，有效地突破了难点，也让学生感受到科学思维的严谨和精妙。

2. 利用"双线绕法"实验深入挖掘现象本质，突破学生理解的难点

不切割磁感线产生感应电流的原因是电流变化引起的，还是磁场变化引起的，学生往往会混淆。针对这一问题，本节课第三环节的设计，创设了一系列问题情境，并创新性地提出"双线绕法"的巧妙实验，步步深入地挖掘现象的本质，引导学生展开研究，对一个个问题予以突破，有效突破了难点，也让学生感受到科学研究的严谨和精妙。

教具 35　感应电流产生条件探究装置 1

【教具实物图】

图 1　切割磁感线装置 1

【制作目的】

衔接初高中内容，让学生通过实验和观察总结得到"导体与磁场发生切割磁感线的相对运动，会产生感应电流"的结论。

【制作原理】

闭合电路的部分导体做切割磁感线的相对运动时，在导体上会产生感应电流。

【制作材料】

灵敏电流计、U形磁铁、线圈、导线若干。

【制作过程】

如图1所示,将灵敏电流计、线圈用导线连接。

【使用方法】

1. 将U形磁铁静止放置在线圈的不远处,移动线圈,观察灵敏电流计示数变化,发现导体做切割磁感线运动时会产生感应电流。

2. 保持线圈静止,移动U形磁铁,观察灵敏电流计示数变化,发现磁铁运动也可以产生感应电流。

3. 总结:导体与磁场发生切割磁感线的相对运动,会产生感应电流。

【注意事项】

在移动线圈或U形磁铁时应注意控制好移动速度,避免因感应电流过大而损坏灵敏电流计。

【仪器特色】

该实验在初中"磁生电"实验的基础上,增加了"让磁铁运动也可以产生感应电流"的操作,注重初高中衔接,让学生深刻理解"切割磁感线运动"的内涵。

教具36 "双线绕法"螺线圈

【教具实物图】

【制作目的】

解决电流变化同时引起的磁场变化的问题。

【制作原理】

采用双线绕法的螺线圈，通电后，任意时刻流过相邻导线中的电流总是等大反向的，那么根据右手螺旋定则，它们产生的磁场总是等大反向、相互抵消，这样磁场就都为零，没有变化。

【制作材料】

电磁铁螺线圈

【制作过程】

将电磁铁螺线圈上缠绕的导线取下并捋直，改为将长直导线对折后密绕起来，重新缠在圆柱上，并用电烙铁将导线头和尾分别接在接线柱上。

【使用方法】

直接将"双线绕法"螺线圈接线柱接入电路中使用。

【注意事项】

在拆装螺线圈上的导线时应注意不能硬拉，避免导致导线断路。

【仪器特色】

采用"双线绕法"螺线圈，较好地解决了电流改变同时引起磁场改变的问题，使学生能够更直观观察到不切割磁感线产生感应电流的真正原因。

教具 37　感应电流产生条件探究装置 2

【教具实物图】

图 1　感应电流产生条件探究装置 2

【制作目的】

探究不切割磁感线产生感应电流的方法。

【制作原理】

1. 不切割磁感线，可通过改变穿过闭合回路的磁场来产生感应电流。

2. 穿过闭合回路的磁通量（$\Phi=BS$）发生变化，闭合回路中就会产生感应电流。

【制作材料】

灵敏电流计、线圈、带铁芯的电磁铁 2 个（1 个正常绕法，1 个双线绕法）、木板、干电池、闸刀开关、小灯泡、滑动变阻器、白色割字纸、红色割字纸、导线若干。

【制作过程】

1. 制作面板：切割一块木板（40 cm×25 cm）作为面板，将面板用白色割字纸包装好。

2. 制作面板底座：取两块木板作为底座，在底座长边的中间切开一个凹槽，凹槽的宽度略微小于木板厚度（让面板正好可以卡住在凹槽里面），将底座用白色割字纸包装好。

3. 示教板的组装：

（1）如图 1 所示，在面板中间位置将电源符号、闸刀开关、滑动变阻器粘贴好并用导线连接，预留一个位置（两个接线点）连接灵敏电流计、电磁铁等。

（2）在预留位置的接线点上用导线接上一个正常绕法的电磁铁。

（3）在电源符号的正负极两边分别钻一个导线恰好可以穿过的小洞用于连接示教板后面的干电池。

4. 将线圈和灵敏电流计用导线连接成回路，回路中没有接电源。

5. 将电磁铁插入线圈中。

【使用方法】

实验探究 1：不切割磁感线也可以产生感应电流吗？

（1）闭合开关，闭合开关瞬间会产生感应电流；

（2）断开开关，断开开关瞬间会产生感应电流；

（3）将开关闭合后，等灵敏电流计指针稳定回零后，移动滑动变阻器的滑片，移动滑片过程中也会产生感应电流；

（4）结论：不切割磁感线也可以产生感应电流。

实验探究2：不切割磁感线产生的感应电流是由电磁铁的电流变化引起的还是磁场变化引起的？

（1）将电磁铁换成双线绕法的电磁铁，通电后任意时刻流过相邻导线的电流总是等大、反向的，它们产生的磁场也总是等大反向，相互抵消，这样磁场就始终为零，没有变化。

（2）在电磁铁旁边串联一个小灯泡。

（3）闭合开关，移动滑动变阻器滑片，小灯泡的亮度在不断地变化，即流过这个装置的电流也在不断地变化。

（4）灵敏电流计的指针没有偏转，即没有产生感应电流。

（5）固定滑动变阻器滑片不动，将开关闭合、断开，观察有无铁芯时电流的变化，可以发现有铁芯时产生的感应电流比无铁芯时大得多，即电磁铁电流变化一样，磁场变化不同，产生的感应电流也不同。

（6）结论：不切割磁感线产生感应电流的原因不是由电流变化引起的，而是由磁场变化引起的。

【注意事项】

1. 为了保护电路，需串联一个滑动变阻器且滑动变阻器的滑片置于阻值最大的位置。

2. 注意选择量程合适的灵敏电流计，避免因感应电流过大而损坏灵敏电流计。

【仪器特色】

该实验仪器通过创设一系列问题情境，在已有的问题上不断深入展开研究，充分调动学生思维的积极性，让学生亲身深刻体会科学家发现物理规律的过程中所经历的艰辛，并能充分体会到科学思维的严谨和精妙。此外，"双线绕法"和电磁铁铁芯较好地解决了电流改变同时引起磁场改变的问题，使学生能够更直观观察到不切割磁感线产生感应电流的真正原因。

光学　热学

案例 25　透镜的应用

教材分析

本节课是人教版初中物理八年级第五章第 2 节的内容。《义务教育初中物理课程标准》要求"了解凸透镜对光的会聚作用和凹透镜对光的发散作用。了解凸透镜成像规律的应用"。通过解读课标可知，本节要求学生了解凸透镜成像规律在放大镜、照相机、投影仪中的应用。

为了使学生更好地理解本节课的内容，我们对教材的顺序进行微调。将"生活中的透镜"调到"凸透镜的成像规律"之后进行讲解。这样的设置既巩固了透镜的相关知识，还可以培养学生学以致用的科学意识。

教学的重点应建立学生应用物理知识指导生产实践的意识，体会物理学与生活的紧密联系，培养学生对物理的兴趣和敬畏感。

学情分析

学生已经掌握了凸透镜的成像规律、物像移动规律的知识，平时累积一定的关于放大镜、照相机的生活经验，具有一定的观察和分析能力，但难以将经验和规律联系起来，也就是理论知识与实际相结合的能力不足，对于熟练应用凸透镜成像规律还有所欠缺，思维能力较弱，实验设计能力有待提高。

学生对于复杂现成仪器的结构和原理的理解存在困难。老师应该利用自制教具，带领学生"从无到有"逐步构建教学仪器。让学生通过拆解的思想，观察仪器的内部结构，利用已有知识不断建构新知识，并提升学生动手实践、解决问题的能力。

教学目标

根据课程标准要求和学生学习的实际情况制定如下教学目标：

1. 知道照相机、幻灯机、投影仪和放大镜的基本结构和成像原理。初步了解显微镜和放大镜的成像原理。

2. 经历照相机、幻灯机和投影仪的制作过程，体会透镜在实际生活中的应用，提升实验设计能力。

教学重点和教学难点分析

重点：照相机、幻灯机和投影仪模型的基本结构和成像原理。

难点：照相机、幻灯机和投影仪模型的制作和改装。

教学设计理念

本设计基于新课程改革的理念，通过自制的透镜组合教具，进行教具的"三部曲"变形，完成从照相机→幻灯机→投影仪的改造，帮助学生深入理解光学器件的工作原理，感受物理教具的精妙。

凸透镜的成像规律既是重点也是难点。学生由理论知识到实际应用的能力还比较薄弱，利用自制教具进行逐步的展示和变形，从最常用的照相机开始研究，经过不断变形、改装，设计出三种不同的光学仪器（照相机、幻灯机、投影仪）。整个教学过程紧密结合教具，层层深入，环环相扣，逻辑严谨清晰。学生在此过程中不断加深对光学仪器原理的认识，在教具设计的过程中体会递进、可逆、统一的物理思想，提升其思维能力。再者，自制教具取材简单方便，主要由直径大小不同的水管和一个凸透镜的变形、改装而成，加强学生从身边取材，制作物理教具的创新意识。

器材及媒体

直径不同的塑料水管、手电筒、铁架台、白板、灯带、升降台、凸透镜、半透明/全透明薄膜、多媒体课件。

教学过程

一、新课引入

师生共同回忆：凸透镜成实像和虚像的情况，总结物像移动规律，具体内容如下表所示：

表1 凸透镜成像规律和物像移动规律

凸透镜成像规律		物像移动规律	
实像	$u>2f$，成倒立缩小的实像	物近像远像变大	像与物的移动方向相同
	$u=2f$，成倒立等大的实像		
	$f<u<2f$，成倒立放大的实像		
虚像	$u<f$，成正立放大的虚像	物近像近像变小	

设计意图：该环节通过对前面知识点的复习，起到加深、巩固的作用，也为接下来更好地学习凸透镜成像规律在光学中的应用做好准备。

二、照相机、幻灯机和投影仪

老师指出：生活中经常接触到一些光学仪器，比如照相机、幻灯机、投影仪和放大镜等。它们都需要凸透镜，且都是由凸透镜的成像规律设计的。

（一）照相机

老师引导：众所周知，照相机拍出来的像比实际物体小，可见照相机是利用凸透镜成缩小实像的规律设计的。

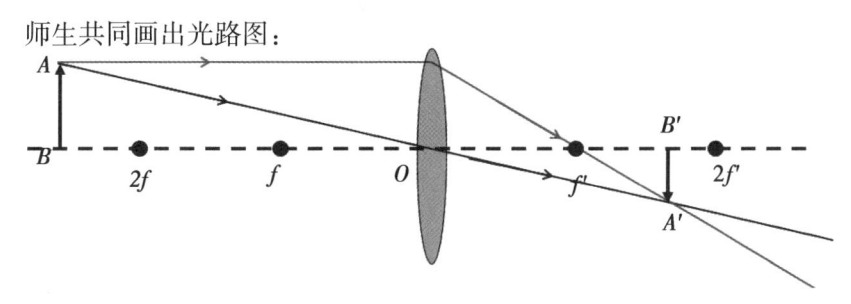

师生共同画出光路图：

图1 凸透镜缩小实像光路图

老师指出：当$u>2f$时，在透镜另一侧的$1f$到$2f$会成倒立缩小的实像，可以用光屏承接。

老师提问：如何记录像的信息？

学生回答：把光屏换成胶片。

老师说明：胶片在受到光的照射后发生化学变化，物体的像就被记录下来。

老师指出：胶片易曝光，需要一个暗箱来保护。

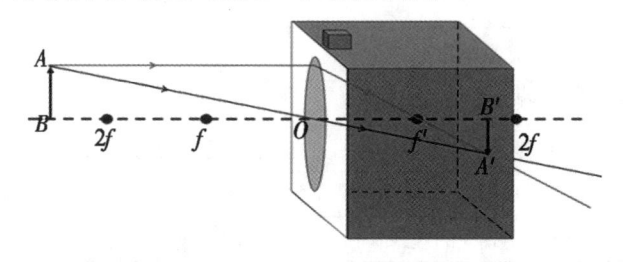

图2 模拟加上暗箱和快门的光路图

老师提问：有了暗箱，又如何让胶片感光呢？

老师指出：就需要一个快门，控制胶片曝光时机与曝光时长。

老师提问：如何使胶片上的像更大一些呢？

学生回答：可以缩短物距。

老师指出：比如使物靠近照相机镜头，像就变大；但同时像的位置也后移，此时，胶片的位置不动，则像变模糊，所以胶片也应当适当后移。

老师提问：凸透镜和胶片都被暗箱固定着，不能移动，又该怎么办？

学生思考得出：可以将暗箱改成可伸缩的。

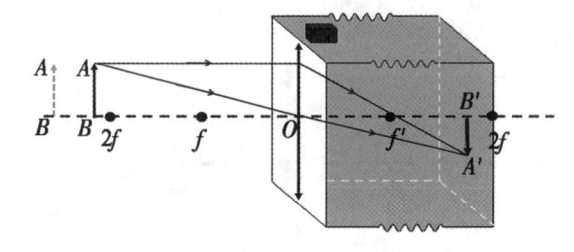

图3 模拟可伸缩的暗箱

330

老师展示教具：先介绍两个大小不同的圆筒，分别在大圆筒一端固定凸透镜，小圆筒一端固定半透明薄膜（代替胶片），现场组装出照相机模型。

老师演示：将两边颜色不同的 V 形灯带作为物体，对灯带进行拍照，调节后在胶片上看到灯带成倒立缩小的实像。

图 4　照相机模型

设计意图：该环节先介绍凸透镜成像原理，再利用自制教具，结合照相机基本构造向学生展示照相机的成像原理，将已有知识与实际应用相结合，加强学生从"物理走向生活"的意识。

（二）幻灯机

老师创设情境：在很多情况下，我们需要把小物体放大，投射在光屏上，也就是我们常见的幻灯机，大家能否通过对照相机模型进行改装来实现呢？

老师引导：请大家从照相机的光路图中寻求思路。

学生思考回答：根据折射光路的可逆性，在原来的光路图中，将光屏和物体的位置进行对调，就能在光屏上得到倒立放大的实像。

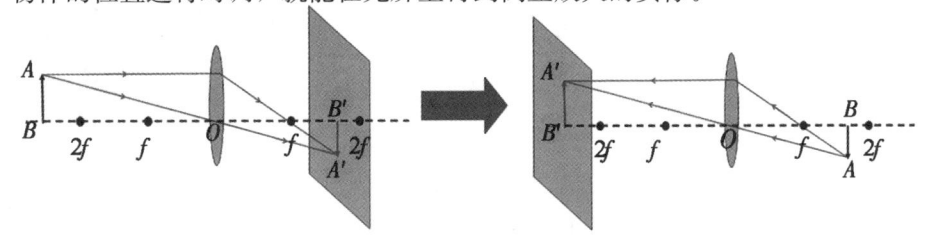

图 5　将光屏和物体的位置对调

老师演示：我们来实际操作一下，把照相机模型上的光屏取下，换上带箭头的薄膜，以白板作为光屏，能不能在上面看到箭头放大的像？

学生观察并回答：看不到，因为箭头装在暗箱里，光线太弱，应加一个强光源照射。

老师演示：加上强光源（用手电筒照射），果然，在屏幕上成箭头清晰、放大的像。

老师提问：此时箭头是倒立的，如何使它成为正立的呢？

学生回答：只要将箭头倒置就可以了。

老师操作：将箭头倒置，再放映，肯定其可行性，并说明这便是最原始的幻灯机模型。

设计意图：该环节通过实际需要创设问题情境，利用原有模型将照相机变形为幻灯机，着重培养学生可逆与统一的物理学思想，提高其思维的灵活性。

图6　幻灯机模型

（三）投影仪

老师创设情景：如果想实现边写边放大的功能，也便是我们熟悉的投影仪所具备的功能，又该如何改装呢？

老师引导：薄膜置于暗箱里，要进行书写是很困难的。所以要将固定有小圆筒的薄膜取出，竖直放置，构成水平的书写平台。

老师提问：那么凸透镜就应当置于何处？

学生回答：平台的上方。

老师操作：将大圆筒竖直放置，取出凸透镜，固定在其上方；同时为保证有足够的光强，需在平台下装一个强光源，并调节凸透镜，使平台位于其一倍到两倍焦距之间，得到清晰成在天花板上的放大实像。通过实际的书写，发现确实可以边写边放大。

图7　投影仪模型

老师指出：虽然已成功将幻灯机改装成投影仪，但像在天花板上，需抬头看很不舒服，能否让这像成在光屏上？

学生思考得出：可以用平面镜改变像的光路。

老师演示：加上平面镜适当调节，果然，像成在前方的光屏上。这也便是我们日常生活中最常见的投影仪。

设计意图：该环节创设"老师如何利用幻灯机批改作业"的情景，引导学生将幻灯机改装成投影仪。最终实现通过对一个凸透镜的变形改装，设计出三种不同的光学仪器，培养学生的创新性思维，提高其实验设计能力。

三、放大镜、显微镜和望远镜

（一）放大镜

老师提问：凸透镜成虚像有什么应用？

要求学生利用凸透镜看清很小的物体，从而引出放大镜，并介绍放大镜成像的特点。

老师说明：放大镜是利用凸透镜成正立放大虚像的规律设计的。

（二）显微镜

老师指出：如果物体小到连放大镜都看不清，要看清它该怎么办？

引导学生回答：可以试着加一个凸透镜，进行二次放大，组成简单的显微镜。

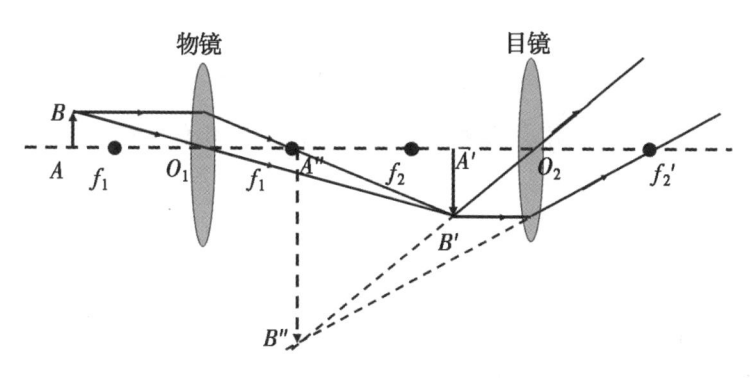

图 8　显微镜光路原理图

老师利用光路图对显微镜的结构和成像原理进行说明：显微镜中靠近物

体的是物镜，靠近人眼的是目镜。物体处于物镜的一倍焦距和两倍焦距之间，经过物镜成倒立放大的实像，且这个像落在目镜的焦点之内，又经过目镜放大成正立的虚像。这就是显微镜成像的原理。

设计意图： 该环节根据显微镜的用途，结合光路图，对显微镜的结构和成像原理进行简单说明，使学生了解显微镜的成像特点，培养学生将所学知识应用于解决实际问题的能力。

（三）望远镜

老师指出：如果把显微镜进行改装，就能看清远处的物体，这就是望远镜。这项发明经过400多年的改进，它的功能越来越多，在生产生活、军事，以及天文学方面都有巨大贡献。

设计意图： 从放大镜到显微镜，再到望远镜的学习，由浅入深，点到为止，使学生初步了解光学仪器的发展历史。

教学设计的创新之处

1. 通过教具使凸透镜的成像规律、物像移动规律得到实际应用

凸透镜的成像规律与照相机的物像移动规律均是重点、难点，学生对于由理论知识到实际应用的能力还很薄弱，仅具备一定的观察能力。通过利用课件和自制教具的演示，学生在观察的基础上思考，激发兴趣，锻炼思维能力，深刻认识这两个规律与实际应用的联系，强而有力地深化学生对概念的理解。

2. 用自制教具经过变形、改装设计三种不同的光学仪器

从最常用的照相机开始研究，利用自制教具，经过不断变形、改装，设计出三种不同的光学仪器（照相机、幻灯机、投影仪）。整个教学过程紧密结合教具，层层深入，环环相扣，节奏到位，逻辑严谨清晰。学生在此过程中不断刷新认识，在思考中体会教具经历变形改装的物理思想，提升其思维能力。

再者，自制教具取材简单方便，主要由直径大小不同的水管和一个凸透镜变形、改装设计的，加强学生从生活走向物理的意识，使学生了解光学仪器的发展历史。而实验现象明显，给人强烈的视觉冲击，激发学生的好奇心。以往老师利用讲授法的方式进行讲解，学生不易理解，达不到良好的效果。老师借助这套教具，既能很好地帮助学生理解知识，还能培养学生的创新意识。

教具 38　照相机、幻灯机和投影仪综合演示仪

【教具实物图】

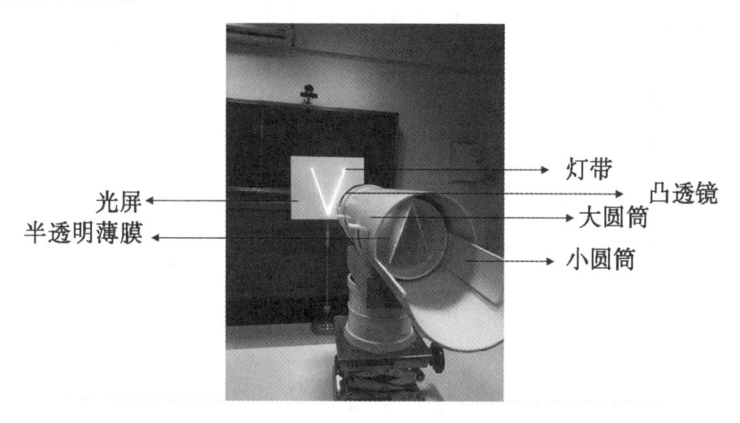

图 1　照相机模型

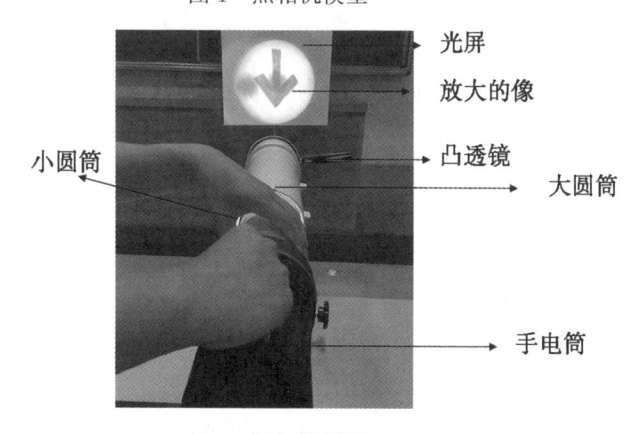

图 2　幻灯机模型

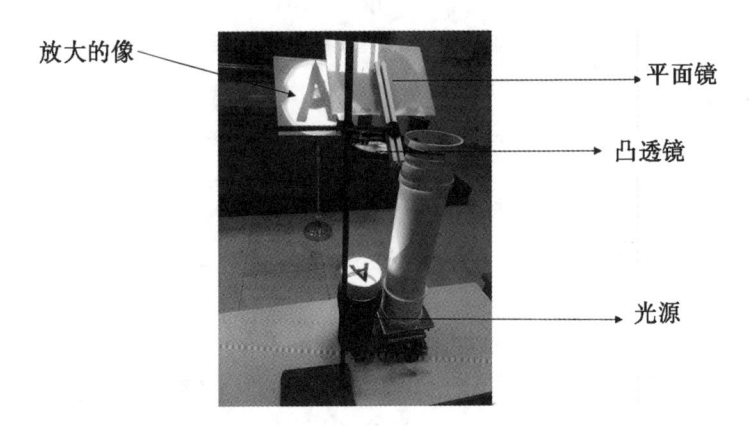

图 3　投影仪模型

【制作目的】

了解凸透镜在放大镜、照相机、幻灯机、投影仪中的应用。

【制作原理】

凸透镜成像规律：

1. 照相机：当 $u>2f$ 时，在透镜另一侧的 $1f<v<2f$ 会成倒立缩小的实像；

2. 幻灯机：当 $1f<u<2f$ 时，在透镜另一侧的 $v>2f$ 处会成倒立放大的实像；

3. 投影仪：当 $1f<u<2f$ 时，在透镜另一侧的 $v>2f$ 处会成倒立放大的实像。

【制作材料】

一个凸透镜（直径 11 cm）、直径不同的水管（大的直径约 11 cm、小的约 10 cm）、强光手电筒、平面镜、铁架台、升降台、半透明塑料薄膜、灯带等。

【制作过程】

1. 部件制作

（1）裁剪出长 10 cm、直径约为 11 cm 的圆筒，用 AB 胶将其粘贴在升降台上（方便调节高度），作为照相机、幻灯机和投影仪的底座；

（2）裁剪出长 25 cm、直径为 10 cm 的小圆筒 a，在圆筒的一端固定半透明的塑料薄膜，并在另一端侧壁上黏上一个塑料手把，以方便手持操作。该圆筒充当照相机可移动的胶片。

（3）裁剪出长 60 cm、直径为 11 cm 的大圆筒 b，在其一端切割一个宽度约为 1 cm 的空隙用于固定凸透镜（切割时可根据凸透镜的实际大小进行切割），在其另一端切割掉宽度约为 10 cm 的上半圆空间，方便小圆筒装入并在其内部自由移动。该圆筒充当照相机的暗箱。

（4）裁剪出长 25 cm、直径为 10 cm 的小圆筒 c，在小圆筒的一端粘上透明的塑料薄膜，在薄膜上画上红色箭头标志，作为模拟幻灯机的幻灯片。

（5）裁剪出长 5 cm，直径约为 11 cm 的圆筒 d，在其一端粘贴上全透明的塑料薄膜，构成投影仪的书写台。

2. 组装

(1) 照相机模型

①将裁剪好的小圆筒 a 装入大圆筒 b 中，注意将小圆筒 a 从大圆筒 b 已裁剪掉 10 cm 上半圆空间处装入，并且小圆筒 a 有固定塑料薄膜的一端朝外；

②将凸透镜装在大圆筒 b 有空隙的一端中。

③将装置水平放置于底座上，并在圆筒与底座之间增加一个支架以固定圆筒。

(2) 幻灯机模型

①在照相机的基础上将小圆筒 a 取出，换成画有箭头的小圆筒 c 小圆筒 c 有固定的薄膜的一端朝里面。

②在小圆筒 c 没有薄膜的一端用强光源照射。

(3) 投影仪模型

①将大圆筒 b 竖直插入底座中，将凸透镜的把手插入大圆筒缝隙内，将其作为支架，凸透镜外露在圆筒外侧。

②在凸透镜的正下方放置一个书写台圆筒 d，同时为了保证有足够的光强，在书写台下面放置一个强光源。

③在凸透镜的正上方用铁架台固定一块平面镜。

【使用方法】

1. 照相机模型

将两边颜色不同的 V 形灯带作为被拍物体,置于凸透镜前方的两倍焦距之外,对灯带进行拍照,前后调节小圆筒 a 的位置,使得灯带在薄膜上呈清晰的倒立缩小的实像。

2. 幻灯机模型

要将照相机改装成幻灯机,只要将照相机模型中的小圆筒 a 取出,换成要放大的幻灯片(即小圆筒 c)。但是因为箭头装在暗箱里,光线太弱,还应加一个强光源照射幻灯片,调节屏幕位置直到出现幻灯片清晰、放大倒立的像。

3. 投影仪模型

要将幻灯机改成投影仪,要将凸透镜从大圆筒取出,将其把手插在大圆筒 b 的缝隙内,在凸透镜下方放上书写台(小圆筒 d),为了保证有足够强的光照射幻灯片,还要在书写台下面装一个强光源。调节凸透镜高度,使平台处于透镜的一倍焦距和两倍焦距之间,这样经过凸透镜后才能在天花板上呈现放大的实像。为了使像呈现在前方的屏幕上,还需加一个与水平面成 45 度角的平面镜来改变光路。此时即完成了边写边放大的投影仪模型。

【注意事项】

1. 教师在演示照相机模型的时候,为了让学生能清楚地看到像,应调节灯带位置,使清晰的像呈在大圆筒远离凸透镜一侧出口处附近。

2. 幻灯机模型制作过程中,应选取透明底片彩色图样的材料作为幻灯片(或用彩色笔直接在透明薄膜上画一个箭头符号),若选取不透明的剪纸剪出箭头的形状,虽能将图片放大,但成的像是黑白的,不符合现代的幻灯机给人舒适的视觉效果。

【仪器特色】

该仪器通过对一个凸透镜的变形、改装,设计出三种不同的光学仪器,利用凸透镜成像规律的知识,结合实际的照相机、幻灯机和投影仪的基本结构和成像特点,使学生了解光学仪器的基本原理和发展历史,培养学生的创新思维和设计能力,将理论知识应用于实际生活,从物理走向生活。

案例 26　眼睛与眼镜

教材分析

本节课是初中八年级《物理》（人教版）第五章第 4 节的内容。《义务教育初中物理课程标准》要求"认识凸透镜对光的会聚作用和凹透镜对光的发散作用。了解凸透镜成像规律的应用。"通过解读课标，可知本节教学需要帮助学生了解人眼成像的原理，了解近视眼和远视眼的成因及矫正方法。

本节是在学习了凸透镜成像规律的基础上来探究人眼视物原理以及视力的矫正，但知识内容较为抽象复杂，仅靠讲解和多媒体演示无法突破难点，学生大脑中缺乏可加工的具体素材。初中教学应多加挖掘实验教具的功能，通过低成本教具的研制，帮助学生具象化、可视化地认识和掌握眼睛的构造与工作原理，从而提升学生动手实践、解决复杂问题的能力，并提升分析、推理等科学思维能力。

学情分析

学生虽然已经掌握凸透镜成像规律的相关知识，并且对于眼睛有潜在的感受，具有一定的观察、分析能力。但是由于本节内容的抽象性，对于初中阶段的学生是较难理解的。

初中阶段的学生对于自己的身体充满了好奇、对于世界充满了好奇，教学中要将好奇心转化为学习的积极性。但应注意，初中阶段学生的积极性可能缺乏深层次的思考，老师一方面应设疑和引导，另一方面，应充分发挥实验教具、多媒体等辅助作用。

教学目标

根据课程标准要求和学生学习的实际情况制定如下教学目标：

1. 知道眼睛的视物原理以及视力矫正。
2. 通过人眼视物和凸透镜成像的对比，利用自制教具，探究得出晶状体的调节功能。
3. 通过对视力矫正的探究，体会物理规律在日常生活中的应用。

教学重点和教学难点分析

重点：知道人眼的视物原理以及视力矫正。

难点：人眼视物与凸透镜成像的区别。

教学设计理念

在初中阶段，学生的自我意识进一步发展，学生对于自己的身体充满了兴趣，能否将这种兴趣利用起来，以培养学生的抽象思维能力，促进学生的发展是本堂课的关键。

在本堂课的教学中，首先通过旧知识的复习引入课堂，再循循善诱地引导学生探索眼睛的秘密。为了加深学生对眼睛构造和工作原理的理解，本设计设有三组循序渐进的实验。首先，利用光具座和凸透镜模仿人眼视物过程；其次，自制"人眼视物演示仪"以进一步讲解睫状体对晶状体的调节功能；再次，利用精心配置的近视镜，现场进行视力的矫正，引发学生顿悟，将情绪引向最高潮。

通过实验教学，借助一系列教具的辅助，让学生更好地认识到眼睛的构造及原理，感受物理知识对生活的重要指导作用。

器材及媒体

人眼视物演示仪（人眼视物原理演示装置）、光具座（及附件）、多媒体课件。

教学过程

一、新课引入

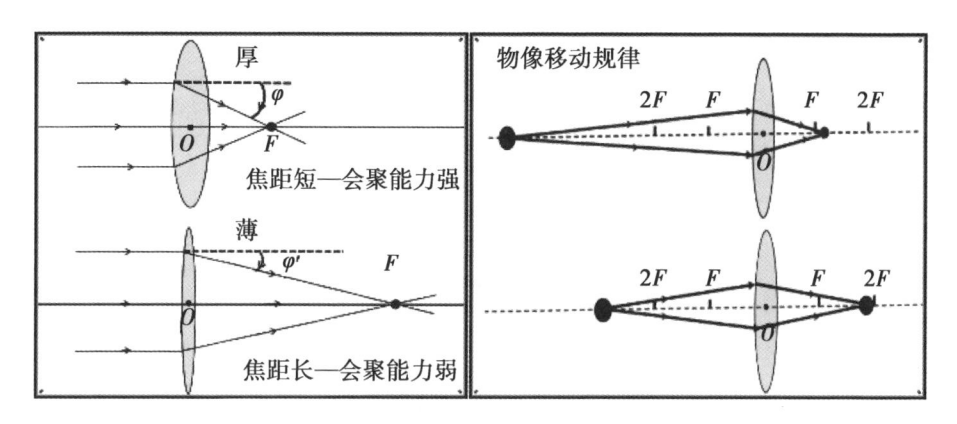

图1 新课引入课件动画图示

老师回顾：老师结合课件动画分析回顾，凸透镜对光线的汇聚能力与焦距，即凸透镜厚薄的关系为：凸透镜越厚，焦距越小，对光线的汇聚能力越强；凸透镜越薄，焦距越大，对光线的汇聚能力越弱。凸透镜成像的物像移动规律为：物体离凸透镜越远，像离凸透镜越近，像越小；物体离凸透镜越近，像离凸透镜越远，像越大，即像与物的移动方向相同。

引导学生回顾：回顾上节课所介绍的凸透镜对光线的汇聚能力与焦距的关系以及物像移动规律。

设计意图：引入环节既对上节课的知识起到巩固作用，又为下面学习人眼视物原理奠定理论基础。

二、人眼视物原理

老师结合眼球图片介绍：眼睛对人体十分重要，在眼球的构造中晶状体与角膜的共同作用相当于凸透镜，视网膜

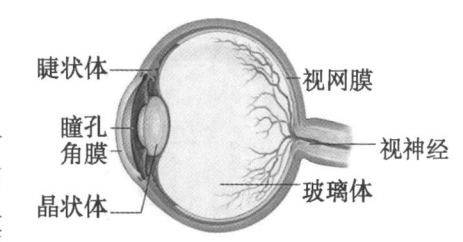

图2 人眼构造模型图

则相当于光屏。

【实验探究 1】

老师演示：凸透镜成像实验，光屏成倒立缩小清晰实像。

实验原理：凸透镜成像规律，物距大于两倍焦距时，成倒立缩小清晰的实像。

老师总结：眼睛看见物体与凸透镜成像的原理是相似的。

老师提问：为什么眼睛看到的像不是倒立缩小的？

图 3　物距大于两倍焦距，成缩小倒立清晰的实像

引导学生猜想：应该与人的大脑有关。

老师介绍：人眼视物所成的像之所以是正立等大的，是由于分布在视网膜上的感光细胞受到光的刺激产生信号，视神经又把信号传输到大脑，经过大脑的加工处理，才最终看到正立等大的像。

老师提问：晶状体与凸透镜有何区别？如果实验中的物距变大，光屏上的像是否依然清晰？实验表明像变模糊，再提问：如何使光屏上的像变清晰？

图 4　物体远离凸透镜，光屏上的像变模糊

学生猜想：根据物象移动规律可知：像移动的方向总是和物体移动的方向相同，既然物体远离凸透镜，那么像就应该靠近凸透镜即落在光屏前面，因此应该使光屏靠近凸透镜。

图5　光屏靠近凸透镜，像再次变清晰。光屏移回原点，像又变模糊

老师演示：光屏适当靠近凸透镜之后像就变清晰了，在此老师提出疑问：眼睛的视网膜不能像光屏那样随意移动，将光屏移回原点，提问：眼睛如何看清远处的物体？

老师分析：眼睛的晶状体与视网膜的距离，即像距是固定的。

老师提问：当物距发生改变时，应该如何使视网膜上的像变清晰？

学生猜想：可以改变晶状体的焦距也就是改变晶状体自身的厚薄。

老师提问：晶状体应该调厚还是调薄？

学生猜想：根据凸透镜成像原理可知，此时成像在视网膜前，说明晶状体对光线的会聚能力太强，因此应该把晶状体适当调薄。

图6　换焦距较大凸透镜，像重新变清晰

老师演示：将原先的凸透镜撤掉，换上一个焦距较小即厚度较薄的凸透镜，观察到光屏上的像变清晰。

老师总结：眼睛就是通过调节晶状体的厚薄来看清远近不同的物体。

老师提问：眼睛如何调节晶状体的厚薄？

老师引导下，学生猜想：可能是通过眼球结构中的睫状体来调节晶状体的厚薄。

老师结合课件动画指出：眼睛正是通过睫状体来调节晶状体的厚薄，看远处物体时，睫状体放松，晶状体变薄；看近处物体时，睫状体收缩，晶状体变厚。因此眼睛既可以看清远处的物体又能看清近处的物体。

老师利用人眼视物演示仪模拟此过程：

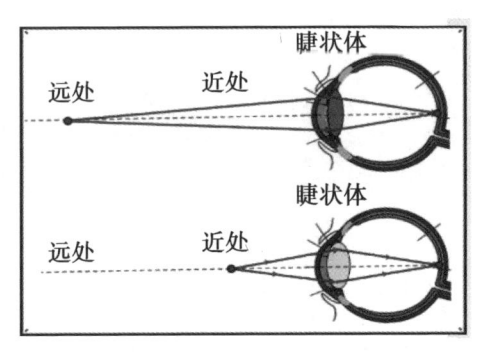

图7 课件动画图示

【演示实验1】

老师演示：利用人眼视物演示仪（自制教具）模拟晶状体的调节过程

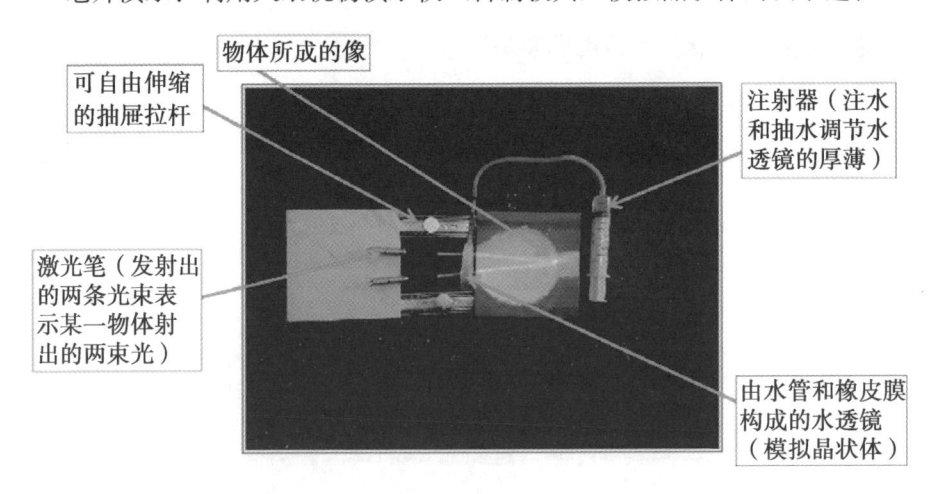

图8 人眼视物演示仪实验装置图

344

设计意图：本环节充分发挥实验教具对知识建构的重要作用。先利用光具座等光学器件模拟人眼视物过程，提出科学问题：当物距发生变化时，由于人眼中晶状体与视网膜的距离，即像距是固定的，启发学生想到，唯一的办法便是改变晶状体的焦距，也就是它的厚薄来看清物体。老师现场实验，替换上薄一点的凸透镜，学生随即观察到光屏上的像变清晰，从而引出人眼中睫状体的调节功能。

老师进一步利用激光笔、透明橡皮膜、注射器，巧妙地制作了"人眼视物演示仪"，利用水管和橡皮膜构成的水透镜模拟晶状体，通过注水和抽水调节透镜的厚薄，现场为学生展示睫状体对晶状体厚薄的调节功能，让学生深入理解眼睛的构造与工作原理。

该环节巧妙地利用对比观察的方法，层层深入，化抽象为形象，加深学生对人眼视物原理的理解。

三、远点、近点和明视距离

老师指出：晶状体调到最薄所能看清的点称为远点，远点在无限远。

老师提问：远点为什么在无限远？

老师结合课件动画介绍：从点光源发出的两束光，分别到达晶状体的上下两边缘，点光源离眼睛越远，这两束光的夹角就越小，当点光源在无限远时，夹角就为零，这两束光近似平行，可以想象，这个点光源就在太阳上，因为我们看得清太阳，说明远点是在无限远。

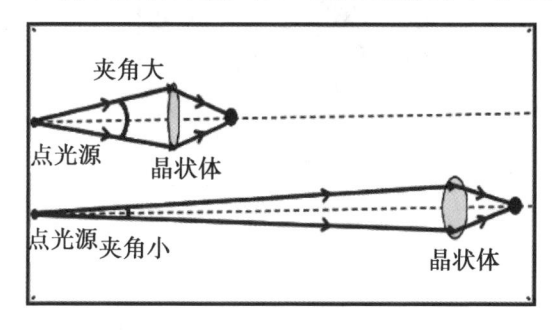

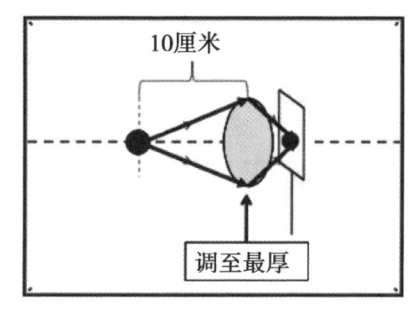

图 9　解释远点为何在无限远课件动画图　　图 10　解释近点约于 10 cm 处课件动画图示

老师介绍：看近处物体时，睫状体收缩，晶状体变厚，调到最厚所能看清的点称为近点，近点大约在 10 cm 处，并结合课件动画解释，其原因是由于当物体距离眼睛 10 cm 处时，晶状体的厚薄已经调到最厚无法继续调厚，因此眼睛所能看清的最近的距离大约在 10 cm 处；而正常眼睛看近处物体最清晰而又不疲劳的距离大约在 25 cm 处，这个距离称为明视距离。

设计意图：本环节老师通过理论分析，结合课件的可视化展示，加深学生对远点、近点和明视距离这三个概念的理解。

四、视力矫正

老师结合课件动画介绍：物体移远，晶状体应该调薄，物体离眼睛越远，它射向眼睛的光就越接近于平行光，晶状体的厚薄应该调得越薄，但是对于近视的人来说，他的晶状体调到最薄的状态还是比正常人来得厚，于是位于远处的物体将成像在视网膜前，也就看不清远处的物体，这就是近视眼的形成原因。除此之外，晶状体与视网膜的距离太长也是形成近视的另一个原因。

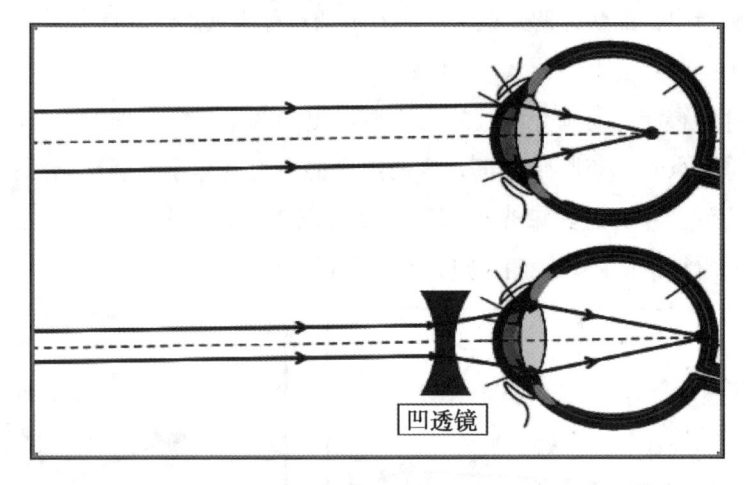

图 11　近视眼矫正课件动画图示

老师提问：对于近视，由于晶状体与视网膜的距离无法调节，晶状体的厚薄也已经调到最薄无法继续调节，这两个条件都无法改变，此时通过眼睛自身的调节已经无能为力，该怎么办呢？要如何进行矫正呢？

老师结合课件动画对学生进行提示：如果把这束平行光进行适当发散，就可以成像在视网膜上了。

引导学生回答：可以加一个凹透镜，对光线进行发散。

【演示实验 2】

老师演示：利用凹透镜模拟矫正过程（即平时近视眼所佩戴的眼镜模拟视力矫正）

图 12　近视眼矫正实验演示过程

实验现象：原本物体成像在视网膜前，经过凹透镜发散之后重新成像在视网膜上，近视眼得以矫正。

老师总结：根据原先的分析，在晶状体达到自身调节极限的情况下唯一的办法就只能在光线进入眼睛之前借助凹透镜，对光线进行适当发散，光线进入眼睛就能成像在视网膜上了。近视程度越深，所佩戴的凹透镜发散的本领就要越强，度数就越大了。而随着科技的发展，通过激光手术对角膜进行适当削薄也能起到矫正近视眼的作用。

对于远视眼的形成原因及其矫正请同学们课后思考。

设计意图： 本环节进一步发挥自制教具的作用，老师精心配置一副度数合适的近视镜，现场为"人造眼睛"戴上眼镜，学生观察到光线重新成像在视网膜上。老师进一步利用可见器材深入分析其中的原理。通过实验演示与理论分析相结合的教学方法，提升学生动手实践能力和科学思维能力。

教学设计的创新之处

1. 发挥原有认知结构对新知识的积极作用

原有知识在学习中处于核心地位。本节课从凸透镜成像规律的复习开始引入,既是对上节课的知识起到巩固作用,又能为新知的学习奠定重要的理论基础。通过学生对原有知识的认知和矛盾,充分引导了学生积极的思考。通过人眼视物与凸透镜成像的对比,层层深入,在老师的引导下利用对比的方法探究得出晶状体厚薄调节的本领,加深学生对本节课课程内容的理解。

2. 充分发挥实验的功效,突破难点

本节课在教具方面有所突破,老师把水透镜做成实物装置,利用装置把看不见、摸不着的晶状体调节过程展示出来,突破学生理解的难点。本节课应用问题讨论与实验探究相结合的教学方法,使学生能掌握人眼视物原理以及视力矫正的基本原理,不用死记硬背矫正方法,而能自己体会矫正的过程和思想。

教具39 人眼视物演示仪

【教具实物图】

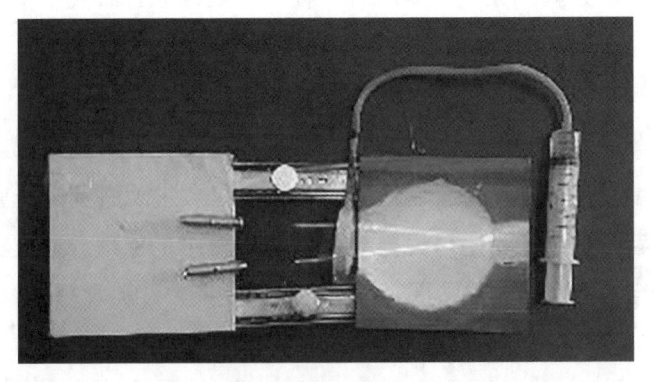

图1 人眼视物演示仪实验装置图

【制作目的】

了解眼睛的视物原理，探究晶状体的调节功能，模拟近视眼矫正过程。

【制作原理】

1. 凸透镜对光线的汇聚能力与焦距的关系以及物像移动规律。

2. 眼睛的视物原理。

3. 凹透镜对光线有发散作用。

【制作材料】

两支激光笔、抽屉轨道、木板、白色颜料、AB胶、注射器、塑料长导管、橡皮膜、胶带及凹透镜。

【制作过程】

1. 将木板切割成两个正方形，将两支激光笔固定在一块木板上，用两条激光模拟某物体上反射过来的两条光线，再将该木板固定在两个平行放置的抽屉拉杆一侧。

2. 用白色颜料在另一块木板上描绘人眼形状，确定成像位置（模拟视网膜），并将该木板固定在抽屉拉杆另一侧。

3. 取一条塑料卡导管，一侧与注射器出水口连接，另一侧与橡皮膜构成的水透镜连接。

4. 将水透镜固定于人眼纸板的"眼睛"处，模拟晶状体。

【使用方法】

1. 打开两支激光笔，通过可伸缩抽屉拉杆调节激光笔位置，使两条激光汇聚成像在"视网膜"上。

2. 通过注射器抽水或注水来调节水透镜曲率，观察激光汇聚点（像）在视网膜的前后位置。

3. 模拟近视眼矫正：当物体移远时，晶状体应该调薄才能成像在视网膜上，当物体越移越远，晶状体的厚度已经调到最薄无法继续调节，在水透镜前加一个凹透镜发散光线，使成像在视网膜位置上。

【注意事项】

1. 在使用胶水粘贴时要注意压实，以免影响光路的传播。

2. 橡皮膜最好选取浅色材料，光线的穿透程度较好，观察更清晰。

【仪器特色】

通过注射器往橡皮膜中抽注水模拟晶状体调节，使用凹透镜模拟近视眼镜矫正，化抽象为形象，加深学生对人眼视物原理及视力矫正原理的理解，提高学生应用所学知识解决实际问题的能力，并体会从物理走向生活的乐趣。

案例 27　蒸发

教材分析

本节课是初中九年级《物理》（沪科版）第十二章第 3 节的内容。《义务教育初中物理课程标准》要求："（1）经历物态变化的实验探究过程，了解物态变化过程中的吸热和放热现象；（2）用物态变化的知识说明自然界和生活中的有关现象。"

通过解读课标可知，本节设计需要结合生活经验和实验探究，掌握蒸发的特点，并能运用蒸发的知识解释身边现象和解决实际问题。

本节课是继熔化、凝固之后来学习蒸发的，是对汽化现象更为全面的学习，进一步完善和巩固汽化现象。本节课与生活实际紧密结合，对于培养学生利用理论解决实际问题具有重要作用。蒸发吸热在社会生产、安全求生等环节中具有典型应用，教学中应创设问题情境、利用自制教具设置实验，充分为学生展现可视化、可感知的具体情境，帮助学生建构良好的知识体系。

学情分析

知识方面：学生已掌握了熔化和凝固的相关知识，已学会了如何正确使用温度计，同时也具备了初步的探究实验能力。学生虽然对蒸发现象有一定的感性认识，但缺乏系统的了解。

认知能力方面：学生对物理实验有浓厚的兴趣，喜欢活跃的课堂形式，热衷于讨论、归纳、分析、争辩等思维活动。思维上以形象思维为主，抽象思维能力较弱。因此本节课通过生动活泼的教学情境，让学生掌握科学知识和探究方法的同时，促进学以致用。

情感方面：积极的评价以及适当的科学引导，可以激发学生极大的学习热情，互动探究比单纯的说教更能引发学生兴趣。

教学目标

根据课程标准要求和学生学习的实际情况制定如下教学目标：

1. 通过小组实验探究，了解液体蒸发发生的部位，知道蒸发是吸热的，主动探究影响液体蒸发快慢的因素，建立主动探究意识和合作互助的团队精神。

2. 会用蒸发的知识解决生活中的实际问题，提升从生活走向物理，从物理回归生活的意识。

教学重点和教学难点分析

重点：探究液体蒸发发生的部位；

影响液体蒸发快慢的实验探究以及理解蒸发是吸热的。

难点：探究蒸发发生的部位；

理解蒸发是吸热的。

教学设计理念

蒸发是生活中随处可见的现象，本教学设计从实际出发，探究得到理论的规律，再将理论付诸实践。这是理论与实际相结合的重要体现，也是"生活处处有物理，物理处处是生活"的意义。课堂的主体是学生，教学的环节充分做到"以生为本"，提升学生的积极性是提升教学效果的首要因素。老师"退居其次"，通过创设多样化的情境让学生浸入式地体验，充分发挥多感官的作用促进学习。

本堂课通过"闻"的方式去感受蒸发发生的部位，多处创设问题情境，在问题解决中、小组合作中建构新知识。

器材及媒体

多媒体课件、麻油、酒精、试管、引流棒、烧杯、打火机、铁架台、纱布、温度计、石棉网、乙醚、棉花。

教学过程

一、新课引入

老师引导：物质有固、液、气三种状态。通过上节课的学习，我们知道物质可以从固态变成液态，这个过程叫做熔化；物质也可以从液态变成固态，这个过程叫做凝固。熔化过程要吸热，凝固过程要放热。那么物质能不能从液态变成气态呢？这个过程是吸热的还是放热的？下面我们就一起来研究这个问题。请大家将医用酒精涂在手上，有何感觉？

学生发现：酒精变干，手感到凉快，同时闻到酒精的气味。

老师举例：常温下水变干的例子，比较沸腾和蒸发的区别。

学生活动：感知沸腾与蒸发的区别，理解蒸发是一个缓慢的过程。

设计意图：老师在教学现场让每位学生用酒精涂手，并观察酒精的状态，积极发挥触感的作用进行学习，给学生留下深刻的印象，并要求主动对比、总结蒸发与沸腾的区别，从而建立完备的知识体系。

二、新课教学

（一）探究蒸发的特点

老师提问：蒸发与沸腾相比，除了缓慢之外，还有什么特点？

老师举例：湿衣服变干，是因为衣服中的水蒸发了。一年四季，气温不同，夏天温度高，会蒸发；冬天温度低，也会蒸发。无论是晴天还是雨天，也都能蒸发。

老师指出：科学家发现，蒸发可以在任何温度下发生。

（二）探究蒸发发生的部位

老师提问：请大家猜想：蒸发发生在液体的哪个部位？

学生猜想：可能发生在液体表面或者发生在液体内部。

老师补充：也可能在液体表面和内部同时发生。下面我们通过实验来解决这个问题。

老师引导：讲台上的两根试管中分别装有麻油和酒精，该如何辨别是什么液体？

学生回答：通过颜色来辨别。

老师肯定学生回答：通过观察颜色，我们很容易分辨这两根试管中装的液体。

老师继续提问：还有其他的方法吗？

学生回答：还可以通过闻气味辨别。

老师提问：为什么可以通过闻气味来辨别呢？

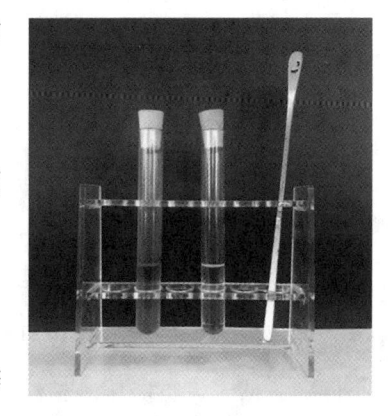

图1　麻油酒精装置图

学生回答：因为液体会蒸发，有一部分麻油和酒精从液态变成气态，我们闻到了麻油和酒精的气味，所以能够辨别它们。

老师示范：把酒精缓慢地倒入装有麻油的试管中，在麻油表面覆盖上一层酒精。请学生分小组进行实验，闻一闻，能闻到什么气味？

学生发现：酒精的气味。

老师提问：能闻到麻油的气味吗？

学生回答：不能。

老师指出：这是因为酒精的密度小于麻油的密度，所以酒精浮在麻油的表面，把麻油全部覆盖住了。我们只能闻到液体表面酒精味，而无法闻到处于液体内部的麻油的气味，说明内部的麻油没有蒸发。

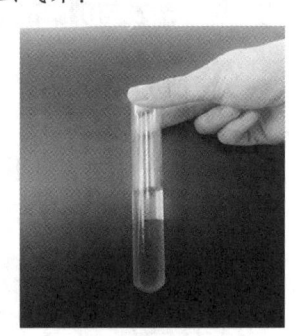

图2　麻油酒精分层图

老师提问：由此可见，蒸发发生在液体的哪个部位呢？

学生回答：发生在液体表面。

老师肯定学生回答并继续提问：如果想同时闻到麻油和酒精的气味，怎么办？

学生思考后回答：搅拌试管中的液体，让部分麻油上升到表面，这样在液体表面既有酒精又有麻油，它们都会蒸发，就能同时闻到它们的气味。

学生操作后回答：两种气味都能闻到。

老师总结：这个实验更充分地证明了：蒸发只发生在液体表面。

设计意图：物质从液态变为气态，飘散在空气中，所以人们能够闻到物质的气味。液体蒸发所发生的部位无法直接观察到。因此，教学中老师往往是直接介绍，学生被动接受。本环节通过巧妙的实验，通过"能否在空气中闻到气味来说明液体是否发生蒸发"这一间接的观察方法，有效地突破教学难点。实验新颖，效果明显，深受学生的喜爱。

（三）探究影响蒸发快慢的因素

老师指出：由于蒸发与生产、生活密切相关，经常需要控制蒸发快慢，因此就有必要来探究影响液体蒸发快慢的因素。

探究活动：以小组竞赛的方式来进行，学生讨论如何让一块浸透的毛巾干得快。

学生发现：可以通过晒干、甩干、拧干、烘干、摊开、吹干、烫干、扇干等方式使毛巾变干。

老师引导：让学生将属于蒸发的方法筛选出来并进行分类。

学生归纳：

1. 晒干、烘干、烫干——提高液体温度

2. 吹干、扇干——增大液体表面上方空气流动速度

3. 摊开——增大液体表面积

三种方法并用干得最快。

师生共同总结：影响液体蒸发快慢的因素有：液体的温度、液体表面上方空气的流动速度和液体的表面积。

设计意图：该部分以小组竞赛的方式讨论毛巾变干的方法，调动学生的积极性进行实验探究。老师在此基础上引导学生进行筛选并分类所有方法，提高学生分析与归纳的能力。

老师引导：在北方干旱的大草原上，有一条输水沟渠，截面形状上宽下窄。用它输水，会导致水的大量损失，原因是渗漏和蒸发。

老师指出：可以用涂水泥等方法减少水的渗漏。

老师引导学生猜想：对于蒸发损失，使水大量蒸发的因素有：

1. 水的表面积大；
2. 草原上风大，加快水面上方空气流动的速度；
3. 草原上日照时间长使水温升高。

图3 输水沟渠剖面图

图4 改变沟渠截面形状图　　　图5 输水沟渠加盖图

师生讨论解决方案：

可以通过以下三种方法来减小水的蒸发：

1. 改变截面形状：做成上窄下宽，来减小水的表面积；
2. 加盖来减慢水面上的空气流动速度；
3. 深埋来降低水的温度。

老师总结：如果用管道代替沟渠来输水，效果更好。

图6 深埋沟渠图　　　　　　　　　图7 管道剖面图

设计意图：通过北方干旱草原上输水问题的讨论与分析，引导学生步步深入，层层推进，不断设计与改进输水沟渠，提高学生利用物理知识解决实际问题的能力，体现"从物理走向社会"的新课程理念。

（四）蒸发吸热

活动一：

老师演示：将温度计插入酒精瓶中读数，然后取出置于空气中读数。要求学生观察温度计示数变化。

学生发现：温度计示数迅速下降，说明液体蒸发需要吸热。

活动二：

老师提问：大家猜想蒸发是吸热还是放热呢？

学生思考后回答：当酒精涂在手上时，手会感到凉快，这说明酒精蒸发是吸热的。

老师引导：下面请大家看一个神奇的实验：这是两块相同的纱布，一块只浸入酒精，另一块先浸水再浸入酒精。将它们夹在铁架台上同时点燃。请大家猜想会有什么现象？

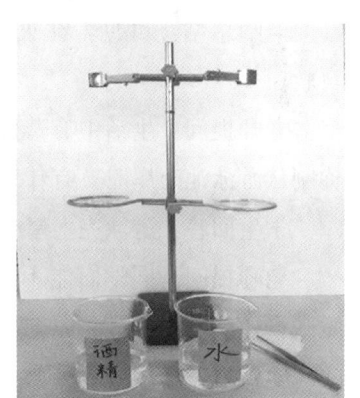

图8 纱布燃烧装置图

学生回答：一块燃烧，一块不燃烧。

老师演示：发现两块纱布竟然都会燃烧，但只有浸过酒精的纱布烧成灰

357

烬，另一块浸水再浸酒精的纱布却安然无恙。同时请一位同学摸一下它，发现纱布还是冷的。

老师提问：两块纱布，一块烧成灰烬，一块却安然无恙，它们的区别在于是否浸过水。可见水起到了重要作用。请大家思考：水起到什么作用？

学生1回答：水阻止了纱布的燃烧。

学生2回答：是纱布中的酒精燃烧时，水迅速蒸发，大量吸热，使得纱布的温度无法达到着火点，所以安然无恙。

老师总结：并不是水阻止了纱布的燃烧，而是在酒精燃烧过程中会放出大量的热量，这部分热量被水吸收用于水自身的蒸发，使纱布的温度始终低于它的着火点，所以浸过水的纱布不会烧成灰烬。这个对比实验生动地说明了液体蒸发是吸热的。

老师提问：如果不是纱布燃烧而是发生了火灾，我们该怎样做才可能安全脱离危险呢？

学生回答：我们可以拿出一床棉被，用水浸透，披在身上，迅速冲出，脱离火场。

老师总结：可见，在火灾发生时，我们可以利用蒸发吸热的知识进行自救。

老师提问：生活中有蒸发吸热的现象吗？同学们有会游泳的吗？说说当你刚从游泳池上岸时，有什么感觉？

学生回答：游泳完上岸会感到凉爽。

老师提问：同学们能不能用刚刚学过的知识来解释为什么会有这种感觉呢？

学生思考后回答：因为身上的水在蒸发时要从身体吸热，使体表温度降低，人感到凉爽。

老师肯定学生回答：非常好，看来大家已经掌握了蒸发吸热的知识。

活动三：

老师引导：最后我们再来看一个有趣的现象。（老师播放已录制好的视频）乙醚是一种易蒸发的液体，我们把一团染成红色的棉花，用夹子夹住，浸透乙醚后，用橡皮球对着棉花表面吹气，以加快乙醚的蒸发。请大家注意观察有什么现象？

学生发现：棉花表面慢慢被白色晶体覆盖。

老师指出：这个白色晶体是空气中的水蒸气凝结而成的人造霜。

图 9　人造霜图

老师提问：请大家课后思考，水蒸气是如何形成人造霜的？

设计意图：本环节通过三个演示实验论证蒸发是吸热的。其中燃烧纱布实验具有重要的教育意义，以此实验出发，进行火灾安全与逃生方法教育，加强学生利用物理知识服务社会生活的意识。

教学设计的创新之处

本节课的设计依据"问题解决教学模式"和"探究式教学模式"而设计。它包括四方面的内容：一是感知蒸发现象及其发生部位；二是影响蒸发快慢的因素；三是蒸发具有降温制冷作用；四是蒸发现象在生产生活中的意义。本教学设计主要有以下几个亮点：

1. 有效运用转换法，突破教学难点

在探究液体蒸发发生部位时，此环节对于学生较为抽象，发生部位无法直接观察到。在本教学设计中，将看不见摸不着的蒸发部位转换成感官刺激，学生通过"能闻到气味说明液体有蒸发"这一间接的观察方法，来有效地突破教学难点。

2. 采用小组竞赛式探究，提高学生分析与归纳的能力

本节课在探究影响蒸发快慢的因素中采用小组竞赛的方式，让学生经历探究影响蒸发快慢因素的过程，培养学生竞争意识以及合作互助的团队精神，在对结果的讨论总结中，提高学生分析与归纳的能力。

3. 理论与实际生活相结合

在本教学设计中：在学生探究出影响液体蒸发快慢因素后，紧接着带领学生分析并解决北方干旱大草原上的输水问题。在学习蒸发吸热的知识后，举出生活实例以及演示人造霜的形成、燃烧纱布实验以讲解火灾逃生的知识等。如此设计，体现"从生活走向物理，从物理走向社会"的新课程理念，增强学生学习兴趣和理论联系实际的能力。

教具 40　人造霜演示

【教具实物图】

图1　人造霜图

【制作目的】

巩固蒸发吸热知识点，体验凝华过程。

【制作原理】

乙醚蒸发吸热，水蒸气温度下降凝华形成霜。

【制作材料】

染色剂、棉花、乙醚、烧杯、气球、夹子。

【制作过程】

1. 将棉花用染色剂染成红色。
2. 用夹子夹住棉花浸入乙醚后将其取出。

【使用方法】

用橡皮球对着棉花表面吹气，以加快乙醚的蒸发。

【注意事项】

橡皮球需充入较多气体，在迅速放气时使乙醚快速蒸发同时大量吸热，让水蒸气在足够低温条件下凝华成霜。

【仪器特色】

该演示通过意想不到的实验现象巩固了蒸发的知识，又为后面凝华的知识学习打下基础。

案例 28　液化

教材分析

本节课是初中九年级《物理》(沪科版)第十二章第 3 节"汽化与液化"的第二部分——液化。《义务教育初中物理课程标准》要求"经历物态变化的实验探究过程，了解物态变化过程中的吸热和放热现象。用物态变化的知识说明自然界和生活中的有关现象。

该标准要求学生通过实验来探究物态变化过程，知道液化过程，进一步对自然界中水的循环作出解释，并要求学生培养节约用水、爱护环境的意识。

本节课是物质三态变化中重要的一环，与之前学习的熔化与凝固是平行的关系，也是学生解释日常生活现象的一个重要知识。

学情分析

九年级学生好动、好奇，已掌握一定的科学探究方法，并且具有一定的生活经验，能使用假设检验和更加一般的逻辑规则进行思考，他们乐于动手操作，开始对物理现象产生的原因产生认识的兴趣，具备一定的观察分析能力，但观察、实验的具体方法尚未明确，设计实验的能力还较薄弱，需要老师进行进一步的引导和启发兴趣。

"液化"是九年级上学期的学习内容。学生已经学完了分子运动理论、熔化、凝固和汽化，初步掌握了研究物态变化的方法，奠定了研究液化的知识基础。液化的概念、现象的辨别等，学生能够很容易地通过生活经历掌握，可以作为课前自学内容。在思维能力上九年级学生已掌握一定的科学探究方法，但科学思维的发展仍需要老师指导。因此，这节课老师的问题应围绕如何引导学生在观察、设计实验的基础上，发展对比、分析、评价等高阶思维能力。

教学目标

根据课程标准要求和学生学习的实际情况制定如下教学目标：

1. 知道液化的概念和条件；通过演示实验，认识液化是放热的。

2. 通过小组竞赛，掌握液化的方法及特点，养成交流、合作的团队精神。

3. 能初步运用液化知识解释自然现象，提高观察、分析和归纳的能力，提升应用理论知识解决实际问题的能力。

教学重点和教学难点分析

重点：掌握液化的条件及其特点。

难点：设计实验证明液化是放热的。

教学设计理念

学习是一种主动探索而非被动接受的行为。创造良好的问题情境是进行互动探究学习的前提。我们在教学中更需要注重发挥学生的主体性。

本设计从最常见的热水壶情景出发，在老师引导下学生初步推理，得到液化条件；再通过学生主动做实验，进一步证明，让学生收获主动探索的乐趣；并通过分组竞赛的方式，利用青少年自我意识的成长，渴望他人肯定的特点，激发学生的积极性；最后，老师引导学生使用学习的知识解释导入的问题，培养学生"学物理，用物理"的科学素养。

器材及媒体

自制蒸气发生器（包括热敏温度计、试管、搅拌棒、量杯等）、酒精灯、电热水壶、镊子、铁片、火柴、针筒、乙醚、冰水、铁架台。

教学过程

一、新课引入

老师创设问题情境：利用课件出示我国自主研制的长征系列运载火箭，火箭需要大量的氢气和氧气作为燃料和助燃剂，但是火箭的燃料仓容积是有限的。提问：怎么才能把大量氢气和氧气装进燃料仓呢？

设计意图：老师设置问题，为学生创设情境，引起了学生的注意，引发问题意识，激发学生学习的兴趣。

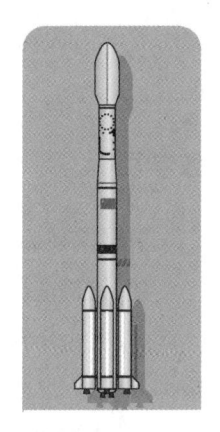

图1 火箭

二、液化概念及条件

老师出示一个电热水壶，对壶中的水加热直到沸腾，水蒸气从壶嘴喷出。（如图2）

学生观察：壶嘴附近的现象，学生看到有白气。（如图3）

老师提问：白气是水蒸气吗？（学生大多认为是）

老师纠正：白气不是水蒸气，水蒸气是看不见的。白气是水蒸气离开壶嘴，遇冷凝结成的小水珠聚集成的，并由此得出气体可以变成液体，从而引出液化概念。

为了使学生明确液化条件，引导学生再次细致地观察，发现：白气不是紧挨壶嘴，而是出现在离壶嘴一段距离的地方。

学生讨论得出：水蒸气一出壶嘴就遇冷，温度降低，但没有液化；通过一段距离温度继

图2 电热水壶

图3 白气

续降低，降到足够低才液化，说明液化条件是气体温度降到足够低。

设计意图：该环节老师通过循序渐进的引导，让学生的观察渐渐细致、思考步步深入，最后得以自己总结出液化概念；由于初中学生已经具备初步的推理能力，因此，可以在老师的引导下自主分析得出液化条件。培养学生观察、分析、归纳的能力。

接着，以小组为单位给学生两张铁片、一个电热水壶、镊子、酒精灯及火柴，请学生进行分组实验——设计实验证明液化的条件。

学生设计出将一张铁片用酒精灯稍稍加热后伸到壶嘴处接水蒸气，另一张铁片直接伸到壶嘴处接水蒸气。观察到稍稍加热过的铁片上没有小水珠，未加热过的铁片上凝结了小水珠。（如图4）

引导学生进行讨论得出：稍稍加热过的铁片温度仍然低于水蒸气的温度，水蒸气喷到两张铁片上都遇冷，水蒸气的温度都下降。水蒸气喷到稍稍加热过的铁片上，温度不能降到足够低，不会液化；而喷到未加热过的铁片上，温度可以降到足够低而液化。

图4 铁片

设计意图：该环节学生通过自主实验，加深对液化条件的理解；由于初中学生已经具备初步的推理能力，因此，可以在老师的引导下自主设计实验证明液化条件，培养学生实验探究的能力。

三、液化的方法

接下来老师给每组同学提供一针筒乙醚气体，一杯冰水和铁架台。要求学生分组竞赛，想出多种方法使乙醚气体液化。

通过亲自动手，学生有不同的发现，有的学生推进针筒活塞，发现出现了液态乙醚，即采用压缩体积的方法使气体液化；有的学生将针筒浸没在冰水中，针筒壁上也出现了液态乙醚，即采用冷却的

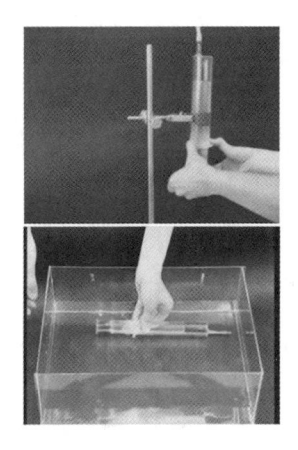

图5 乙醚液化

方法使气体液化。（如图 5）

老师总结：液化常用的方法有，冷却、压缩体积。

设计意图： 该环节虽然是老师提供现成的实验材料，但学生通过动手操作，亲身体会了乙醚气体液化的神奇过程，小组竞赛的形式充分调动了学生的积极性，有助于提高学生学习的兴趣。最后结论的得出综合了各组学生的实验结果，也让学生体会到科学探究中交流与合作的作用，培养学生思维的发散性。

四、液化的特点

老师提问：通过前面的实验，大家观察到液化有什么特点呢？

学生通过观察，比较乙醚气体液化前后的体积变化，发现原来一针筒的乙醚气体变成附着在针筒壁上的一点点液体，知道了体积变小是液化的第一个特点。

老师提问：液化是吸热的还是放热的？（学生回答液化是放热的）接着老师让学生用实验证明液化是放热的。

学生提出：将刚才未加热过的铁片去接水蒸气，当水蒸气液化成小水珠后发现铁片变热了，说明液化是放热的。

老师反驳学生的观点，并说明原因：铁片变热的原因可能有两种：一种是水蒸气放热，液化也放热，使铁片变热；另一种原因则只有水蒸气放热，而液化根本不放热也可以使铁片变热。这样就不足以说明液化是放热的。

老师让学生设计其他的方案，学生感到没有头绪，接着老师利用一个电热水壶改装成的蒸气发生器（如图 6）进行演示实验。它侧壁的导管可以引出沸水，上方的导管可以导出与沸水等温的水蒸气。老师通过针筒分别向左右试管中注入等温等质量的室温下的冷水（如图 7①）；向左边的试管通入沸水；向右边试管中通入与沸水等温但质量少得多的水蒸气（如图 7②）。分别用热敏温度计测出水的末温，发现右边水的末温反而比左边水的末温高出许多。

366

图6 自制蒸气发生器　　　　　图7

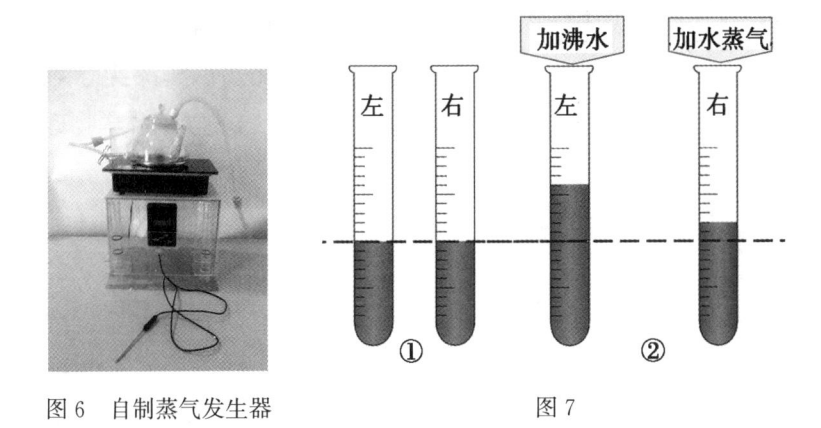

老师分析：起先两试管中装入的是等温等质量的水，之后向左试管中通入了沸水，向右试管中通入与沸水等温、但质量更少的水蒸气。左试管中是沸水直接与冷水混合，而右试管中是水蒸气在液化成沸水的同时与冷水混合，多了一个液化的过程。如果左右试管中沸水和水蒸气的质量相等，并且只有热传递的话，左右试管中水的末温应该相同；而右试管中通入水蒸气的质量更少，水的末温应该更低；但实验却发现右试管中水的末温反而比左试管中水的末温高出三十多度，这样就很有说服力地说明了液化是放热的。

通过这一演示实验得出液化的第二个特点——放热。

设计意图：该环节老师利用创新的自制教具，演示生动的对比实验，从而产生学生意想不到的实验效果，给学生留下液化是放热的深刻印象，同时也潜移默化地培养学生根据实验目的和原理设计实验，从而获得较强的实验证据的意识和能力。

五、液化的应用

接着老师启发学生根据气体液化后体积变小的特点，把大量氢气和氧气装进体积有限的燃料仓，便于储存与运输。

此外，液化在获得高度真空、低温、提纯物质等多方面都有重要应用。

设计意图：该环节老师启发学生运用所学的知识解释开始时提出的问

题，让学生运用新知识进行思考，帮助学生更深刻地理解液化知识。通过解释生活中关于液化的问题，培养学生灵活应用液化知识解决实际问题的能力，让学生体会物理规律对人类生活的重要影响，培养学生"学物理，用物理"的科学素养。

教学设计的创新之处

1. 教学方法多样化

首先通过创设问题情境，从而引入新课。对于液化概念和条件，让学生观察电热水壶喷出的水蒸气液化成白气的过程。通过老师的逐步引导，学生可自主地分析得出液化条件，体现了老师有意识地训练学生全面、细致的观察能力；对于液化方法的教学，通过小组竞赛的形式，让学生自主得出液化的方法，该过程培养学生讨论交流和合作探究的能力；液化放热这一特点对学生来说既是重点又是难点，老师利用精心设计的自制教具进行演示实验，让学生充分理解液化是放热的，从中培养学生观察、分析和实验设计能力。最后，首尾呼应，实现学以致用。

2. 实验创新

在初中物理教学中，实验是重要组成部分，实验教学是落实物理课程目标，全面提高学生科学素养的重要途径。在初中物理教学中，应优化实验教学问题设计，提升学生科学思维培育，促进学科核心素养的落地。本设计中的"自制蒸气发生仪"，以数显表的方式，将液化放热通过温度这一物理量进行量化研究，弥补教材中的实验空缺，是一大创新点。

教具 41 液化探究仪

【教具实物图】

图 1 电热水壶

图 2 铁片

【制作目的】

探究液化的发生条件。

【制作原理】

液化条件是使气体温度降到足够低。

【制作材料】

两张相同的铁片、一个电热水壶、镊子、酒精灯及火柴。

【制作过程】

1. 取一个家用电热水壶（无需特殊加工）。

2. 裁剪两张相同的大小约为 5 cm×10 cm 的铁片，用夹子夹住该铁片方便演示实验。

【使用方法】

1. 将电热水壶中的水加热至沸腾，水蒸气从壶嘴喷出。

2. 点燃酒精灯，用镊子夹住一张铁片，用酒精灯稍稍加热，然后靠近壶嘴处接水蒸气，观察现象。

3. 用镊子夹住另一张铁片直接靠近壶嘴处接水蒸气。

【注意事项】

接水蒸气时，注意防止烫伤。

【仪器特色】

该仪器来源于日常生活，通过演示不仅让学生对新概念印象深刻，更让学生强烈体会到"物理来源于生活，生活处处皆物理"。

教具42　液化吸放热探究仪

【教具实物图】

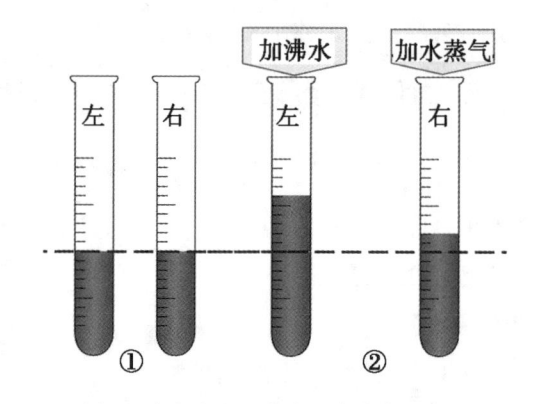

图1　自制蒸气发生器　　图2　冷水中注入沸水和水蒸气示意图

【制作目的】

探究液化吸放热情况。

【制作原理】

液化放热。

【制作材料】

透明的电热水壶、有机玻璃、数字温度计、橡皮导管、热敏温度计、两支试管、搅拌棒、针筒、亚克力胶水、AB胶、红墨水、冷水。

【制作过程】

1. 按一定尺寸切割有机玻璃板，用亚克力胶水粘合，制作成方形透明的底座，用于放置电热水壶、试管和热敏温度计。

2. 在透明的电热水壶侧壁靠底部处钻一个小孔，将橡皮塞和橡皮导管插入小孔中，用 AB 胶粘合，用于引出沸水。

3. 在电热水壶壶盖处钻一个小孔，将橡皮塞和橡皮导管插入小孔中，用 AB 胶粘合接缝处，用于引出水蒸气。

4. 用针筒分别向左右两试管中注入等温等质量的染成红色的冷水。

【使用方法】

1. 将电热水壶中的水煮至沸腾，此时水壶的上方就产生了与沸水等温的水蒸气。

2. 从上方导管向右边试管中通入水蒸气，水蒸气液化成水，所以水面升高了；从侧壁导管向左边的试管通入一定量的沸水。可观察到两试管水位均上升，且左边试管的水位远高于右边试管。

3. 用搅拌棒将两试管搅拌均匀，分别用热敏温度计测出左右两个试管中水的末温，发现右边水的末温反而比左边水的末温高出许多。

【注意事项】

在导入沸水或水蒸气时要注意防止烫伤。

【仪器特色】

通过演示生动的对比实验产生让学生意想不到的实验效果，给学生留下液化是放热的深刻印象，同时也潜移默化地培养学生根据实验目的和原理设计实验并获得较强的实验证据的意识和能力。

案例 29　光导纤维及其应用

教材分析

本节课是高中《物理》（选择性必修）（第一册）（鲁科版）第四章"光的折射与全反射"中的第 4 节。《高中物理课程标准》对本节课的要求："初步了解光导纤维的工作原理、光纤技术在生产生活中的应用"。

光纤的工作原理即为全反射。由于光纤的结构微小，学生无法探寻其内部机制，因此本节课的设计可以采用自制教具，模拟光纤的工作原理。如，通过观察丁达尔实验，分析光在水中的全反射现象，将介质从水迁移至光纤，了解光导纤维的工作原理，进而介绍光纤的结构和光纤通信。

学情分析

学生已经学习了光的全反射现象，初步具备运用全反射原理分析解释物理现象的能力，但对光导纤维的认识较为陌生。学生喜爱演示实验，直观明了的现象不仅可以激发学生学习的兴趣，同时还能帮助学生深入理解知识的本质。

这就需要老师设置丁达尔实验以及水箱实验，从能量的角度详细地讲解光导纤维的工作原理。基于水箱实验，通过知识迁移，引导学生设计光纤结构。了解光纤在生产生活中的应用。

教学目标

根据课程标准要求和学生学习的实际情况制定如下教学目标：
1. 观察演示实验，了解光导纤维的工作原理。

2. 设计光导纤维的结构，体验物理实验在科学研究和物理学习中的重要作用，加深对能量观念的理解，发展物理建模、科学论证等科学思维核心素养。

3. 观察光缆应用演示器以及生活实例，了解光纤技术在生产生活中的应用，理解科学、技术、社会与环境的关系，形成对科学和技术应有的正确态度和责任感。

教学重点和教学难点分析

重点：光导纤维的工作原理以及光纤技术在生产生活中的应用。

难点：光导纤维中全反射知识的理解。

教学设计理念

学生在中学阶段虽已学习了一定的全反射知识，但对其的理解并非十分透彻，而对于人们为何研制光纤，在光纤中如何实现光的全反射更是知之甚少。故该部分成为了本堂课程教学的重难点，在教学过程中需要重点突破。本设计采用多项措施并举，切实巩固知识点。在教学过程中对难点知识采用多种教学方法，采用实验演示，现场还原丁达尔实验，回到光纤研究的源头。同时利用微元法切割细小水流，结合丰富幻灯图片，将光在水中的传播路径清晰地呈现在学生面前，并利用"启发式"同步教学、提问、互动，激发学生兴趣、求知欲，调动学生对该内容学习的积极性及重视，深化学生对光导纤维传光原理的理解。

器材及媒体

自制丁达尔实验演示仪、自制水箱、自制光纤展板、光缆应用演示器。

教学过程

一、新课导入

图 1 还原丁达尔实验

【物理学史导入】

回顾物理学史，老师利用自制教具，现场还原丁达尔实验。

【老师提问】

通过演示实验发现，原先沿直线传播的光，顺着水流弯曲。提问这一现象，是不是就说明光在水中是沿曲线传播的？

设计意图：回顾物理学史，利用自制教具，引起学生认知冲突，激发学生求知欲的同时引导学生进一步思考。

二、现象解释

【两种观点】

观点1：光在水中是沿曲线传播的。

观点2：光在水中是沿直线传播，利用反射，改变光的传播方向。

【老师提问】

想要解开疑惑，需要知道光在水中的传播路径，但是水流非常的细，肉眼无法直接观察，怎么办？

【学生回答】

可利用放大的思想，将水流进行放大，取其中的一小段进行研究，再将这一小段的规律拓展到整一段。

【放大水流】

放大水流，取其中的一小段，发现是曲线且光路并不清晰。根据微元思想，将水流进行无限切割，分割成无数多段小水柱，从而实现"化曲为直"。再将每一小段进行放大，便可清楚地看到光在水中的传播路径。

【实验演示】

利用自制水箱，放大水流中的某一小段，引导学生观察光在水中的传播路径。

图 2　光在水中的传播路径

【得出结论】

光在水中并不是沿曲线传播，而是沿直线传播。只不过在这个过程中，光不断地反射，从而使传播方向发生了改变。观点 2 是正确的。

设计意图：引导学生提出不同观点，利用放大、微元等物理思想方法，放大水流光路，并通过自制水箱进行实验演示，寻找正确结论，培养学生的证据意识。

三、光导纤维的工作原理

1. 回顾旧知

光是一种电磁波，它可以像无线电波一样，作为载体，携带信息进行传输。

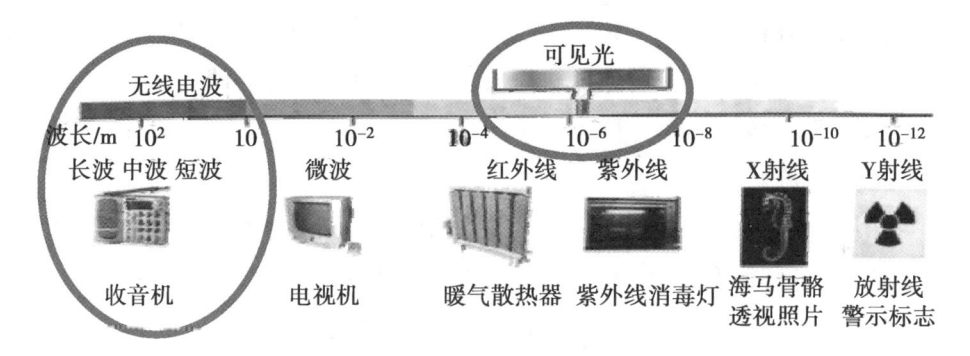

图3 电磁波谱图

但实验中发现，光在水中的传播，光强度越来越弱，意味着这束光所携带的信息正在不断衰减，无法进行信息传输。

【老师分析】想要找到解决策略，必须知道光越来越弱的原因。通过喷雾发现，光在水中不断发射的过程中，还伴随着折射。利用光学知识，该状态下，折射光的能量是大于反射光的能量，经过几次不断的传播，反射光的能量就会越来越弱，光所携带的信息也就无法远距离传输。

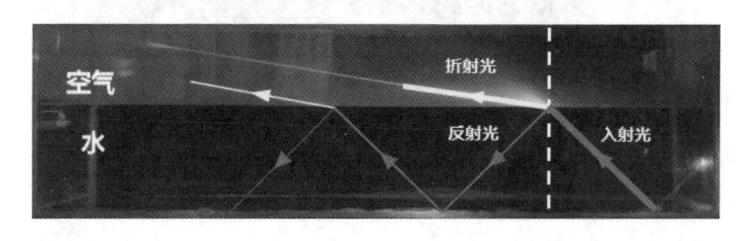

图4 光在水中反射

设计意图：引导学生回顾旧知，通过自制教具进行实验演示，从能量的角度分析水中光强越来越弱的原因，让学生体会实验在科学研究中的重要作用。

2. 工作原理

老师提问：如果想让这束激光所携带的信息，尽量无衰减的一直传播下去，该怎么办呢？

学生回答：让折射光消失，只出现反射光，让光发生全反射现象。

老师进一步追问：怎么实现全反射？

学生回顾：让光从光密介质射到光疏介质，入射角大于或者等于临界角。

实验验证：增大入射角，光在水中发生多次全反射，沿锯齿形的路线在水中一直传播。

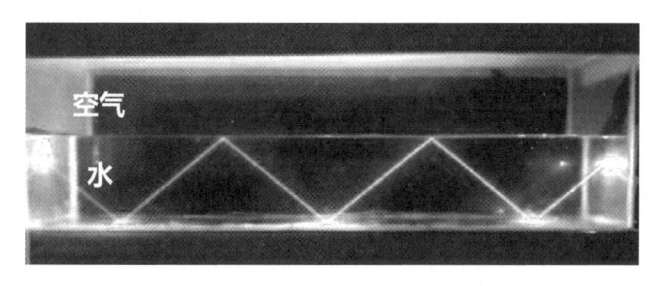

图 5　光在水中发生多次全反射

【老师指出】 如果介质纯度够高，光的能量衰减会很小。人们就能利用全反射原理，将信息传播出去。

设计意图：通过层层引导、逐渐深入的问题，引导学生回顾全反射的相关知识，导出光导纤维导光的工作原理。

四、光纤结构

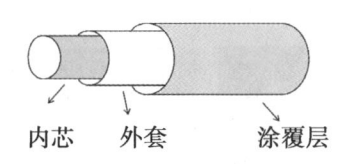

图 6　光纤结构

1. 内芯

因为光在石英玻璃中的能量损耗极低，且石英本身具有玻璃材质的电器性质，具有极佳的绝缘性能，并不需要在线路中设置接地以及回路，施工成本较低。所以，<u>工业上通常使用透明、纯净的石英玻璃丝作为信息远距离传输的载体，称为光纤的内芯</u>。

2. 外套

真实的大气环境，是一个相当复杂的介质，容易受到温度、压强、对流等影响，折射率不断发生变化。为了保证在传输的过程中外层空气的折射率一定比里层玻璃的低，需要将外层的空气换成一种折射率更低并且稳定的介质，一般采用二氧化硅，称为光纤的外套。

3. 涂覆层

为了保护光纤在地下，不受水汽侵染以及机械擦伤，通常会在介质的最外层加上一层保护套，称为光纤的涂覆层。涂覆层一般采用不同颜色的尼龙或塑料，以区分光缆中各种不同的光纤。

设计意图： 通过环环相扣的问题，引导学生利用全反射原理，自主设计光纤结构，培养学生知识迁移的能力。

五、知识拓展

1."光纤之父"高锟

高锟在1964年提出，在电话网络中用光代替电流、用玻璃纤维代替导线的想法。1966年发表了题为《光频率介质纤维表面波导》的文章，首次提出只要解决好玻璃纯度和成分等问题，就能得到光衰减很小的玻璃纤维，从而实现信息的远距离传输。2009年，高锟获得了诺贝尔物理学奖。而后，该文章的刊出日，公认为是光纤通讯的诞生日！

图7　高锟获诺贝尔物理学奖

但当时高锟提出想法后，受到许多人的质疑，为此高锟不停奔波于全球各地，游说玻璃制造商研制新型的"纯净玻璃"。在他的不懈努力下，1970年，美国的康宁公司制造出了世界上第一条，符合高锟理论的低损耗试验性光纤，标志着光纤通信时代的真正到来！

2. 光源与光纤的耦合

利用光导纤维展板，通过触摸让学生直观感受光纤的粗细，并介绍光纤的直径只有几微米到几十微米，在实际的使用中，光纤与激光器连接，而激光器的发光面积和大小有一定的范围，如果将光纤直接对准激光器进行连接，耦合效率低，无法实现高效的信息传输。

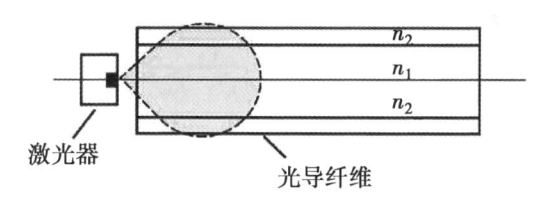

图 8 光源与光纤的直接耦合

所以，人们通常在光源的出光端面和光纤的入光端面间放置了诸多由透镜组成的光学元件，通过透镜改变光束的入射方向，从而使更多的光聚集进入光纤。另外，也可以选择合适的介质，扩大光纤的最大入射角，提高耦合效率，实现光的全反射。

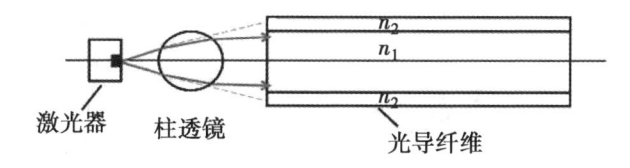

图 9 光源与光纤的间接耦合

设计意图：通过对光纤粗细的直接感受，利用学生的原有知识，介绍光源与光纤的耦合方式，丰富学生知识面的同时，进一步加深全反射原理在光纤中的应用。

六、具体应用

1. 传输图像

平时医学上使用的内窥镜就是利用光纤制作的，它是由上千根玻璃纤维组成。因为每条光导纤维都是独立导光、互不干扰的，所以，只要使光缆的两端，每一条

图 10 医疗内窥镜

光纤的排列位置一致，就可以利用它来准确传输图像。医生利用它可以导入心脏和脑室，可检查胃、食道等疾病。

2. 光纤通信

介绍光缆应用演示器，将光缆插入输出口，打开电源，由于发射器将声音信号转变成光信号，故无法听到声音。若要听到声音，需将光缆的另一端插入输入口，利用接收器将光信号还原成声音信号。如果将光缆靠近输入口，即便是没有插入，也可以听到音乐。

引出光缆具有传输图像、声音等功能，如果将里面的光纤不断拉长，将载有声音、图像以及各种数字信号的激光，从光纤的一端输入，就会沿着它传播到千里以外的另一端，从而实现光纤通信！我们日常的移动通话、手机互联网、通信等，都是利用光缆来传播的。

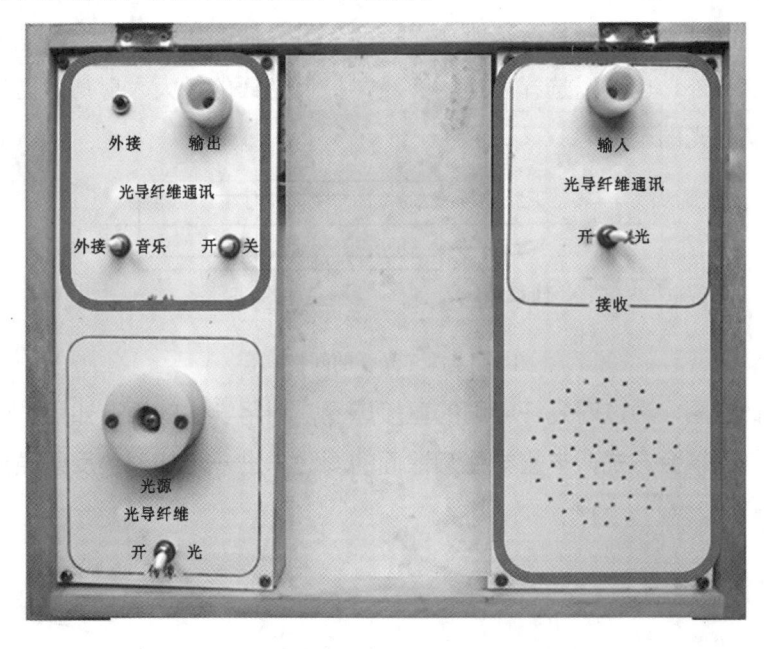

图 11　光缆应用演示器

随着光纤到户的实现，光纤通信带来的不仅仅是娱乐多媒体上的需求，还能实现无人驾驶、智能家居、虚拟现实等技术，真正改变人们的生活，开启万物互联的新时代！

设计意图：该部分教学着重介绍光导纤维在生产生活中的实际应用，让学生体会到科学研究给人类生活带来的巨大变化，帮助学生认识科学技术与社会生活的紧密联系，加强利用物理知识指导生产实际的理念。

七、课堂总结

1. 本节的重点、难点内容做总结

（1）光导纤维的工作原理。

（2）光导纤维的结构。

（3）光导纤维的应用。

2. 对本节的难点做进一步说明

光纤结构设计以及知识拓展。

教学设计的创新之处

1. 注重实验探究

本节设计中，首先通过还原丁达尔实验引入新课，一方面可以引起学生的学习兴趣，另一方面可以建立专业知识与实验现象之间的联系，使学生领会应如何通过专业的视角来分析奇妙的物理现象。接着，放大水流光路，通过自制水箱进行实验演示，帮助寻找正确结论，培养学生的证据意识。

2. 注重思想方法的显性化教学

通过微元法和放大法实验演示光在水中的传播径迹，让学生理解光在光纤中的传播并不是弯曲的，而是经历多次的全反射，并通过多媒体课件，进一步建立物理模型，从而推理得出光导纤维的工作原理和基本结构。在此基础上联系生产生活，介绍光导纤维在传输声音、传输图像以及通信、光纤传感器等方面的作用，让学生体会科学技术是第一生产力。

总体而言，本节课运用自制教具演示精彩的物理实验，利用物理模型建构进行理论推导，并结合物理学史，有效地讲解教学的重点，突破教学的难点，强调以学生为主体，通过实验探究的形式，帮助学生掌握光导纤维的相关知识，并结合典型案例，帮助学生理解光导纤维在日常生活中的重要应用。

教具43　水流导光

【教具实物图】

【制作目的】

让学生观察光在弯曲的水流中的传播路径。

【制作原理】

光在弯曲的水流中沿直线传播，在水流中的光线由于发生了全反射而改变了光的传播方向。

【制作材料】

表面光滑的塑料瓶、打孔器、美工刀、激光笔及其固定架、托盘。

【制作过程】

1. 在塑料瓶的一侧用打孔器打上一个小孔，并用美工刀将孔刮平整。

2. 将塑料瓶放在桌上，在桌子边缘用架子固定好激光笔，使激光笔水平照射。

3. 调整激光笔的高度，使激光笔能够沿直线穿过塑料瓶上的小孔。

4. 在水流出的位置，用托盘承装小孔流出的水流。

【使用方法】

1. 往塑料瓶里装水并拧紧瓶盖，打开激光笔，可以观察到激光沿直线穿过塑料瓶射向远方，呈现"光沿直线传播"的现象。

2. 打开瓶盖，水从出水孔流出，光沿着弯曲的水流传播并在水平面上打了一个亮斑，呈现"光沿曲线传播"的现象。

【注意事项】

1. 瓶子上的小孔不能开的太大，以免造成水流大从而导致实验过快，不利于持久观察实验现象。

2. 托盘不能过浅，要有一定的深度，防止水溢出。

【仪器特色】

该仪器取材简单，现象直观，能够以此培养学生的科学态度与精神。该仪器为引入光的全反射概念创设具有吸引力的情境，帮助学生加深对全反射概念的理解。

教具44　光在水中的传播路径演示仪

【教具实物图】

【制作目的】

1. 让学生知道光在水中并不是沿曲线传播，而是沿直线传播，并且是由于光的不断反射，光的传播方向发生改变。

2. 让学生理解通过增大入射角，使入射角大于等于临界角，光就会发生全反射，降低衰减。

【制作原理】

1. 全反射的条件：光从光密介质射到光疏介质，入射角大于或者等于临界角。

2. 通过增大入射角，使光在水中发生多次全反射，光的衰减较小，光就会沿锯齿形的路线在水中一直传播。

【制作材料】

有机玻璃板、亚克力胶水、激光笔一支、喷雾器、水、牛奶、黑色的割字纸。

【制作过程】

1. 将有机玻璃板切割成大小约为 50 cm×30 cm×20 cm 的无盖水槽。

2. 用亚克力胶水将有机玻璃粘合起来制作成一个上方开口的长方体水箱。

3. 往水箱里面倒入三分之二的清水，并加入几滴牛奶（使水中的光路更清晰）。

4. 将黑色割字纸粘贴在水槽后表面，作为背景板使光路更清晰。

【使用方法】

1. 打开激光笔，将激光沿一定的角度入射，可以观察到光在水中不断被反射，因此光在水中并不是沿着曲线传播，而是沿直线传播的。

2. 引导学生观察光在水中的传播过程中反射的光强越来越弱。

3. 在水箱上方的空气中喷雾，可以清晰地看到折射光。

4. 增大入射角，可以观察到光在水中发生了多次反射，沿锯齿形路线在水中一直传播。

5. 再在水箱上方的空气中喷雾，没有看到折射光，光发生了全反射。

【注意事项】

1. 应控制好前后两次激光的入射角度。

2. 制作水箱时要注意密封性，防止漏水。

【仪器特色】

该仪器装置简易，操作便捷，实验现象明显，学生易于观察，学生在观察中易于理解全反射现象，掌握全反射的应用。